徐亚湘主任

臺灣的客家戲

黃心穎 著

臺灣書店印行

ISBN 957-567-199-6

曾序

客家採茶戲與歌仔戲在臺灣是相提並論的地方戲曲，同樣融入族羣的生活之中，脈動廣大民眾的心靈。也因此涵蘊著深厚的民族思想和溫馨的鄉土情感。

黃心穎小姐籍隸客家，熱愛鄉土藝術文化，肄業於輔大中研所時從本人治戲曲，矢志當為客家藝術文化之維護宏揚盡其所能，因以《臺灣客家戲》為題從事研究撰作論文。乃踏遍鄉土，訪問耆宿；追隨劇團，觀摩演出；稽考文獻，述見淵源與形成，舉凡客家採茶戲在臺灣之發展過程，當前之演出情況，乃至劇團之組織營運、未來之展望彌不在採討之列。因之能概觀客家採茶戲之來龍去脈、生態環境與所遭遇之種種問題，實在是一本夠水準的碩士論文，不止可供治臺灣戲曲史者之參考，而且對於臺灣之藝術文化也自然具有不可忽視的貢獻。

現在臺灣書店要把這本書印出來，我一方面為心穎的努力成果受到肯定而感到高興，一方面也要勉勵心穎百尺竿頭更進一步，既然走上學術研究的路途，就應當鍥而不舍，希望不久的將來又有另一個美好的成績，讓我再高興一番。

民國八十七年十月十八日曾永義序於台大長興街宿舍

目錄

前言

首先說明本書之研究範圍。

就題目而言，筆者的研究對象，其地域應限定於臺灣地區；然而針對文章所欲探討的劇種，卻發現在實際運作的過程中，範圍多環繞在客家聚落（註一）——尤以桃、竹、苗三縣、市爲主。這種現象明顯地表現出客家戲的地域性，也順帶地透露出客家戲在臺灣的發展過程中，可能因此產生的助力與阻力。自然，以「臺灣」爲研究範圍的設定，可能會阻斷客家戲的淵源與其一脈相承的關係，使得說明其來源成爲紙上談兵及文獻上的堆砌；然而就目前客家戲的研究成果，並考量時間、空間等因素，此又爲筆者能力稍可完成一、二之課題。至於客家戲在臺灣地區以外之發展，只能列作未來努力的方向，而爲現階段的遺珠之憾了！

就內容而言，本書所稱的「客家戲」，指的是以客語演出或全使用客家音樂的戲劇：有屬於小戲的三腳採茶戲，也有所謂的客家大戲等；除此之外，和傳統不同的戲劇演出方式，凡是符合上述條件者，也列入說明（註二）。至於非以客語發音，而有客家人演出的其它劇種，則不列入本文之討論範圍（註三）。

題目既定爲「臺灣的客家戲」，就時間而言，理應對客家戲的發展進程有所交代，但客家戲先前發展之部份因歷史久遠，考證較爲困難，本書的研究範圍，將著重於客家戲近期之表現；其間若涉及變遷之部份，也會對歷史稍加闡述，以期有本有源，不致過於武斷。由於目前客家戲以傳統的野臺演出爲主，本書的重心，也就多擺於其上；此種方式，使內涵更近於「客家戲曲」的探討；然而，爲了將現今部份客家戲中非「戲曲」性質的劇種也納入說明，本書仍以「客家戲」爲題。此爲權宜之策，也是在內文起始前，必須先加以聲明的。

壹、研究動機

一、過去的研究

客家戲的研究著作一向很少（註四），首先有專章討論的，當屬楊佈光先生的《客家民謠的研究》；此書將客家人的戲曲分作「採茶戲」和「改良戲」兩種，記錄其唱詞與劇目，雖然並沒有針對其內涵作深入的探討，仍有開闢徑路之功勞。

至於專著方面，有徐進堯先生的《客家三腳採茶戲的研究》；此書錄下三腳採茶戲的曲譜和唱詞，是現今就三腳採茶戲的唱詞上，抄錄最完整的著作；只可惜對內容沒有進一步的分析，係屬於紀錄性的作品。

至於陳雨璋先生的《臺灣客家三腳採茶戲——賣茶郎的研究》，以三腳採茶戲中的「賣茶郎」故事為研究主題，舉凡演出狀況、劇本、歌詞、音樂等都有說明，對客家三腳採茶戲中的「賣茶郎」故事記載甚詳，是目前為止，對客家小戲寫得最清楚的一本論文。美中不足的是：此著作的研究以卓清雲師承一脈為限，缺少對其它不同田調對象的訪查，雖然具有代表性，仍不夠全面。

二、個人之興趣

由於前人對客家戲的研究不足，使得客家大戲始終被人們過於簡單地詮釋，冠上了「客家歌仔戲」的名號；而小戲也只在於對「賣茶郎」故事的了解。筆者身為客家人，在語言的溝通上，較為便利，加上對地方戲劇的濃厚興趣，決定對客家戲先作粗略的觀察，對全面狀況有些許的了解，給自己一個認識客家戲的機會，並對「客家歌仔戲」一詞提出質疑與澄清。

本書所記，即是對目前客家戲界這一個大環境的訪問結果，題目很大，因能力所限，無暇顧及各章節的細部問題，僅能點到為止；希望能得拋磚引玉之效，有心者能為此大課題下的各環節作更清楚的闡釋，使得客家戲的面目更加彰顯，此項藝術能得到更多的重視。

貳、研究方法

因爲資料的明顯缺乏，本書研究，首在資料蒐集，大抵可分三個方向：

一、文獻蒐集

直接與客家戲相關的資料，就淵源而論，以大陸書籍爲多，其中多是採茶戲的相關論著，尤以江西之贛南採茶戲曲爲要，再旁及其它各地的採茶戲曲；而大陸關於「三角戲」的研究，因名稱上的關聯，也將其蒐集，以作爲相互影響的參考。

若從客家戲發展的過程觀察，臺灣地區的文獻，似乎較能顯露這些歷史的痕跡，被認爲是臺灣土生土長劇種之一的客家採茶戲（註五）更是如此。客家戲的專門論著及學術性的作品雖少，報章、雜誌的短文，同樣提供參考的價值，因此也列爲蒐集的對象；而近年來因本土文化藝術的備受重視，某些報告書或計畫案的調查，也正視到了客家戲的存在，姑且不論其執行成果之好壞，都是個令人感到可喜的現象。

相形之下，客家民謠的著作則比戲劇類的作品來得多；客家民謠裡的「九腔十八調」，在客家小戲中時有可見，在在說明了二者相生的關係，使得蒐集此類著作成爲必要的步驟。然此類作品的重心幾在音樂性的探討，除了譯譜（註六）、歸納音程、說明調式外，大抵別無新意，未有更深刻的人文意義，而此，應爲往後著作者可再行努力之方向。

直接相關的資料重要，間接材料的輔助亦不可小覷；由於中國戲劇的內容多樣（註七），筆者順帶蒐集了戲劇史、音樂、舞蹈等書籍以爲旁證。再者，由於臺灣的野臺戲劇演出常出於酬神、祈福之要求，對民俗、宗教之文章也應有所準備。

文獻蒐集之次序，以直接相關的作品爲優先；間接的作品數量過多，無法全面搜羅，只能擇要參考，並止於瀏覽。

二、影、音資料蒐集

戲劇不但包含了文學的藝術，也兼具了聽覺、視覺的享受；文字的紀錄開啓想像的空間，影、音資料的放映則提供了直觀的美感。研究客家戲，除了瞭解其歷史外，對戲劇本身的欣賞，也是必修的功課。對戲劇的欣賞可以是面對面的，奠基於田野調查當中；另一種模式，則是藉影、音資料的紀錄來觀賞客家戲的演出情況與內容。其蒐集情況如下：

影像上的蒐集可以有兩種：固定式的影像爲照相機所拍攝，沒有聲情表現；此種作品罕見，故不特意尋找，以筆者於田調過程中自行累積。活動式的影像則爲錄影帶：錄影帶同時兼顧了音、聲，雖然數量不多，仍可於坊間尋獲，多爲傳播公司、有聲出版業者拍攝之客家大戲及新創的「山歌劇」。另外在公家機關，也可見存檔之作品（註八）。某些客家劇團甚至也錄製了自己演出的作品，其中亦不乏品質精美者（註九）。

目前電子媒體發達，廣播中可得的音、聲資料不論，蒐集客家戲最容易的方法，乃是觀看第四臺的電視畫面，由此所見的影、音資料，可說是最爲豐富的。純就聲音而言，市面上所販售之錄音帶、CD，內容多半爲客家山歌、小調，以客家戲爲主的也有一些；有些則是錄影帶的副產品，內容相同，只缺畫面；其中的「山歌劇」，多半是請民謠演唱者錄唱，眞正演員所唱的反而少見。

三、田野調查

本書資料蒐集的重點在於田野調查。對一個存在著的劇種而言，實際上的調查比較能接近原貌；書本所得的記載流於空洞；電視所得的資訊又容易引人陷入其表象的陷阱，以爲客家戲的演出就是如此，忽略了其間的運作過程，也漠視了戲劇與環境的互動關係；爲了更深入地了解客家戲的日常演出程序，並且更進一步地明白其營運狀況，田野調查之對象大致有：

㈠劇團的調查

本書的研究範圍雖定在客家戲的整體觀察上，但礙於過去的歷史較不可考，在劇團調查方面，主題多環繞在目前的營運和演出情況，對於劇團的歷史和變遷，只能量力加以探討。其調查內容以劇團之營運言，爲其主持人、演員人數、戲金多少、演出區域、常演戲碼及供奉戲神等；以劇團的演出場所言，有所謂的公演、野臺或比賽之演出；以內容言，則有小戲、大戲之區別。若深就劇團內部的團員，則各自來歷不甚相同，各司其所專長、各有其演藝心得，也有訪問的必要；雖未能對其歷練作出生命史之整理，對他們所處的環境，卻或多或少地能有所理解。

(二)民間耆老的調查

除了現今劇團的藝人，民間的耆老往往能提供意想不到的協助。本書在談論目前客家戲的情況時，仍不可避免的會發現：有些問題是現今一輩的藝人所無法解答的，問題的澄清，仍要靠年歲更長的老人。他們有的是退休的老演員、有的是整過班的戲班老闆、有的是喜愛看戲的戲迷……等，不管他們的身份是什麼，都曾經參與客家戲的過去，讓我們在茫然的追溯過程中，多了一盞指引方向的明燈。遺憾的是，老人們或者已經去世，或是臥病在床，不方便接受訪問；而有的老人年八、九十（也有臻百歲高齡者），雖然健康，對過去的許多人名和劇團名稱並不能完全記住；可喜的是，對有名的演員和戲班，這些老人還是一樣可以朗朗上口，印象深刻，勾勒出那個客家戲繁盛的年代裡，多數名角的丰姿和熱鬧的場景。

㈢廟宇的調查

客家戲的野臺演出多肇始於廟方之請戲，因此將其列入田調的範圍。對廟宇的調查有：其所處區域及所請劇種之關聯、爐主請戲之標準、廟方對所請劇團的要求、廟方請戲之緣由、觀衆反應對廟方請戲之影響等；遇有作醮等大型活動，則詢問其特殊狀況。

㈣傳播媒體的調查

此項調查包括電視臺、廣播電臺和報章、雜誌。電視臺方面，客家戲以第四臺的演出最爲常見，而現今第四臺以「外包」（註十）爲主的製作型態，訪問電視臺的意義不大，以訪問傳播公司較能得到效果；傳播公司所製作的客家戲劇節目，內容有採茶小戲、大戲、「山歌笑科劇」、傀儡戲、配音連續劇等，種類豐富。廣播電臺雖多，播客家戲的鮮有。報社、雜誌社則接受投稿，然而以此爲專題的卻屈指可數，由於缺少系統式地整理，故而此類的調查，僅爲調查內容之旁枝。

㈤公家單位的調查

公家單位承辦過客家戲劇類活動或與客家戲劇有關者，如：行政院文化建設委員會、臺灣省立新竹社教館、桃園縣立文化中心、中壢藝術館、苗栗縣立文化中心……等等。

㈥其它

其它田調對象包括人與單位。人員有戲臺下的觀衆、學戲的學員及研究的學者等;調查單位則視需要而定,如苗栗「榮興客家採茶劇團」所建立的「客家戲曲學苑」或新竹市「龍鳳園歌劇團」的「東方錄影棚」、「臺灣省客家採茶戲劇發展協進會」等。

此外,戲劇的種類廣泛,傳統客家戲曲之外,近來新編的客家舞劇、客家舞臺劇爲客家戲加添了新的風貌與發展空間,也應加以了解。

田野調查是一項多面性的工作,要訪問的對象衆多;有時要錄影、錄音或照相;對於田調歸來所得,又須加以求證,刪去不實者,常使人有力不從心之慨;雖有田調範圍的進度表,礙於書本之完成期限,也嚴重地跟不上進度,使人感到十分汗顏。關於田調次數不足的問題,筆者希望能在日後加以解決,也算是對這篇殘缺的作品做一點小小的補償吧!

附記

本書爲筆者的碩士論文改版而成。論文的誕生,首先必須感謝曾師永義,若非他的指導,筆者對論文的大方向,恐無法有較明確的掌握。另外,參與洪惟助教授的「臺灣北管崑腔調查計畫」，使筆者對田野調查工作有基本的熟習度，實感獲益良多。論文寫作期間，筆者並曾加入了鄭榮興老師的「客家三腳採茶傳承計畫」三、四個月，而能對「榮興客家採茶劇團」稍有了解，可惜由於鄭老師客家劇團團長的身份，無法請其指導論文，在此向鄭老師致歉，希望他不會見怪才好。

在訪談藝人的過程中，得到了許多的寶貴意見和照顧，是最令人印象深刻的：感激李永乾、黃秀滿、彭盛文、李國雄、張黃長妹、徐淑裕、蕭美枝、陳昇琳、曾先枝等先生的鼎力相助，讓筆者的田調過程顯得格外地順利；也感謝蘇鳳英阿姨和秀鳳時常的專車接送，帶領筆者隨著劇團行動，省卻了不少的麻煩和辛苦。

信成、文滔和芳萍，給了我很多的支持，同時也謝謝他們。

最後，謹將這本書的成果獻給我的雙親以及家人。

註釋

註一：所謂的「客家聚落」，指以客家人為主，所形成的居住區域，範圍可大可小：大者如縣、市；小者如鄉、里。譬如苗栗縣，可說是一大型的客家人居住區域；而苗栗縣的頭份鎮，則屬於較小的範圍。宜蘭的礁溪鄉為閩南區，其三民村卻是客家莊。

區別客家部落以居住客家人為要件；而區別客家人，最直接的方式是語言（這是一種概略的分法），羅肇錦先生說：

你怎麼認定一個人是不是客家人？一個在你身邊的「臺灣人」，他不會說客家話，你怎麼認定他是不是客家人？從族譜？從傳說？從血統？從宗教？從風俗習慣？……除了從會不會說客家話這一點以外，我們幾乎無從認定他是不是客家人了！……因此會不會說客家話，是認定你是不是客家人的唯一外在條件。

（《臺灣的客家話》，頁四十六，民國八十二年七月，臺原出版社）

由語言來分客家區，羅先生將區域調查得相當清楚，其所分區可參見上書第三章之〈客家話在臺灣〉。

註二：此亦為書名定作「客家戲」而不作「戲曲」之因。

就客家戲目前的狀況而言，演出以「戲曲」為主流，如客家大戲和三腳採茶戲，皆不出「戲曲」的範圍；惟最近客家戲有了非主流式的進展，如在第四臺的戲劇、新創的客家舞劇、客家舞臺劇等，雖然是一小部份的現象，不用「客家戲」一詞卻無法涵蓋。

又因為第四臺的戲劇、客家舞劇、客家舞臺劇為少數的現象，本文在第一章對其略加說明後，即不贅述；他章所提之「客家戲」，範圍指的多是「客家戲曲」，演出場合以野臺為主。

至於書名不為「臺灣的客家『戲劇』」，乃是因書中內容以「客家戲曲」為主，若以「戲劇」為名，易使讀者於閱讀前，對所欲探討內容之範圍有所限定，因此定作今名。

以下摘錄「戲劇」的定義：

在現代中國，「戲劇」一詞有兩種含義：狹義專指以古希臘悲劇和喜劇為開端，在歐洲各國發展起來，繼而在世界廣泛流行的舞臺演出形式，英文為*drama*，中國又稱之為「話劇」；廣義還包括東方一些國家、民族的傳統舞臺演出形式，諸如中國的戲曲、日本的歌舞伎、印度的古典戲劇、朝鮮的唱劇等等。（譚霈生，《中國大百科全書・戲劇卷》）

曾師永義則補充說明：

……筆者心目中所謂的「戲劇」，就中國而言，實不止於「話劇」和「戲曲」，而且展演的場所也不止於「舞臺」，應及於銀幕和螢光幕。也就是說，「戲劇」的範圍，不應當像譚氏那樣的狹隘，……

（《論說戲曲・論說「戲曲劇種」》，頁二四四，民國八十六年三月，聯經出版社）

註三：譬如今客家人所組成的布袋戲或傀儡劇團，目前所知，都在閩南庄演出，以閩語發音，和閩南人演出的沒有什麼不同，從前雖曾有過以客語演出的傀儡戲，但今已不存，因此本書便不將其列入「客家戲」內。而陳運棟先生曾提到過的：

就在元宵前後，六堆各庄有「作福」，是求一村之主的福德正神保佑之行事。由數名公舉或輪流擔任的「福首」主其事，以豚羊五牲隆重祭祀，祈求今年村中老幼平安，風調雨順，五穀豐收，盛大些的，還要演「布袋戲」或「紙影戲」，費用都由福首負擔。

（《台灣的客家禮俗》，頁一三五，民國八十年八月，臺原出版社）

此事筆者未及訪查，不知其布袋戲為北管官話或客語發音，而紙影戲是否為潮州戲曲系統？此點尚待日後再行了解。

又如呂訴上先生所提，傳自客家三種戲之一的四平戲（見《臺灣電影戲劇史》，頁一七二，民國八十年九月，銀華出版社），語言雖是客家化官音，但因不是客語，也不是本書所研究的對象。

註四：有關客家戲的研究很少，多是順便提及或短文說明；最近幾年雖有文章出現，但都屬散文或雜記性的作品，真正具有學術性的論著仍然不多。

註五：如曾師永義所提：

……由以上可見臺灣的歌樂戲劇是多麼的昌盛，其所見的歌樂戲劇的種類也相當繁多。而若就大戲而言，其在臺灣土生土長者止歌仔戲和客家採茶戲二種而已。

（《臺灣歌仔戲的發展與變遷》，頁二一，民國八十二年二月，聯經出版社）

註六：現今坊間有許多客家民謠的著作，大抵都有譯譜，譯譜很難捕捉到客家歌謠的神韻，因為每個人的唱法，都可以有所不同，此亦是客家歌謠的一大特色；然而在未有更好的方法之前，此似乎又為不得已之計。

譯譜困難，相對的，創作有傳統味的山歌也不易；關於此，賴碧霞女士云：

山歌因為客家人的口音不同，形成多種不同的唱腔，再加上歌詞大都是即興而編，隨口而出，所以有很多音樂家想譜出山歌的韻味，卻始終無法實現。據筆者所知；近年來由音樂界人士所譜出之山歌譜至今只有一首，……由此可見要以現代樂譜來掌握住山歌韻味是多麼不簡單了。據筆者了解，山歌之所以難用樂譜記載之原因，主要是由於山歌的唱法較為自由，同時因為裝飾音和半音較多，更可依唱者音域的不同而任意加以調整，也可以因唱者中氣之長短而自由調整歌曲長短，也可（因）歌詞的不同而有所差別。所以記譜十分困難。

（《客家民謠薪傳》，頁八，民國七十六年四月，樂韻出版社）

註七：曾師永義對「中國古典戲劇」下的定義是：

中國古典戲劇是在搬演故事，以詩歌為本質，密切結合音樂和舞蹈，加上雜技，而以講唱文學的敘述方式，通過俳優妝扮，運用代言體，在狹隘的劇場上所表現出來的綜合文學和藝術。

（《中國古典戲劇的認識與欣賞》，頁二，民國八十年十一月，正中書局）

中國戲劇包含之內容豐富，而客家的三腳採茶和採茶大戲都可歸屬於此範圍。

註八：例如每年承辦「臺灣省客家戲劇比賽」的臺灣省立新竹社教館，就會錄下某些劇團比賽演出的戲齣作為存檔。

註九：例如苗栗「榮興客家採茶劇團」所製的部份影帶就十分精美，說明帶（如文建會委託此團所錄製的「客家戲曲身段教材」之「基礎身段篇」）也具有學術性，不過只有少數對外販售或贈送；又如新竹「龍鳳園歌劇團」，也拍攝自己團隊的影像作品。

註十：所謂「外包」，指由傳播公司所錄製，授權予電視臺播放，而非電視臺自己製作的節目；第四臺的節目大抵如此。「外包」一詞為業者口語。

第一章 臺灣客家戲發展歷史概說

臺灣的客家戲曲淵源自大陸，形成了三腳採茶戲，其後，隨時代的變化而發展出大戲，成爲臺灣土生土長的劇種（註一）。

「客家採茶戲」一詞包含有小戲和大戲（註二）。小戲方面有三腳採茶戲，其中有以「賣茶郎」故事爲主的小戲和各類相褒小戲；小戲與大戲之間又有段過渡時期，其間吸收了說唱與其它劇種的身段、劇本、腳色、服飾、伴奏等，演出人數漸次增加，而有所謂的「改良戲」、「客家大戲」（註三）之產生；客家大戲由於形成過程和歌仔戲相似，不斷地吸收其它劇種的演出方式與內涵，且不如歌仔戲受人重視，於是遂被曲解作「客家歌仔戲」。

以「客家歌仔戲」稱呼客家的野臺戲，以其給人之第一印象和觀感有關，不能予以否認；然此並不代表客家戲原有之面貌，只能說是最適合客家戲班生存所產生的結果。在內臺時期，商業性的演出與觀衆的互動，使得客家戲的演出趨向多元，戲班儘可結合亂彈、四平、歌仔、京劇等劇種演出；但此爲後來戲班演員、戲先生來源的不同，所共同融合、學習所產生的現象，也就是說：「什錦戲」、「雜戲」的狀態是漸次形成的，剛開始的時候，也有演出純粹採茶戲劇的戲班（註四）。

本章的重點即在於說明臺灣客家戲的變遷過程、脈絡，以為討論當今客家戲概況之準備。但在說明三腳採茶小戲時，如非必要，本書不擬將其唱詞、說白列入：一來是因其非本書之重點，說明太多不但模糊焦點，亦佔篇幅；二者是前人對此課題、內容說明已相當清楚（註五），筆者再列，也不過是贅述，拾人牙慧。

第一節　臺灣客家戲的淵源與形成

壹、臺灣客家戲的淵源

關於臺灣客家戲曲的淵源，藝人、學者們普遍認為傳自大陸，但由誰傳入？如何傳入？藝人們似乎都不甚了解，筆者於田野調查的過程中，即便問及八、九十歲的老人，也只能含糊地以一句「先生教的」帶過，而對師承不甚清晰。今唯一清楚記載其可能性的，只有陳雨璋先生之論文：

唯有莊木桂先生，談到他父親卓清雲先生的師父何阿文先生是來自廣東，定居在頭份，從年齡推算，何阿文先生大概在同治年間到臺灣，可是他是否第一個傳入「三腳採茶戲」的則不知道。唯一可確定的是那時已有「三腳戲」在臺灣（註六）。

陳雨璋先生雖對三腳採茶戲是否由何阿文先生第一個傳入，表示不很肯定的態度，但起碼提供了一個傳入的可能性，今莊木桂先生已去世，子嗣沒有傳下此業的，只有徒弟林榮煥先生，閒暇之餘仍於新竹教唱三腳採茶，可惜林先生的傳承多在唱腔上，未有實際的戲劇演出，要了解此事，當是難上加難。

據筆者訪調而得的結果，客家老輩藝人對「卓清雲」一名多有印象，也認定他是當時的名丑，但認爲其子莊木桂先生並不是職業演員（註七）；還有藝人對莊之資料來源有其它說法（註八）；但在未有進一步的證據驗證前，這些說法都只能供作參考。而陳雨璋先生所提到的那一脈師承，在客家戲淵源的探究上，有相當程度的幫助，是非常珍貴的一項資訊，本節即以此爲基礎，對客家採茶戲的淵源展開探討。

一、發源自贛南的可能

採茶戲的種類繁多：單是江西省就有南昌採茶、萍鄉採茶、贛南採茶、揚州採茶、吉安採茶、寧都採茶、贛東採茶、景德鎮採茶、武寧採茶、萬載採茶、九江採茶及高安採茶等十幾種；閩西亦有採茶戲；廣東粵北、湖北陽新的採茶戲也廣爲人知。一般認爲臺灣的客家三腳採茶戲淵源自贛南採茶，原因爲其演出內容與語言上的共通點、與其流行的區域和客家族群有地緣上的關係：

贛南採茶戲：江西省地方戲曲劇種之一。流行於贛南、粵東、粵北的贛州、廣昌、石城、瑞金、遂川、萬安以及韶關、南雄、英德等地。是在採茶歌和茶籃燈的基礎上，揉合了贛南其它民間藝術發展形成。用客家話和贛州話演唱。

贛南安遠縣的九龍山自明代以來即盛產茶葉，茶女採茶時，常唱採茶歌，即「十二月採茶歌」。……這些茶歌，受粵東採茶燈以及當地馬燈、龍燈、擺字燈等民間燈彩藝術的影響，又加以茶籃、紙扇道具，載歌載舞，形成採茶燈，人稱「茶籃燈」。

明末清初，隨著茶業興隆，茶籃燈在當地東河戲等的影響下，又進一步發展成為唱、做、念、舞的採茶戲。早期採茶戲角色二旦一丑，二旦角扮姐妹二人（大姐、二姐）上山採茶，口唱「十二月採茶歌」，手持茶籃，邊歌邊舞；丑角茶童，手搖紙扇，穿插打諢，名叫《姐妹摘茶》。

後又出現了有開茶園、炒茶、盤茶（問茶名、報茶名）、送郎下山、賣茶等內容的《送哥賣茶》及表現三個小孩（大姐、二姐、三郎子）用一條板凳作龍燈耍的《板凳龍》。……後《板凳龍》又增一老娘及打草鞋、繡花、捉迷藏、玩香火龍等細節，成為較完整的小戲《耍香龍》。在此基礎上增添了朝奉別妻、途中落店、鬧五更、看茶贊山、報茶名、嘗茶議價、送郎下山、運茶回程等情節，發展為整本大戲《九龍山摘茶》（《九龍山茶燈》）。

……除燈班外，《姐妹摘茶》和《板凳龍》的另一發展是擺脫「茶山」內容而出現大批生活小戲，保持二旦一丑或一旦一丑格局。其劇目有號稱「四大金剛」的《四姐反情》、《賣雜貨》、《上廣東》、《大勸夫》演出用「勾筒」的正反絃伴奏，其班社稱「三角班」（註九）。

贛南採茶戲以贛州話與客語演唱，又流傳於粵東、粵北一帶，其所有的「十二月採茶」、盤茶、鬧五更、送郎下山、《賣雜貨》等劇情和戲碼，雖不知其實際內容爲何，在名稱上，和臺灣客家三腳採茶戲班所演，有太多類似之處，讓人不由得不產生聯想（註十）；即如陳雨璋先生論文所引的《中國戲曲曲藝辭典》和《大中國百科全書》中（註十一）並沒有相關劇目的記載，她也認爲客家三腳採茶戲淵源自贛南採茶。

二、粵北傳入臺灣的可議

陳雨璋先生引了《中國戲曲曲藝辭典》之後，並有一段論述：

> 據陳運棟「客家人」提到贛東南、粵東北、閩西南一帶為清一色客家居住地區。上文提到的安遠縣正屬此區，因此客家三腳採茶戲是由贛南產生再傳到粵北（註十二）。

之後她又以移民至臺灣的粵人大多來自嘉應州，而臺灣三腳採茶戲所操的四縣腔正是嘉應州一帶客人所用、福建《永定縣志》記載的「永邑界鄰廣東之嘉應、大埔，彼處有採茶戲」（註十三）、以及何阿文先生來自廣東這幾點，來判斷客家戲的源流爲贛南傳至粵北，之後再傳至臺灣。

陳先生所推論，在客家人的移民歷史上觀之，有相當的合理性：客家人所分布的地區，以粵東北、贛東南、閩西南最爲集中，稱作「粵贛閩邊區」，而移民到臺灣的客家人，有許多是從廣東來的；再加以《中國戲曲曲藝辭典》所提到的「流行於江西南部和廣東北部」（註十四）這幾句話裡，我們可以知道陳先生下結論之脈絡，與論證此事之過程。

就劇種而言，確有「粵北採茶戲」一詞，《中國戲曲劇種手冊》上說：

> 粵北採茶戲是粵北廣大客家地區群衆喜聞樂見的地方小戲。因它多以旦、生、丑三人演出，俗稱「三腳班」。解放後群衆統稱它為粵北採茶戲。
>
> 粵北採茶戲源於江西。有些老藝人認為，它的歷史至少有一百四十多年。它流行於粵北的曲江、南雄、英德、始興、乳源、仁化、翁源、連縣、連山、陽山、新豐、佛崗、樂昌等縣的廣大客家地區（註十五）。

這段話說明了粵北採茶戲之形態與其範圍；然而《中國戲曲劇種大辭典》對贛南採茶戲的解釋中卻也曾經提到：

……同源異流的兩支，以三角班為主體，於清乾隆年間（一七三六—一七九五）廣泛流行。……嘉慶（一七九六—一八二〇）以後，江西、廣東兩省採茶戲班交流頻繁，不少贛南的採茶戲班社曾至粵東演出。……清末民初，贛南還有不少採茶戲班流入福建的武平、長汀、龍岩、上杭、湖南的桂東、桂陽等地（註十六）。

筆者以上的引論，無非是爲了說明：贛南採茶戲曾傳入粵北，但由文獻記載所得，贛南採茶戲對廣東的影響，似並不止於粵北，而應及於粵東。

而觀察陳雨璋先生所提到的幾個地點：臺灣客家移民來自「嘉應州」；其引用的《永安縣志》中，所述及之「嘉應」（嘉應州內）、「大埔」（在潮州，嘉應州東邊）二地，在地理位置上，其實和粵北採茶戲所流行的韶州府、南雄州、連山廳與連州等尚有一段距離，在方位上反而更近於粵東或粵東北，陳先生時而將嘉應州認爲粵東北、時而將其列作粵北（註十七），不知緣於何故？

康熙二十年左右，因嚴禁沿海之民渡臺，廣東潮州與惠州二府來臺人數極少，嘉應州（未靠海）卻來得很多；康熙六十五年之後，才有較多的潮、惠二州客家人來臺，陸續來臺之廣東人，即以粵東三州、府爲多（註十八）；而粵北採茶戲所流行的韶州府及其附近地帶，來臺人數不多。陳雨璋先生所說的粵北傳到臺灣，中間論述過程不夠周密，没有交待粵東的嘉應州爲何和粵北的採茶戲扯上關係：是由贛南傳入粵北，再傳至粵東？抑是贛南直接傳自粵東呢？更何況陳先生沒有問清何阿文先生的來歷，只說他是「廣東人」，到底他是爲粵東多數移民中的一名，還是粵北來的少數例外呢？而粵北採茶戲形成於道光年間、贛南採茶班在嘉慶年間與粵東交往頻繁，若以上之問題交待不清，則傳入臺灣的年代更不可驟下結論，畢竟臺灣在康熙年代便有所謂的廣東移民；而採茶戲既已流行至廣東許多地區，可能對附近之區域皆曾有過影響，則三腳採茶由其它廣東地區移民帶來臺灣，也未嘗沒有可能。

就現今筆者所及之資料與陳先生之說明，可發現問題出於資料的不足、對地理位置的認定和戲劇本身的流傳已有一段時日，不能以單純的地域規範之。較審慎的作法，只能說臺灣客家三腳採茶戲源自贛南，傳至廣東，其範圍爲廣東與贛南交接之附近地帶；直接說其來自粵東、粵東北或是粵北，都是太過武斷的說法；時間方面，從何阿文先生爲同治年間來臺這一點，可知客家三腳採茶戲「至遲」於同治年間傳入；若須確定地域和較確切的時間，還得要有更多的證據才行。

陳雨璋先生以客家三腳採茶戲中「賣茶郎故事」之對白反映出大陸人民到臺灣作生意的渴望、客家地區盛產茶葉、加上以嘉應州方言發音，判斷臺灣客家三腳採茶戲的「賣茶郎故事」可能發源於嘉應州（註十九），並說明粵東嘉應州人民來臺之歷史與路線；陳先生所推斷並非不可能，但由上述理由認爲「賣茶郎故事」可能發源自嘉應州，所述論點似不甚充份，原因如下：

1. 客家地區既盛產茶葉，則「賣茶郎故事」發源於嘉應州之論點便無必然性，如贛南，便有《送哥賣茶》的劇目。

2. 如果「賣茶郎故事」非源於嘉應州，而是由別處傳來，與地方融合的結果，以某地的方言發音，是很自然的事情。因此不能以某地方言發音，就判斷本事出於此地。

3. 故事架構倘已存在，部份曲詞隨地方民情、人民想法而有更易，並不足爲奇；何況當時嘉應州人民一心渡臺，故事曲詞反映出渡臺之渴望，並不代表「賣茶郎故事」本身即發源自嘉應州。

但由陳先生之推論，「賣茶郎故事」發源自大陸當無可疑，然是否發源自嘉應州，則尚有探究之餘地。

貳、臺灣客家戲的形成

一、說唱與陣頭

客家三腳採茶戲由大陸傳來臺灣，初發展時的面貌因文獻不足，很難知道它的實際狀況，今所知較早對臺灣採茶戲有所記載的有《安平縣雜記》及連橫的《臺灣通史》：

> 酬神唱傀儡班，喜慶、普渡唱官音班、四平班、福路班、七子班、掌中班、老戲、影戲、車鼓戲、採茶唱、藝妲唱等戲（註二十）。
>
> 演劇為文學之一，善者可以感發人之善心，惡者可以懲創人之逸志，其效與詩相若；而臺灣之劇尚未足語此。臺灣之劇：一曰亂彈，……二曰四平，……三曰七子班，……又有傀儡班、掌中班，……又有採茶戲者，出自臺北，一男一女，互相唱酬，淫靡之風，侔於鄭魏，有司禁之（註二一）。

由此二著之紀錄，知有「採茶唱」之名，並瞭解早期採茶戲男、女唱酬的演出形式；其稱作「採茶唱」、「採茶戲」者，猜測其內容應與「茶」有關：可能和大陸傳來之本事有相似之處，或許便是「賣茶郎故事」之相關內容；也有可能指的是其曲調：是茶山之山歌或採茶而作之曲；因為文獻上沒有詳盡的記載，今也就無從得知。

採茶戲由大陸傳來，最初所傳已是小戲形式、抑或只具說唱性質，為民謠演唱的方式，僅能由文獻上推敲；上文提到：「……嘉慶（一七九六—一八二〇）以後，江西、廣東兩省採茶戲班交流頻繁，不少贛南的採茶戲班社曾至粵東演出」，那麼，此小戲形態對粵東當不會全無影響，只是影響有多大，不得而知。陳雨璋先生於論文中有「以及老藝人強調『三腳戲』唱詞固定」一語，並說在何阿文先生之年代，臺灣便已有三腳班；陳先生所訪問之老藝人未及何阿文之年代，而當時臺灣雖有三腳班，此類班社演出情形陳先生也沒有說明，不知其是以說唱為主，還是已有戲劇演出？三腳採茶小戲的臺詞、腳步的固定，也許是由大陸傳來、也許是自臺灣發展而成，今所知者，僅有故事應源自大陸一事而已；若以其臺詞、腳步之固定，斷言其皆來自大陸，似乎證據不夠充份，因為最早傳來的三腳採茶戲，似乎沒什麼身段、腳步可言（有可能是非藝人傳來，故身段不熟）；且大陸經文革之後，其山歌、小調和臺灣的大相逕庭，在比較上有所困難，筆者在資料不足、學養不夠的情況下，無法直接認定三腳採茶初至臺灣的狀況，對此，只有闕疑。

至於三腳採茶小戲是否受到陣頭影響，以現今的「挽茶陣」和「挽茶車鼓陣」來觀察，前者只是單純的挽茶動作，沒有故事（註二二），而其伴奏音樂為〈茶葉青〉，估計形成應還不久；後者則反而可能是由客家內臺表演衍生而來；若就「車鼓陣」來講，有的文章以客家小戲的部份曲調與車鼓戲的曲調名稱相同，認為車鼓戲對採茶小戲有影響（註二三）。臺灣的客家小戲或許以前曾在廟前演出簡單的故事、作為陣頭演出也說不定，但要說其受陣頭影響而改變，目前並無證據支持此說法。

客家三腳採茶小戲，是「賣茶郎」故事為主的戲齣和其它相褒小戲的總稱；仍停留在「小戲」的階段，角色以二旦一丑為主，故稱「三腳班」或「三角班」（註二四），演員常用的道具有手帕、茶籃、傘、扇等，故事結構相當簡單；以「賣茶郎」為主的故事有十齣：一、《上山採茶》、二、《送郎》（《送哥》）、三、《綁（「挪」，客語「拉」、「扯」之）傘尾》、四、《糶酒》、五、《勸郎怪姐》、六、《接哥》、七、《盤茶》、《山歌對》、《打海棠》、八、《十送金釵》、九、《盤賭》、十、《桃花過渡》等。每一齣可單獨演出，也可串連成連臺劇演出；故事的基本架構為：賣茶郎出外賣茶↓茶郎妻送之↓賣茶郎於外地↓將錢用光↓回家↓其妻盤問；而賣茶郎於外地的境遇、茶郎妻在家的反應，則由表演者隨意變動劇情，只要能湊成一個完整的故事即可；因此故事的架構雖大致相同，中間的過程，則不一定每次都演出相同的戲碼（註二五）。

二、曲調與唱腔

客家三腳採茶戲的唱腔，與客家民謠的唱腔有很多的重疊，以其曲調豐富，素有「九腔十八調」之稱。而這些民謠的內容，究竟是早於客家三腳採茶戲或於稍晚形成？而最初來臺的藝人，所帶來的是已有身段演出的三腳採茶，或只是帶來故事和曲調，以唱民謠的方式表演？大陸早先的民謠裡，是否原有這些曲調……等問題並不能得到明確的解答，因此筆者不妄加猜測；因採茶戲中的許多腔調和民謠的相同，客家三腳採茶戲的唱腔，自然也被稱作「九腔十八調」。

關於「九腔十八調」一詞，有幾種不同的解釋：

楊兆禎先生說：

客家人有散溢著鄉土芬芳，和充滿著滿懷情感，而獨具風格的——「客家民謠」（因種類繁多，故有「九腔十八調」之別稱）（註二六）。

賴碧霞女士說：

客家民謠有九腔十八調之稱，這是因為廣東省有九種不同的口音，也就是因鄉音的不同而導致唱腔的不同。

所謂九腔包括有：海陸腔、四縣腔、饒平腔、陸豐腔、梅縣腔、松口腔、廣東腔、廣南腔、廣西腔等（註二七）。

所謂十八調是指歌謠裡有：平板調、山歌仔調、老山歌調（亦稱南風調）、思戀歌調、病子歌調、十八摸調、剪剪花調（亦稱十二月古人調）、初一朝調、桃花開調、上山採茶調、瓜子仁調、調五更調（註二八）、送金釵調、打海棠調、苦力娘調、洗手巾調、賣酒調（亦稱跳酒）、桃花過渡調（亦稱撐船歌調）、繡香包調等十八種調子。

嚴格一點說，客家民謠不止九種腔、十八種調，但由於其它腔調，較無特色以致湮沒失傳無法考據罷了（註二九）。

鄭榮興先生言：

> 「九腔十八調」即是指在臺灣三腳採茶戲的唱腔，其演唱方式是極其靈活的，不同的演奏、歌唱人按照骨譜能詮釋出各異的表演風格，故可說其藝術價值十分豐富，已為諸多學者所認同。
>
> 「九腔十八調」和「客家三腳採茶」，這兩個名詞幾乎是同時出現的。提到「九腔十八調」，便一定會指「客家三腳採茶」的唱腔，不會是指別的劇種，提到「客家三腳採茶」的音樂，則一定是「九腔十八調」，足見此二者互為體用，密不可分。
>
> 至於「九腔十八調」一詞，我們必須釐清的是，這是泛指所有「腔」和「小調」而言的名詞，是一個總稱。並非恰有那麼多腔調。因為「九」為個位數中最大之數，故以「九」冠於腔之前，而「小調」之數量又比「腔」多，故以「十八」之數來強調其繁多。
>
> 所以，九腔十八調的定義絕對不能說九個腔頭十八個調，其實稱作九腔十八調乃是稱這種戲很豐富。…… 就像九拐十八彎；九、十八是表示多的意思（註三十）。

首先要說明的是：「九腔十八調」應該不是「客家三腳採茶戲」所專屬之名詞，說「不會是指別的劇種」，似乎不大正確，如「東北二人轉」便有此稱呼：

總之，「二人轉」的音樂很豐富，有「九腔十八調」之稱，是一種獨特的藝術形式（註三一）。

二人轉音樂高亢火爆、生動粗獷、鄉土氣息濃郁，在農村有深厚的群衆基礎。曲牌有三百餘種，人們常以「九腔十八調，七十二嗨嗨」來形容曲牌之豐富（註三二）。

二人轉的表演藝術分為說、唱、做、舞四功，……唱腔豐富，素有「九腔十八調，七十二嗨嗨」之說（註三三）。

中國人在形容上，以「九」和「十八」喻其繁多，是常有的現象，其它劇種有「九腔十八調」的說法，實不令人感到意外；至於這個名詞在臺灣最先是用來形容客家民謠或是三腳採茶小戲的，以此觀點來看，都有可能，而且並無爭論的必要，對客家民謠或小戲而言，「九腔十八調」一詞，應該都只是用來形容其唱腔、曲調之豐富而已。

三、演出之概況

此戲以四縣腔演唱，流行於桃、竹、苗之客家庄，初期身段不多，以文戲爲主，只作爲茶餘飯後的消遣，幾人隨便就可演唱起來，後來雖受到民衆的喜愛，仍有不登大雅之堂之虞，因此只能以「落地掃」的形式演出：沒有戲臺，觀衆一圍，隨地演唱；演唱之前，會先有一段「棚頭」的表演（註三四），以吸引觀衆，並爲宣告戲曲演出的一種手法。

據老一輩藝人的說法，當時有所謂的「採茶戲班」，如名丑卓清雲便以演出採茶戲爲生，採茶戲一入庄內，全村男男女女都去觀看，盛況空前，因此有所謂「採茶入莊，田地放荒」之言；三腳採茶早期女性藝人較少，旦角常爲乾旦。但並非全無女性演出，和歌仔戲早期的「醜扮歌仔戲」相比，客家女性參與採茶戲劇演出的情形較早、也較普遍，有人甚至認爲：客家採茶戲一開始，其演員就是以女性爲主（註三五）；住在新竹的朱榮深先生即表示（註三六）：至少於卓清雲演三腳採茶戲時，已有女性參加演出，比如龍潭的「玉嬌」便擅作苦旦，演起三腳採茶戲來，目光勾人，使男性觀衆失魂落魄，時常引起隨行女性觀衆妒嫉，她便是早於「阿玉旦」、「阿荷妹」等光復前、後之名伶，是眞正三腳採茶戲出身的。

三腳採茶戲除了「賣茶郎」故事外，也加入客家說唱、早期「傳仔本」的內容（註三七），也開始以山歌調編寫劇情，演出一些相褒小戲，以丑、旦打情罵俏、對答相褒來博觀衆一笑，被視作淫邪之劇種；當時以文戲爲多，唱、唸佔了大部份，與後來加入打、殺場面，以動作和說白爲主之局面大不相同。

小戲的演出，雖有固定唱詞之部份，即興式的對答、相褒卻更有畫龍點睛之妙；對答、相褒有押韻、詞意之要求，對句亦有其技巧，有良好默契之演員方能對答如流，而不流於僵化刻板；此點爲小戲較困難的部份，對俚語、雙關語、成語、習俗熟悉的演員，信手拈來，不露痕跡，常被稱作很「飽」的演員。

由於宗教性的要求，三腳採茶小戲不能和四平、北管等「正戲」一樣，在廟前戲臺演出，只能在廟附近的廣場、空地，豬圈、草寮、田邊圍起來便行演出（註三八），於廟前正戲演完之時，若有觀衆要求，有時廟方也同意讓三腳採茶班藝人上臺演一段《送金釵》、《打海棠》等。戲班一般有五、六人：演員若有三人，演出「賣茶郎」故事時，則一爲張三郎、一爲張妻、一爲張之妹（或張妻之妹）。雖稱「三腳」，有些戲碼只要兩人就能演出：如《問卜》、《十送金釵》、《送郎》、《綁傘尾》、《勸郎怪姐》、《桃花過渡》（若加上妹妹角色，可達三人）等；有些戲碼的人數可多可少，如《上山採茶》，戲班編制若允許，可多安排幾個人唱老式山歌對答相褒；而《打海棠》、《五更歌》、《病子歌》、《苦力娘》可以二人對唱，也能以唱民謠的方式由一人獨唱。

三腳採茶戲班的文、武場有二、三人，文場所司樂器一般有椰胡、胖胡，武場所司有大、小鑼、通鼓、敲仔板（南梆子）、鈸等。戲班興盛時，演出其它小戲，也有多至十幾人的；演員服裝很隨便，穿著日常服飾就能上演，後來才漸有改良。

三腳採茶小戲由於這樣的演出模式，漸漸深入民間，有了自己的一席之地，也有了經濟效應，在商業性的考量下，形成兩種進展的模式：一是受到其它劇種的影響，形成大戲，進入內臺；一則是延續「落地掃」形式，爲賣藥廠商宣傳的利器。

第二節　臺灣客家戲的發展

民國十年左右，採茶戲受到其它劇種影響，逐漸形成大戲，適值內臺興起，戲界生機蓬勃；中日戰爭期間，因「皇民化」之限制，採茶戲又受壓抑，藝人改行或演出新劇的很多；光復以後，內臺更加興盛，戲班也重新開張；直至民國五十年代，電視興起、電影進佔了傳統戲劇的市場，採茶戲才從此戰場退出，轉向廣播界或野臺發展；而應時代之變革，客家新劇種的出現，也爲客家戲提供了更寬闊的發展天地；爲方便說明這些過程，茲以內臺、廣播、野臺、新劇種成熟期爲綱目，分別說明客家戲在各階段的發展。

壹、內臺時期

客家採茶戲改良成大戲，所受到的最大影響，是來自京劇。上海京班的來臺演出，使客家戲班在服裝、布景、道具上都受到影響，由三腳採茶的文戲演出，加入了武行的表演，故事也跳脫了民間小戲的架構，而有大戲的出現；據不同藝人的說法，可歸納出幾點現象，作爲採茶戲大戲並非「客語歌仔戲」之澄清：

1. 內臺採茶戲早期受到京劇的影響很大，尤其自民國十二年以後，「上海京

班」、「閩班」來臺表演，來臺班底除了受邀至歌仔劇團教授，亦為客家戲班邀請；客家戲劇雖原有自己的鑼鼓點，此時向其借鏡很多，布景、行頭、臺步亦有所學習，在內容上，加入了不少武戲的劇目。

初期的客家戲班很少向閩南庄發展，在閩南語的練習上也少，所表演的地方多在桃、竹、苗三縣、市，因此早期受歌仔戲的影響反而很小。

受京劇的影響形成大戲後，採茶戲班有只演採茶戲的，也有和京劇雜在一起演出的。

有些戲班演出把採茶戲和京劇合在一起，以小旦唱採茶調，生角、男性唱京劇，因為他們覺得男孩子唱採茶調顯得柔弱、不夠剛強，比如演出歷史故事時，由將軍口中唱出採茶調，就不怎麼搭調（註三九）。

2. 與其說內臺時期，客家戲班如何受到其它劇種之影響，不如說各戲班之情況都不大相同，並非每一戲班對各劇種的接納程度和喜好都是相同的。

有些戲班在早期以演出客家採茶戲為主，混合京劇演唱，並不喜歡唱北管、四平的人入臺演出，因此戲班並不唱這些曲調；有些戲班多多益善，請來各劇種的老師教學；有些戲班原先是四平班，初至內臺演出，不受歡迎，漸漸地加唱採茶調，和其它劇團混同，則其班的四平色彩可想而知（註四十）；而有的戲班本唱北管，在採茶戲大受歡迎的情勢下，也演起採茶來了；這些本不是採茶班的劇團，到了內臺，有日演京劇、北管、四平，晚上演採茶的慣例；也有戲班在一開始就唱採茶戲，不唱京劇和其它劇種的曲調，是很純粹的採茶戲班，到後來才學其它劇團加入各種曲調來唱，但那是發展到比較後期的事了（註四一）。

各劇種的融合、學習，造就了採茶戲班演唱各類曲調的現象，也讓北管、四平班愈來愈像採茶戲班；由表象上來看，人們都知道它們是採茶戲班，然其本質因生意而作的修正與轉變，卻往往不爲人所知。

3. 爲了生活與拓展戲路，嘗試往閩南庄發展的戲班，請來歌仔戲班先生教唱歌仔調，他們演唱歌仔戲是出自生活與營業利益的考量，不表示採茶戲即受歌仔戲全盤之影響。採茶戲在內容、故事上常與歌仔戲學習，把本事搬過來演，於客庄表演時，故事可能相同，也有混合歌仔調的現象，但臺詞也都不同，何況有些班除非到閩南庄演出，否則根本不唱歌仔調；只能說，二者在發展過程中有太多的雷同之處，並且相互學習，不能說採茶戲是「客語歌仔戲」（註四二）。

早期內臺戲班有演出三腳採茶戲者，但三腳採茶戲規模太小、故事總是那幾個，很快地就不敷內臺商業性的需求，內臺若眞要演出三腳採茶，也要有十幾人：

增加文、武場，加入一些路人甲、路人乙的角色，撐起場面，雖演出的還是三腳採茶小戲的內容，人數卻不只是「三腳」了；戲班在演完大戲後，偶而應觀衆要求，也唱段三腳採茶小戲。

內臺以演出採茶大戲爲主，最早也有演出四平、北管的，但有些戲班在不受歡迎的結果下，不是改變爲採茶戲班，就是退出內臺，繼續演出外臺酬神戲。

一、內臺演出

(一)演出場所

內臺的興盛使各地的客庄都有戲院的出現（註四三）。有的戲院很大，有的小地方則規模很小，而有些鄉下地方沒有正式的戲園，常以工廠或臨時承租來的大房舍作爲暫時的演出場所；更偏遠沒適當建築可演出的地方，觀衆便要長途跋涉來看戲；腦筋動得快的商人，針對此點，就搭了「露天戲院」，以擴大營業的範圍。

「露天戲院」指到鄉下沒有戲院的地方所搭的演出場合，有的用布棚、有的用杉木，搭成密閉式空間（類似馬戲團），作爲臨時的內臺戲院，搭臺的老闆請戲班來演出。在三十年前，票價大概要十至十二元（註四四）（當時的勞工階層一個月最高的薪水是一百多元），請一班戲班約要七、八千至一萬元；露天戲院的經營者，一般不是戲班主，而是專以此爲業者。此類營業者到有固定戲院的大城市，則向戲院老闆承租下戲院，請來戲班演出，頗類於今日所說的「班長」，但其職責介於老闆和班長之間，和眞正的內臺班長仍有所不同；內臺的班長多領老闆月薪，負責交涉演戲事宜，當時有特定的名稱——「外交」，不叫「班長」。

固定的戲院和戲班的合作方式有兩種：一種是戲班承租下戲院，賣票所得歸於戲班；一類爲戲班與戲院老闆合股，簽約明定收入之分配；有的戲班班主不只一個，是演員們合組的，扣除予戲院的金錢，收入爲全班共得。

戲院裡賣冰棒、爆米花的人，通常是戲院老闆請來的固定員工（也有租攤位的），和此類營業者無關。

㈡演出狀況

內臺發展一陣子，值民國二十六年，中日戰爭開始，日本人推行「皇民化運動」，禁止中國傳統戲劇與民俗活動之舉辦（稱爲「禁鼓樂」）、關閉寺廟、關閉私塾、開辦公學校、推行日本語言等。爲統一臺灣的戲劇，日人於民國三十一年太平洋戰爭爆發後，在三月間組成「臺灣演劇協會」，規定每個班社要登記、藝人要註明爲「俳優」，並規定劇團不准演出傳統戲劇、要演出「新劇」，並且在戲劇演出之前，必須先演出一小時的日本「寸」（短）劇，而後才准演出自己的戲，但演出要穿日服、說日語。因觀衆不習慣，而有些演員也不諳日語，於日本警察未來以前，演員仍偷偷以客語發音，演出傳統內容的戲劇；大膽一點的劇團，並趁機穿插辱罵日人的歌詞、劇情，以爲洩憤；見警察一來，演員們才匆匆轉爲不流利的日語，演出話劇。

在種種嚴苛條件的限制下，無法經營的劇團，迫不得已，只好把戲班設備、樂器、配件、行頭等拋售或是將整個戲班轉賣給「臺灣演劇協會」，由其統一經營，戲界面臨前所未有的考驗；到了抗戰後期，日人更是全面禁絕演戲。

在「皇民化」時期，內臺戲班受到很大的打擊，但藝人表示，在日本人統治的年代裡，對戲劇雖有所管制，但有的戲班順應日本的要求，改演新型態的話劇（註四五），還是可以生存；戲班或是直接歇業不作，或是日本人沒看到時偷偷作；一直要到戰爭吃緊、八年抗戰的最後半年，戲班才近乎全數歇業。

如「德泰」的退休老藝人王陳英妹（年七十四）和「新永光」的退休老藝人謝美妹說（年八十三）：

> 我們以前日本人有管戲，日本人講歌仔、採茶不能作，……那時中國打戰，換日本人管。
>
> ……在日本時代什麼都作，只有一陣子完全不能作，大概只有停半年、停一陣子，大家都不作，就收起來，開放後又接著作。
>
> （民國八十六年一月二十七日，王陳英妹，中壢龍崗王宅）

沒戰爭的時候還能作內臺，日本戰爭吃緊時，才專門作話劇。

（民國八十六年二月二十一日，謝美妹，中壢廣隆宮）

內臺一天通常演出兩場，戲碼由戲班安排，有時也讓觀眾點戲。早上不演，下午一場演出約兩個半小時，晚上於五點半左右開演，演出時間約爲三小時；純爲餘樂性質，內臺沒有扮仙戲。開演之時，戲臺前方布幕拉起，演完後放下，戲班會預告下一場次演出的時間、戲齣；演得好的，觀眾會給賞金，有賞給個別角色，也有賞給東家的，而賞給全班的，賞金就由大家平分。

內臺演出一般爲連臺戲，如《封神榜》、《西遊記》等；有的連臺戲演出還有規矩，如：打算在某地演出完整的《封神榜》故事時，必須搭「封神臺」，演完後，還要殺豬、屠羊、請道士作法，表示對封神榜上神祇的尊重。

每個戲班的人數都有數十人：少則三、四十，多有百人之眾；文、武場至少七人：武場三人，文場四人。文場注重的是椰胡和胖胡；武場一人爲頭手鼓（頭手鼓不打通鼓），一個打通鼓兼小鈸，一個負責鐃鈸，若再加上吹嗩仔者，則有四人，其配置和今野臺之不同，今野臺的嗩吶，多爲文場所吹；文、武場之人數，可視場面需要，有所添加。電子琴、小喇叭等樂器，在早期的內臺很少使用，反倒是民國五十年後的野臺，才開始重用這類電子樂器。

客家內臺班要換一地演出，最少需三部大卡車，多要五部。於一地的演出，短則十日，多有達一個月的，戲約多時，演員忙到無法回家是常有的事；戲班承租戲院，有其檔期，檔期排好，宣傳車一出、海報、傳單一發，風雨無阻，遇到颱風等天災，觀衆大減，戲班唯有自認倒楣，自行吸收虧損。

㈢演出內容

戲院裡每天演出的戲碼都不一樣；戲碼很多，白天看戲以男性觀衆爲多，演的戲碼多爲演義、小說，如《五虎平南》、《五虎平西》、《秦世郎吞六國》、《薛平貴征東》、《薛平貴征西》、《王文英認親》、《哪吒鬧東海》、《劉全（泉）進瓜》、《魏徵斬龍王》等；晚上演出的戲比較輕鬆。演出劇目又以光復後的較爲怪誕，添加了許多超能力與神怪的劇情，不但大量刪減了傳統戲曲的音樂唱腔，還使用了很多的特殊效果，如：變景、空中飛人、劍光、迷霧、會縮回去的彈簧刀等，有些戲班很怕警察，因爲遇到兩人對打的場面，要製造出刀光劍影的效果，需出火星，警察不時會來關切關切；這些特殊道具用在《唐明皇遊地府》等戲碼裡，可說是鬼影幢幢，效果奇佳。有些戲班還以擅演「胡撇仔戲」出名，不少劇情更融合了日本武士道和美國西部牛仔電影之情節；「胡撇仔戲」的劇目名稱通常相當怪異，如《無底棺材》、《殺人魔王》、《金華府慘案》等；戲劇演出多無劇本，但非全無劇本，也有使用劇本的情形。

內臺演出日戲以「傳仔戲」爲多，但也有戲班喜愛演「胡撇仔戲」，日夜都演；就普遍情況來說，戲班演出若有十天，下午以演「傳仔」爲主，晚上大約有六天演採茶戲，其它四天演新劇（「胡撇仔戲」）。新劇穿現代服、唱流行歌，演出血案、慘劇等駭人聽聞的怪戲，有「皇民化」之跡。戲班血案的題材有時相當新鮮，有的以最近報上的已破慘案爲題材改編，加油添醋，以客語口白上演，不需劇本；如當年有一聞名全臺之新聞——龍潭殺外婆慘案，就被戲班改編成話劇在戲臺上演，據說演出時，演員還得在臺上抬著棺材走來走去，以製造恐怖悲悽的氣氛。

有些老藝人說，早期內臺演出有固定劇本、腳步，後來慢慢地和其它劇種混雜，才產生了如今日野臺以戲先生臨時說戲、腳步馬虎的模式，總之，到了後期——尤其是光復後，戲班大都不用劇本，所以即便是同一齣戲碼，每個戲班演起來也不盡相同。戲班不用劇本，與請來的戲先生教法有關，戲先生通常會以「傳仔」教初進戲班的學徒唱、唸和腳步，過一陣子，就讓他們自己演活戲了；緣於此，客家戲班演員的基本功都不是很好。

據老藝人王陳英妹的說法，早期傳統一點的戲碼，都有劇本，如《仙伯英臺》、《陳三五娘》、《孟姜女》、《劉廷英賣身歌》、《送郎十里亭歌》、《呂蒙正》、《胡忠慶》、《姜安送米》……等等。和歌仔戲有「歌仔册（簿）」一樣，客家戲也有自己的「傳仔本（書）」，現已很難見到；她雖然不識字，但當初和她一起學戲的學徒，大部份都不識字，大家都是照著師父手中的抄本，一句一句朗誦和記憶的，中間若有記不起的地方，大家私下練習時，都要再互相確認；因爲這些是在孩提時學起的，而且都必須背熟，有些唱詞，迄今她還有些印象，如《仙伯英臺》的唱、白：

英臺送仙伯到橋頭，橋頭內面有桑一頭；英臺伸手摘分（給）阿哥吃，哥啊！吃了知味要再回頭！

英臺送哥到河壩，河壩對面有一對羊古（公）和羊嫲（母）；羊嫲可比祝英臺，羊古可比梁仙伯。

梁哥送俚（我）到廟堂，偲裡（我們）洗淨手面（臉）來燒香；手拿聖筊跌落去（跌下去），一下陰來一下陽；陽的可比梁仙伯，陰的可比祝英臺。

前塘行來到後塘，十八羅漢排兩旁；手拿金香要來拜，只是有口不能講；少欠一個作媒人，看俚（我）哪久（何時）會嫁冇？

（民國八十六年一月二十七日，王陳英妹，中壢龍崗王宅）

對照竹林書局的廣東語《梁仙伯祝英台歌》，頗有同工之妙：

哥哥送我到墻頭，墻頭有頭好石留，一心想摘哥哥有，恐驚知味又來偷。

哥哥送我到長亭，長亭已多賣花人，一心要買哥哥插，看哥不是插花人。

哥哥送我到井中，看見哥哥好顏容，有緣千里來相會，無緣對面不相逢。
哥哥送我到青松，看見白鶴叫雙雙，兩隻毛色一般樣，不知那個是雌雄？
哥哥送我到廟邊，上面端坐是神仙，二個有口難分辯，中間少個媒姻緣……

到後來演複雜一點的《觀音得道》、《媽祖出世》、《周公鬥法》、《仙女下凡》、《薛（石）平貴與王寶釧》、《雪梅教子》、《三娘教子》、《白蛇傳》、《趙匡胤千里送京娘》……時，就不需要背臺詞了，自己臨機編詞即可；而在學習京劇時，師父也有教劇本給他們。

演員通常稱劇本作「傳仔」，「傳仔」一詞，有幾種意思：

（例一）指出傳仔是有歷史根據的，有其傳統性，與小說有別。如苗栗王順能先生（民國五年生，今年七十八歲）表示：傳者，傳承之意也。屬於歷史的才有必要傳，如三國志、東周列國志等，是有歷史根據、有國家價值者。此和小說不同，傳仔是有綱鑑的，而小說是虛假的，講完就過了。

（例二）指出傳仔類似章回小說，而傳仔戲應是歌仔戲的前身。

（例三）指出傳仔是改良採茶戲的戲本，凡人物傳記、敘事歌謠等皆屬之。

（例四）指出古時候的故事本，又被人潤飾為劇本，有大、小傳之別，且此「傳可稱為「記」」。

（例五）指為正統歷史人事物的故事本，與小說本有別。

（例六）指為舊體章回小說（註四六）。

對現今的客家演員來說，「傳仔」的意思指的是劇本、小說或文字紀錄，不管是戲先生載明大綱的總綱（又稱「總講」或「總江」）或是完整的劇本，只要是以文字記錄，能讓他們藉以演出的，就稱作「傳仔」（註四七）；以前市面上有「傳仔本」出售，作爲民間說唱、唸歌、唸勸世文的依據，將其買來，選擇可入戲者加以編排，就能變成演出的劇本。早期內臺演出的戲碼比較傳統，有的就是以「傳仔本」編成的；歷史故事、章回小說，也能編成劇本；換句話說，文字只要有故事架構，能成爲演出題材的，藝人都泛稱「傳仔」。

當然，不是每個演員對「傳仔」的定義，都是那樣廣闊的。演員將「傳仔」之意，定義如上述之廣泛者，最基本的原因是他們不識字，他們不知道總綱、劇本、小說、史志、「傳仔本」的內容和體制有所不同，對他們來說，這些都是戲先生用來對他們說戲，拿來教他們排戲的文字，所以說，他們認爲「傳仔」只要編寫出來，就隨時能夠上演；但對識字的演員、戲先生而言，則「傳仔」指的就是他們取材來源的書籍了：可能是章回小說，也可能是歷史故事——其中以章回小說最爲普及（註四八）；而早期戲劇演出的「傳仔本」，今甚少見，也因如此，晚輩的藝人不知何謂「傳仔本」，而將所有的「文字記錄」都泛稱「傳仔」，是常有的事。

㈣特殊演出

*1.*三、七景

爲了噱頭，有些戲班以「三、七」景方式演出。「三、七景」指將舞臺以三、七比例分配，文、武場照舊位於兩旁，演員有兩組，分兩邊雙演；配合文、武場，兩邊演員要同時出場、同時報名、同時唱歌、同時進場、演出相同內容；爲了演出「三、七景」，演員要熟背劇本；而能供應「三、七景」演出的場地，一定也要是大舞臺才行。因爲要避免觀衆「捉包」，所選的戲碼必爲大家所熟練的劇本，如《梁仙伯與祝英臺》等有「傳仔」的戲碼。此「三、七景」之方式常於閩南地區演出時使用，客家庄的舞臺大、小常不符合，客家班的規模常也不及閩南班、要雙邊演出，人數要很多，故此種演出也以閩南戲班爲多。

*2.*連鎖劇

「三、七景」外，尚有「連鎖劇」之噱頭：

連鎖劇可以說是電影與舞臺劇的交流或合併而成的一種連環劇。所謂在臺灣俗稱做「連環劇」。

連鎖劇的特色是在舞臺劇上演中，表現在舞臺條件上所不能表現的一切，譬如：外景、戰爭、洪水、江上、火災、仙洞、空中（飛天）、水中等大場面，可以藉電影來表現它（註四九）。

以連鎖劇手法表現舞臺上不能表現者，耗資較大，客家戲班的專業人才也不夠，因此客家戲班用此方法的很少，今所知僅有「三義園」一班；此種戲劇的表現方法爲：將高難度的動作事先以電影拍攝，適時播放；如某人爲歹徒所追殺，逃至崖邊，則跳崖之動作可預先拍好；舞臺演到此情節，則燈光一暗、撤去舞臺布景，馬上換作電影映放，以產生連續之感，表現出此驚心動魄的場面。

3.與臺下之互動

內臺演出注重演員與觀衆之間的互動，故演員和觀衆於表演間，常透過某些形式、動作來達成這個目的，如抛茶籃、端茶等。

呂訴上先生描述過採茶戲中觀衆與演員互動之畫面：

唱詞並不呆板，盡可以臨機應變。譬如逢到她們在表演「求乞」場面時，觀衆在捧場，送給他們的東西，假定是手帕，她們就得臨時隨口唱出有關手帕的情歌，以娛觀衆。另有一種是在舞臺上，她（演員）用約一丈左右長的繩縛著一個竹籠，內置一杯茶，面對觀衆某富翁投下，由接受茶籠的觀客隨意擲入茶籠中的禮品；如手巾、水果、金錢、裝飾品等等；扭回茶籠後，拿該物品為題材，隨唱著符合該物品的情歌，觀衆以其所唱的即與歌詞的巧妙而感歡娛（註五十）。

陳雨璋先生並將擲茶籃於戲臺之下的動作稱爲「抛採茶」（註五一）。「抛採茶」這個名詞，筆者於田野調查的過程中，發現並沒有藝人知悉其出處，陳雨璋先生在論文中也沒有提到此名稱的來源；藝人們都承認有此事，但不認爲這個動作有特定的名稱，只泛稱作「丢茶籃」、「丢籃子」等；這個動作因以茶籃爲媒介，可能眞起源自客家内臺，不過閩南人也有這種表演。閩南地區稱此爲「ㄏㄞˋ（抛之意）採茶」或「ㄏㄞˋ茶籃」，不知是否即陳雨璋先生將其譯作「抛採茶」之因？

演員往臺下丢籃子，觀衆便將隨身物品放入（註五二），演員收回籃子，以籃中之物臨機演唱，逗觀衆開心；唱得好的，觀衆會給予賞金，賞金可張貼於臺上，也可放入籃中；演員功力高的，還可將茶杯放入籃中、投給觀衆，而茶水不溢，以爲觀衆對賞賜的回饋，此說法十分神奇，不知是否眞有此事？

抛茶籃一事，今尚可在「挽茶車鼓陣」中看見，應爲内臺時期所遺留之風：

……而「挽茶車鼓陣」除歌舞表演之外，尚有「擲籃」（甩籃）的技藝演出。早期，它的表演場地較講究，必在正式的戲台上，……歌舞之後，才作「擲籃」的技藝表演，……所謂「擲籃」，是先在一只繫綁長繩的小竹籃内盛放物品，然後在頭上甩繞數圈後，抛擲給觀衆，接到的人可以得到竹籃内的物品，但必須在竹籃内回贈一點賞金什麼的，之後，表演者慢慢收回繩子，直到取出籃內的回贈物為止，此時，表演者便會依籃內回贈物的輕重，即興演唱一段感謝或逗趣的歌曲；如此一來一往而繼續表演下去（註五三）。

端茶爲女伶捧茶盤、茶杯到臺下去，至貴賓、富商前奉茶（日據時代則有保正、甲長），爲了加添趣味性，小旦會耍扇花，讓客人無法順利拿到。端茶的動作還可和劇情相配合，如《糶酒》段中，酒大姐端茶給賣茶郎時，也可將茶盤端到臺下去，與觀衆打成一片；客人拿到後，或在茶盤上擺上隨身物品、紅包或紙條，寫上欲其所唱之內容，小旦再以此爲題，唱採茶歌。這個動作，客家人稱之爲「扛茶」，有的老輩藝人稱作「盤茶」。

「盤茶」二字有好幾種意義：在客家三腳採茶小戲當中的「賣茶郎」故事裡，有一段也叫《盤茶》，賣茶郎將茶錢賭光後回家，其妻盤問其茶錢去向；學術界指的「盤茶」即此。但老輩藝人認爲此二「盤茶」本來就不同，三腳採茶故事裡的「盤茶」是內容，戲臺上演出的「盤茶」是動作；學術界所稱的「拋採茶」，他們也認爲是「盤茶」的一種，也都可以叫作「扛茶」；不管是丟茶籃、端茶籃下去，對他們而言，目的都是一樣的（註五四）。在名詞之使用上，現代人用法已多限在戲齣上了；但不能據此而說老一輩的用法是錯的或有所混淆，其習慣用語還是得要知曉；在筆者的訪問過程裡，他們對這二件事的分別，是相當清楚的（註五五）。

另有「求乞」一事，為演員演出乞丐，手拿茶籃，走至臺下，邊唱邊行乞的動作；也有在臺上哭訴，觀衆將物品丟到臺上來的。演出「求乞」場面的，多是劇中被壞婆婆趕出的苦命女主角，有時還帶著孩子，以增加觀衆的同情，這類劇情和演出的方式，在客家內臺不振，戲班紛紛淪於外臺演出時，還時而可見。

拋茶籃、端茶、耍扇花、以眼神勾人等，顯示內臺觀衆與演員之間的互動、內臺演出的靈活與即興，然這是早期內臺的情形，光復後就很少見了；這些動作只限由女伶表現，男性演員演出多以丑聞名，並沒有全部都是女伶的採茶班。

㈤戲班與名角

民國三十四年臺灣光復，內臺戲的演出再度活躍，於民國四十五、六年間達到巔峰，光復前、後著名的藝人有：「阿玉旦」、梁阿才（財）、曾新財、「阿生丑」、「阿運丑」、「修金仔」、「阿楚丑」、「阿荷妹」、「阿對妹」、「阿浪旦」、「巫安丑」、「巫運丑」、「彭登美」、「豆腐丑」，「大丁丑」、「小丁丑」、「阿完妹」、「阿緞旦」、「阿楚旦」、「牛車順」、「阿梅丑」、「阿文丑」、等（註五六）。

而光復前、後的內臺採茶戲班有：「新樂社」、「勝美園」、「玉美園」、「中明園」、「金龍」、「新興社」、「泰鵬」、「小月娥」、「新永光」、「金興社」、「義春園」、「金聲」、「華美園」、「永樂園」、「小美園」、「勝義」、「牛車順」、「新勝園」、「竹勝園」、「連進興」、「勝春園」、「明興社」、「永柑園」、「三義園」、「新光」、「共樂社」、「永光園」、「隆發興」、「嘉興社」、「紫星」、「南光」、「馮高山」、「藝華」等（註五七）。

內臺戲班早期演出三腳採茶、相褒小戲等，應市場需求，很快地有《梁仙伯與祝英臺》、《陳三五娘》等演出人數稍多的戲出現；等到內臺眞正興盛之時期，各個劇班彼此競爭，戲碼推陳出新，每個戲班演的都是大戲；「皇民化」時期，戲園暫時受到壓抑，光復後又如雨後春筍、紛紛開業。三腳採茶小戲既爲內臺所遺漏，所以能留傳至今，一託其已成爲民間慣唱小調之福，一則拜賣藥人所賜。

二、落地掃

在內臺戲班以客家大戲如火如荼地展開競爭之際，外臺爲北管、四平戲的天下，爲了酬神、廟會的需要，北管、四平班的生意還算固定，和採茶戲班不相侵犯，但偶而會在夜間穿插採茶或歌仔戲演出；當時外臺演出和內臺相比，不但不値錢，演出也很辛苦，演給神看、觀衆少、地位低、又得四處奔波，晚上常睡在牛欄間、鴨寮等，被戲稱作「大班的乞食（乞丐）」；然有些四平戲演得好、在地方上有知名度的，還是會被請到內臺來表演。至於三腳採茶小戲，則爲賣藥跑江湖的人所利用，成爲招攬客戶的最佳利器。

賣藥、跑江湖的人爲藥廠囑託，爲其廠之藥品作宣傳；跑江湖的人剛開始爲二、三人一組，以「落地掃」的形式，演出客家三腳採茶小戲。演出開始，先有一段開場白、介紹身份或熱場，而後展開表演；如果只有兩個人，一人敲打鑼、鼓，另一人則拉胡琴；三個人時，多一人拉胡琴，相互配音，聽來較爲高低有致，身段、動作也就免了。

從前跑江湖賣藥的人，演出多是文戲，表演以唱、唸居多，沒有什麼身段，所以賣藥出身的人，如果沒有拜師學藝（註五八），於舞臺的表現都不怎麼行，戲界通常不怎麼看得起他們，不過有拜過師或能演戲的，戲班人手不足時，還是會請他們去幫忙。

賣藥人演出三腳採茶戲，常唱的戲碼有：《十送金釵》、《盤茶》、《綁傘尾》、《桃花過渡》、《糶酒》、《上山採茶》等，這些戲碼比較受歡迎，聽來較歡愉或好聽；有的劇目因爲很長（如《打海棠》），唱起來很累，賣藥者常只唱完一部份；而聽來像誦經調（齋公調）的《送郎》，如果不是觀衆點唱，賣藥人很少演出此段。

「落地掃」的表演，要從沒觀衆唱到有觀衆來，所以賣藥人到達一地之時，會架好麥克風，並先用擴音器預告，通知人們某處將有表演，人們便於晚上吃完飯、洗完澡以後，趕到演出場所觀看；群衆一來，賣藥者就要抓對時機、知道何時開始宣傳產品，效果會比較好；因爲觀衆會點唱，所以戲碼每一段常常都沒有唱全，各唱了一些；觀衆若不點，藝人就照自己的想法進行；唱一段之後，便停下賣藥，群衆爲了要聽完整的對白、相褒或歌詞，會留下來聽其宣傳藥品，進而購買藥品。來聽賣藥人唱歌的，多是爲其唱腔而來；不同於舞臺上的演出，賣藥的唱腔很多，可說全以唱功取勝；唱功不好的人，不適合吃這行飯。

賣藥的收益並不一定，會吹、會褒、能捉住訣竅的推銷者生意很好，自然成爲藥廠的寵兒，喜歡找其賣藥；賣藥者生意好時，一、兩個月賺幾萬元是常有的事，而這，也是某些口才好的人，寧願賣藥，也不願選擇在戲班演戲之因。

每一個藥廠所委託的藥品，大抵有十來樣，但有其主打產品，比如補腎丸、蛔蟲藥等等；優秀的賣藥者，可能會是好幾個藥廠所委託的對象。賣藥者於一地表演，約持續兩、三天，其間所唱的三腳採茶戲約有六、七齣（還不一定唱全）；半年到一年左右，才會再次巡迴到原地表演。

老式的三腳採茶唱久了，演來演去都是那十幾齣三腳採茶戲碼，觀衆容易生膩，賣藥人到了後期，不得不加入新的演出內容，也開始演出《仙伯英臺》、《雪梅教子》等戲，或者混入其它劇種的曲調，唱些改良戲，並增加一些年輕的小姐加入陣容，有時也唱唱歌、跳跳舞；賣藥者從兩、三個人的規模，增爲六、七個（註五九），而有多達十一、二人的，成爲小型的「戲班」。此「集團」出征，藥廠會提供交通工具、負擔部份小姐的費用，並提供廣告旗幟；廣告旗上寫明爲「××藥廠」之宣傳隊，表示此團爲某藥廠的之附屬團體；藝人是爲其藥廠賣藥的，不能掛自己團體之名。

民國五十年代，電影、電視、廣播等視聽科技興起，戲院開始大量播放電影，搶了戲班的生意，劇團往廣播、外臺之領域發展；賣藥人趁此機會，以低價租下劇院，合兩、三班演員共同演出，便宜賣出戲票，將戲院作爲另一類營生之舞臺；於舞臺上演出一段戲劇後，當中穿插廣告。劇院租金雖然便宜，票房收入不見得能平衡租金之支出，最大的收益還是在於賣藥的利潤，因此，若不是有點本事的推銷者，還不能有這樣的手筆。而在戲院推銷產品者，不在戲院內出演時，則繼續保持「落地掃」之賣藥方式。

客家三腳採茶小戲的內容、歌詞固定，但內臺後來並不演出，而老輩藝人又漸凋零，客家三腳採茶戲，能夠保存至今，是因其固定，成爲民間小調，賴民謠演唱而傳唱不輟，而賣藥者在保存上亦居功厥偉；只是民謠演唱者所記憶唯在唱詞，賣藥者演唱的曲調，爲生意故，常只唱較受歡迎的部份，有些曲調因爲過長或不好聽、不適合賣藥使用，而演唱的機會很少，先輩們也就不教冷門之部份予後進，久而久之，三腳採茶戲的部份曲調就遺失了。也就是說，現存三腳採茶戲的戲碼或內容並不十分完整，譬如《打海棠》，能記住全段的人不多；而據說《勸郎怪姐》與《盤茶》之間本有一段《酒娘送茶郎》，就算有唱、白，很多人也都不知該如何演唱了（註六十）。

三、子弟班

內臺興盛之時，似乎還有子弟班的活動：

在客家戲（「採茶」）最興盛的日治時期（一八九五—一九四五）晚期以後，以至戰後臺灣光復初期，本地許多以客家語為主的農村聚落，不但一有機會即會延請演出客家戲俗稱「採茶班」的戲班來演出，後來也時興組織社團學習「採茶戲」（客家戲）。民國四十九年當時，即使如客語人口有限的彰化縣竹塘原「元成農場」的客籍佃農雇工及其子弟們，也曾組織過業餘的「採茶班」和「牛犁陣」社團。業餘的「採茶班」社團，以「新樂社」為名，遠自臺中請來教戲先生黃水華，教導學習「採茶戲」，傳統三腳採茶與改良戲均學，其中傳統三腳採茶戲齣學過有《牛犁歌》、《椿鬢耙》、《坐錦帆》（《桃花過渡》）、《賣什細》（《十送金釵》）、《剪剪花》、《十八摸》、《打海棠》，改良戲則學過《白蛇傳》、《姜安送米》兩齣（註六一）。

此處所記載的子弟班一事，是以彰化之「元成農場」爲例，但據筆者調查，客家戲界藝人對桃、竹、苗是否有過採茶戲子弟班並不清楚，一般都說應該沒有或不知道，所知道的唯有客家八音班；客家戲傳入桃、竹、苗以外的地區，可能是因為那兒和採茶戲的接觸管道比較少吧！

貳、廣播時期

客家戲班除了內臺外，部份還到廣播電臺錄製客家大戲；客家大戲的錄製，以光復後最為興盛，尤興於民國四十幾年：於內臺沒落後，電視非常普及前，還維持了一陣子，是戲班演員離開內臺後的出路之一（註六二）；廣播電臺注重音聲，所以找來錄音的，不一定全部都是戲班演員，也有找賣藥人錄製戲劇的。當時曾製播客家戲劇的電臺有：桃園先聲、新竹臺聲、新竹天聲、新埔大中華、苗栗中廣、竹南中廣及苗栗臺聲等。

電臺可以有自己專屬的劇團、請某一固定的劇團演出、也可以請不同戲班的演員合作，或由演員自己湊足人手；由藥商所組織的劇團亦偶有。

客家廣播戲的演出沒有劇本，由戲先生說戲，演出大戲，時也演小戲；由於聽眾看不到畫面，一人可分飾數個角色，聽眾憑聲音想像，聲音出眾者則成為受歡迎的「電臺明星」，「電臺明星」萬一請假或不演，聽眾會紛紛表達關心之意。

一齣戲演出時間的長短，要看戲先生的安排：如果是現場直播，演出的是短劇或折子戲，約兩個小時就能演完。連臺戲就不一定，直播者當然也演兩、三個小時，下次再繼續；但以事前錄音方式播放者，可以一次連錄兩、三齣，事先錄了十幾天（五、六天的也有）的份量，戲班就不用天天到廣播電臺報到，演員如果有外臺戲要作，請假也方便些。

以直播而言，廣播電臺播戲的時間，延續內臺演出的習慣：一天兩齣，分別於晚上和下午播放，一齣戲約演兩、三個小時；廣播電臺常固定請某一批人（不一定是同一戲班的，可能是各個劇團有名的演員）或某一劇團演戲，除非某班演太久、有聽衆抗議，才有換班演出的現象。演員所領多半是月薪，出衆的演員還身兼廣告員，有外快可賺。

原則上，電臺播戲的時間是一天兩場，各兩、三個小時，但廣播電臺播放節目有其彈性，也有播一個小時，就改播其它節目的，如此，一天播出幾齣就不一定了，而預先的錄音，也讓電臺有更易時段的空間。

播放客家戲當中會暫停、插播廣告，廣告以藥品推銷爲大宗，是藥商在電子媒體發達後，繼「落地掃」的形式，所開展出來的新推銷管道；客家戲劇演出約一小時插播一次廣告，電臺生意好的，半小時、幾十分鐘就穿插一次；廣告播報員是電臺請來的，爲領電臺固定薪水之職員，若爲現場直播，廣告員播出廣告時，戲班的所有動作都要暫停，不用其幫忙配音。

在電臺插播廣告以外，也有電臺應藥商之託，請一特定的劇團，白天在電臺錄音演出，晚上到各地表演，以「落地掃」的方式賣藥；藉電臺的力量，這些演員的聲音，有的已爲人熟悉，晚上出去賣藥，可順帶爲電臺宣傳，「電臺明星」的出面，亦使賣藥生意更好，相輔相成，形成有利的循環。

參、野臺時期

客家戲劇歷經「皇民化」之波折，好不容易於光復後起死回生，卻又適逢語言政策、電子媒體之出現和普及，人們寧願選擇坐在家中，也不想特地前往戲院看戲，花費高額的金錢，客家戲班生意大不如前，不得不從內臺退出，轉向外臺發展。

轉向外臺之後，唱起四平、亂彈之酬神戲，佔據了原來外臺四平、亂彈班的市場，迫其不是收班，便是加入採茶行列：日唱正戲、夜演採茶（註六三）；收班的演員大量流入採茶戲班，採茶戲班演員益形多樣；當時戲班於外臺演出，需先向派出所申請，經審核通過後，才能演出。

民國四十八年七月十六日，省政府公布了「臺灣省改善民間習俗辦法」（註六四)，統一拜拜，對轉向野臺的客家戲班，造成了強大的震憾，戲班紛紛結束營業，但也有新的外臺戲班投入此戰場(註六五)。今客家野臺班裡，從內臺時代延續至今的，只有「新永光」一、二團與「金興社」而已(註六六)。

客家野臺和歌仔戲的野臺，在外觀與演出內容中，很難看出其不同之處；因爲長期演化的結果，順應時代所作的扭曲與變革，讓它們在對外的表現上，有著異曲同工之妙。不可否認的，從前內臺戲班，有的爲到閩南莊打生意，在演出時，向歌仔戲有所借鏡(尤其在故事上)，二者在演出進程中，亦形成了不少共通的模式，比方說：老生出場時唱平劇的〈搖板〉、〈導板〉，鬼神出場唱〈陰調〉，以官話自報家門等等，此模式一直延續至今之野臺；不過當時未向閩南庄發展的戲班，仍舊以演採茶或京劇爲主。

由於政策一向不重京劇以外的傳統戲劇，臺灣地方戲劇的發展，一直處於自生自滅的狀態；光復以後，由於內臺演出兒女私情、怪異荒誕的劇情過多，當中又殘留「皇民化」的影子，知識份子與政府認爲地方戲劇應予改良，是以民國四十一年，有了「臺灣省地方戲劇協進會」的誕生，此協會並於民國四十二年起，於每年暑期舉辦「地方戲劇工作人員短期訓練班」，此訓練班的目標爲：「改良地方戲劇」、「充實地方戲劇工作人員業務知能」、「勵行文化改造運動」、「戰鬥文藝運動」等；而協會的重要任務則有：「演藝人員訓練」、「劇本提供與改良」、

「舉辦戲劇比賽」及「藝人福利之爭取」各項。

「臺灣省地方戲劇協進會」初期較重視歌仔戲，於民國四十一年開始舉辦的比賽中，就沒有「客家班」組，當時的客家戲班，爲了戲班每年的執照蓋章問題，只能以「歌仔戲」班的名義報名參加；到了第六屆，才有「客家班」組，而後，協會又將比賽項目改作「歌仔戲」與「掌中戲」二組，近年，客家戲才從比賽項目中獨立出來。

客家戲班在政策上，因爲一直被歸於「歌仔戲類」，野臺演出又和歌仔戲類似，並沒有藝人想到要將其獨立爲一組；在野臺的演出，由於也到閩南庄表演，被歸作歌仔戲班，也有便利之處，故現今許多戲班的職業登記證上，所登記的類別即爲「歌仔戲」；從前內臺時節，戲班很多以「××『園』」、「××『劇團』」命名，到了外臺時代，許多劇團的名稱卻是「××『歌劇團』」了。

稱作「歌劇團」，在營運上有其方便，能歌、能劇；無論演出歌仔戲、京劇、北管、四平、流行歌、康樂隊、「胡撇仔」、採茶戲，「歌劇團」一詞都可概括。今客家戲班，僅有「榮興」一團以「客家採茶劇團」命名，刻意標立客家採茶之獨特性，雖十分有心，卻不是劇團命名的常態；只是這般的用意，政府單位似未有所感應，在職業登記證上，此班仍被歸於「歌劇」類；而受民間信仰所限制，「榮興」的名稱雖與其它團不同，野臺演出的形態與水平則差不多。

除在野臺演出之外，客家戲劇的其它劇種，今所知有傀儡戲、舞劇和客家舞臺劇。傀儡戲似已不復演出（註六七），舞劇和舞臺劇則是新興的劇種。

肆、新劇種形成期

一、客家舞劇

第一個製作客家舞劇的是苗栗縣的周惠丹女士，周惠丹女士現年五十幾歲，成立有「惠風舞蹈工作室」，爲藝術總監，本教學生現代舞、民族舞，其間亦嘗試過以客家民謠編舞；近年來，爲使人們更了解客家文化、音樂、舞蹈而編排客家舞劇，於民國八十一年編出他的第一齣客家舞劇——《客家山河路》：

她認為，這齣舞劇不只是給客家人看，而是讓更多不同族群的人了解客家文化、客家故事、而舞蹈及音樂是沒有隔閡的。在她的客家舞劇中，多元化地呈現了客家子弟的生活與傳承，大家耳熟能詳的採茶舞、客家男子種田割禾，婦女種菜、洗衣的生活，全化成舞臺繽紛的景致（註六八）。

《客家山河路》推出後，巡迴各縣、市，受到好評與熱烈迴響，於是在次年，也就是民國八十二年，周女士又推出《客家山河路—童趣篇》。

《客家山河路—童趣篇》爲《客家山河路》的系列作品，以客家民謠串成故事，編成舞劇，讓人們在欣賞此劇時，能同時聽到悅耳的客家童謠和充滿童趣的舞蹈，對客家文化產生興趣，進而重視它。

二、客家舞臺劇

第一齣客家舞劇劇本出自李喬先生之手，改編自其《臺灣——我的母親》客語詩歌集之第一章節，爲其《寒夜三部曲》第一部——「寒夜」之本事，導演爲李泉溪先生，編劇爲黃英雄先生，演員主要有雷洪、梅芳、鍾河吉、張馨月、江英、唐川等；全劇以客家話發音，演員均爲客家人，其餘則與一般戲劇相同，於民國八十六年五月二十九、三十日於臺北市戲劇季演出，演出地點爲社教館，劇名作《我們去蕃仔林喔》。

客家文化失落的危機感，促使客家人朝各方面努力，以重拾客家人的珍貴文化資產；由於政策的忽略和資金的限制，客家戲劇遲遲未能在電影、電視界開展；而客家戲劇的專家本少，此課題於客家人目前眼下最關切的語言、政治問題又有段距離，未得到更多的關懷本是意料中事；還好近來由於部份戲班與團體的優異表現，已逐漸打破原來的格局，讓客家人明白到戲劇的推展，是宣傳客家文化的利器，也是保存客家文化的方法之一。

註釋

註一：雖沒有足夠證據證明客家三腳採茶戲傳到臺灣時已是小戲型態，但此可能性非常地大，嚴格說來，客家的小戲並不能說是臺灣土生土長的劇種，而客家大戲，則勉強可稱之，畢竟和大陸的客家戲劇已大不同；和歌仔戲相比，若說「土生土長」的劇種，歌仔戲是較為接近的，如徐麗紗先生所說：

「歌仔戲」是典型之臺灣土生土長的地方戲曲。在其形成之前，臺灣早有的傳統戲班：「亂彈」、「四平」、「七子班」、「九甲」以及稍晚傳入的「京班」、「閩班」等，原為大陸北方語系或南方語系的戲劇，均是在大陸發展形成後，再傳入臺灣；其它如「車鼓」、「採茶」之類的小戲，其發展與傳入的過程，亦復如此。僅有「歌仔戲」是在臺灣發展形成後，再傳回大陸福建之東南地區，並影響形成「薌劇」。

（《臺灣歌仔戲唱曲來源的分類研究》，頁一，民國八十年六月，學藝出版社）

註二：見曾師永義〈中國地方戲曲形成與發展的徑路〉，《詩歌與戲曲》，民國七十七年四月，頁一一六，聯經出版社：

所謂「小戲」，就是演員少至三兩個，情節極為簡單，藝術形式尚未脫離鄉土歌舞的戲劇之總稱；反之，則稱為「大戲」，也就是演員足以扮飾各色人物，情節複雜曲折，藝術形式已屬完整的戲劇之總稱。大抵說來，「小戲」是戲劇的雛形，「大戲」是戲劇藝術完成的形式。

註三：呂訴上先生提到過一種「菜地戲」：

「菜地戲」與「採茶戲」以臺灣語調是同音，前者是屬「歌仔戲」的客家化，後者即客家山歌，二者各異其趣。

「菜地戲」在臺灣是祇流行於新竹、苗栗二客地。……許多女子在山田菜地上耕作，無聊之際，頗能發揮對唱山歌的興趣，以音樂助勞動。

……客家民族對福佬語言，為了謀生，加緊學習。更由此種附庸性，發現了福佬音的南管和歌仔戲，由於客家民族除山歌外，戲劇方面，還是一片空白，因此就造成了全部女子的客家語的歌仔戲。在耕地上學習，在菜園地演出，而名為菜地戲，或篤戲。

菜地戲的音樂，大致和「南管」相似，加以歌仔戲中的洋樂器，以及粵劇中的廣東樂器，而成為「中原、閩、廣、臺，以及東西合壁（璧）」的音樂，……

（《臺灣電影戲劇史》，頁一七三—一七四，民國八十年九月，銀華出版社。）

「菜地戲」究竟內容、形式為何，很難在這段說明中看的明白。呂訴上先生把「採茶戲」說成是「客家山歌」，指的可能是其所使用的曲調；從「菜地戲」被其稱為「『歌仔戲』的客家化」和成為「『中原、閩、廣、臺，以及東西合壁（璧）』的音樂，……」來看，或許是客家戲後來受各種劇種影響，所形成的「什錦戲」狀態。

前面曾經說過，客家採茶戲受到哪些劇種的影響並不是絕對的：有的戲班選唱許多京劇的曲調，有的戲班向歌仔戲學習，於是人們有接觸歌仔戲曲調的機會；也或許因當時有歌仔戲班在大都會演出，婦女便將其學下，當作新調，在田間、菜園裡以客語唱將起來，於農暇時期加以演出；在呂先生把「採茶戲」說成是「客家山歌」的認定下，無法判斷其發展是早於採茶戲或晚於採茶戲，抑根本是採茶戲混同歌仔戲的一種形態，只是非商業性演出？何況「採茶戲」與「菜地戲」閩語發音相同，更混淆了判斷的方向。

緣於筆者對「菜地戲」真是一無所知，不敢輕易斷定其性質，但提出此問題，供有心之士深察、探討。

註　四：客家大戲從小戲發展到大戲的過程，和歌仔戲相當類似：從相褒戲起，吸收了京劇（京劇為主）、北管、四平的臺步、鑼鼓點、身段、服裝、布景等，加上自己的採茶腔，形成了採茶大戲；此種採茶大戲演唱採茶調、說客語，汲取其它劇種的內容而壯大，已形成自我的特色，如同成熟後之歌仔戲。

戲班一開始有只演採茶戲的，應觀眾要求，才加唱北管、四平、京劇等，並不是一開始就摻入其它劇種的調子演唱；後來因此種情況普遍，成為劇團慣例，就一直保持下去，這也是人們錯以為客家戲一開始形成大戲就是「什錦」狀態的原因。

為了區隔採茶戲和目前人們所認定的「雜」劇式的演出形式之不同，本文只好強調前者為「純粹」的採茶戲；「純粹」二字爭議頗大，但在學界一般都認為客家人除了三腳採茶外，沒有自己的採茶戲的觀點下，為權宜之作法。畢竟說「歌仔戲」三字時，人們都能了解它的內涵是什麼；但說「客家採茶戲」時，人們的認定卻停留在「客家歌仔戲」上，筆者在說明時不能不顧忌到此。

註　五：如陳雨璋所著的《臺灣客家三腳採茶戲——賣茶郎之研究》（民國七十四年六月，師範大學音樂研究所）及徐進堯的《客家三腳採茶戲的研究》（育英出版社），對客家三腳採茶戲的說白、唱詞都寫得很詳盡；其它客家歌謠的著作、影、音資料，都有這一類的資料可參考。

客家三腳採茶小戲之「賣茶郎」故事的唱詞是固定的，其說白也都差不多，上述二書，都有列入；其它相褒小戲的臺詞則不固定，有些也已失傳了，還須再行調查。

註　六：見陳雨璋所著《臺灣客家三腳採茶戲——賣茶郎之研究》，頁十一，民國七十四年六月，師範大學音樂研究所。

另外，《桃園縣傳統戲曲與音樂錄影保存及調查研究計劃報告書》中曾提到：

……彭並表示客家三腳採茶戲為其父彭昌維所創，當時由彭昌維扮生、阿浪旦（男性，姓名不詳）扮旦、梁阿才扮丑，其中阿浪旦與時期的阿玉旦（本名王阿玉）為家喻戶曉的採茶戲演員。

（頁三七三，桃園縣立文化中心委託國立中央大學戲曲研究室執行）

文中所提之彭昌維先生，筆者於田調中並未得到明確的解答。戲界人士多只記得名角的名號而非其姓名，彭先生不知是否即為和阿玉旦同時期之阿生丑（或稱維生丑）？然可較確定的是：追溯三腳採茶戲的年代，由和阿玉旦同時期的藝者創立三腳採茶戲的可能性不高。

註七：如「榮興客家採茶劇團」之曾先枝先生提到：曾和莊木桂先生一起跑江湖賣藥，莊的聲音不好，因非職業演員，其身段也不行：

莊木桂聲音很惡，會唱、會教你唱，但是他本身聲音不大好。（民國八十五年九月二十六日，曾先枝，中壢魚市場土地廟）

卓清雲的兒子是莊木桂，……我們在一起十來年了。……作生意時，他會說、會唱，但很少唱；他拉、會教，不在了（去世了）。……那時他們要我去參加，和他們串在一起演，我不參加，他們根本是外行人，和他們串在一起怎麼演？他們不是從小在舞臺長大的人，他們根本是外行，學了一點點；莊木桂好，但演戲演不來，……我們文、武場一轉介，他們就倒在舞臺上了。（民國八十五年九月十七日，於楊梅埔心，曾宅）

根據筆者訪問許多老藝人，認為莊非職業演員，但對其都有耳聞；原因之一是莊為卓清雲的兒子，其二應是莊本身也獲認同才是。但莊的身段如何，一般人都不大了解，以上說法只作參考，事實為何，待查。

註八：如採茶界著名藝人「阿玉旦」之女黃秀滿說：

阿桂頭的資料跟我媽拿的、跟我爸拿的，我爸拉絃的。阿桂住在關東橋，阿桂和我媽拿九腔十八調，和我爸拿曲調，要賣藥，我媽教他，他就賣藥，曾先枝是跟他拿資料的。……

阿桂頭是莊木桂，前幾年莊木桂死了，他爸是卓清雲，他的資料都拜託我媽。……

還有我去香港演採茶季，我也請莊木桂來，他說這資料通通跟你媽拿的。阿桂頭死了好幾年，他很會唱山歌。……

（黃秀滿，民國八十六年二月二十一日，中壢廣隆宮）

莊先生因已去世，這些說法都得不到證實；日後希望能訪問到熟悉的藝人，再對此事加以澄清。

註　九：見《中國戲曲劇種大辭典》，頁八四二，上海辭書出版社。

註　十：臺灣客家三腳採茶戲以「賣茶郎」為主的故事中，有《送郎》、《盤茶》、《十送金釵》（又稱《賣什細》、《賣雜貨》）等戲齣；客家民謠中的〈鬧五更〉以及〈十二月採茶歌〉，在三腳採茶小戲中也有。

註十一：應為《中國大百科全書》之誤。

註十二：同註五，頁八。

註十三：同註五，頁十。

註十四：見《中國戲曲曲藝辭典》，頁二〇二，上海辭書出版社。

註十五：見《中國戲曲劇種手冊》，頁五九三，中國戲劇出版社；以上所提的幾個地名分佈於粵北的南雄州、韶州府、連州和連山廳中。

《中國戲曲曲藝辭典》頁二一九和《中國戲曲劇種大辭典》頁一三五四對粵北採茶戲

的說法亦類似，其中並說粵北採茶戲應形成於道光年間。

註十六：同註九，頁八四三。

註十七：如其論文頁十所提：「所以可推知粵『東北』的嘉應、大埔等地早在道光十年之前就有採茶戲」；於頁十六卻說「福建永定縣靠近粵『北』嘉應州」。

註十八：參考雨青《客家人尋「根」》，頁一八〇——一八二，民國八十五年五月，武陵出版社。

註十九：同註五，頁五十二。

註二十：見《安平縣雜記》，頁十五，臺灣文獻叢刊第十三冊、五二種，臺灣省文獻委員會。

註二一：見連雅堂《臺灣通史》卷二三，頁六一三，臺灣文獻叢刊第五二冊、一二八種，臺灣省文獻委員會。

註二二：黃文博先生之《當鑼鼓響起◎臺灣藝陣傳奇》對「挽茶陣」的解釋是（頁一五九——一六〇，民國八十三年十一月，臺原出版社）：

「挽茶陣」也叫「採茶陣」，以表演採茶動作的陣頭，應該由「採茶舞」蛻變而來，……在表演方面，如同跳「採茶舞」，只是隊形、舞步變化沒那麼豐富，較為呆板，它的主要表演動作，多隨著配樂節奏「挽茶」——向天空「挽」，向茶簍「袋」；而這個「配樂」，就是錄音機放出來的〈茶葉青〉。

「挽茶」本係民間小戲的一種，臺灣最有名的是客家的「三腳採茶戲」，不過，「俺賞茶陣」似乎與「採茶戲」沒啥關連，完全是「採茶舞」的街頭化，……

註二三：文見古旻陞先生的〈「客家戲劇」觀念溝通篇〉，頁四七，《臺灣的聲音——臺灣有聲資料庫》，一九九五年第二卷第二期，水晶有聲出版社。其文曰：

而車鼓戲深深影響著客家採茶戲，如其原始劇本番婆弄、五更鼓、點燈紅、病子歌、十八摸等戲齣不僅演出形式影響客家採茶戲，其曲調、歌詞內容等，後來也被放入客家民謠和小調中。

由賣茶郎故事的插曲《桃花過渡》裡，可以知道其曲調和車鼓中之《桃花過渡》相同，或許真有受到車鼓戲的影響；但是〈病子歌〉、〈十八摸〉等只是名稱相同，曲調是否相同，還得再查證，至少，客家的〈十八摸〉歌詞，和車鼓戲中的有一段差距；而且，車鼓戲音樂包括有南管、客家民歌、閩南民歌等系統，因此究竟是誰影響到誰，也還要慎重考察其來源才是。

註二四：臺灣一般以稱「三腳班」為多，但也有人書為「三角班」；「三角班」應也無誤，「腳」和「角」在客家發音不同，二者也都有人說。

按《中國戲曲劇種手冊》（中國戲劇出版社，李漢飛編）頁四五四載「贛南採茶戲」：

後來，這種民間歌舞逐漸演出一些生活小戲，又發展成為「燈子戲」，亦名「三角班」。⋯⋯但因受歷史條件的限制，到解放時，仍是按「三角班」（即二小旦、一小丑等三個角色的戲班）的路子發展，⋯⋯

「三腳採茶」，賴碧霞女士的說法是：

……慢慢生活安定下來，經濟情況較寬裕，就開始有一些賣藥、賣布、做小生意的人，到各處公衆場合自拉自唱，以招徠顧客。開始時，唱的大都是客家小調，慢慢演變成兩人、三人，演唱一些有劇情的詞曲，諸如：賣茶郎回家、磅傘尾、問卜、打海棠之類有組合性的歌曲。其中一人扮成小丑樣，在其中逗樂，使觀衆發笑，由於演員只有三個人——一旦、一生、一丑，所以被稱為「三腳採茶」。（《臺灣客家山歌——一個民間藝人的自述》，頁十一，百科文化事業股份有限公司，民國七十二年一月）

客家戲的「三腳班」以二旦一丑為主，生角的出現，應是較後期之事。

註二五：同註五，頁三二。

又楊佈光先生之《客家民謠之研究》頁一九三（民國七十二年八月，樂韻出版社）云：

採茶戲所演之戲目有：(1)上山採茶、(2)嬌妻送茶郎、(3)糶酒、(4)勸郎怪姐、(5)酒女送情郎、(6)五更歌、(7)苦力娘、(8)茶郎回家（陳士雲）、(9)接哥、(10)盤賭等等。

徐進堯先生則提到：

三腳採茶俗稱老時採茶……它主要的戲分十齣，列於下：

(1)上山採茶：包括「上山採茶」、「採茶」兩種曲調。

(2)送郎出門。

(3)送郎十里亭、梆傘尾。
(4)糶酒：曲調與一般的賣酒稍有不同。
(5)送茶郎回家、勸郎怪姐。
(6)賣茶郎回家（盤茶）：包括賣茶郎回家、陳仕雲、接哥三種曲調。
(7)山歌對、打海棠。
(8)十送金釵。
(9)盤賭。
⑽桃花過渡：包括撐船頭、尋夫歌、撐船歌三種曲調。

這十齣戲，除了十送金釵和桃花過渡外，其它八齣是連貫的。「上山採茶」採了茶，「送郎出門」賣茶，「送到十里亭」依依不捨，於是「梆傘尾」。茶郎賣茶有了錢就到酒店喝酒唱「糶酒」。「茶郎要回家」酒娘送茶郎唱「勸郎怪姐」。「茶郎回家」回到家唱「陳仕雲」，姑嫂開門唱「接哥」。兄妹兩人對唱「山歌對」「打海棠」來考驗哥哥幾年在外，智識與口才有否進步？「盤賭」是妻向丈夫盤問茶錢的去處，原來丈夫好賭把錢輸光了，於是兩人對罵。

（《客家三腳採茶戲的研究》，頁一，民國七十三年二月，育英出版社）

有些戲班除了《十送金釵》和《桃花過渡》外，也加入其它戲齣，作為串連，如《問卜》，則為茶郎妻擔心茶郎，而找算命仙卜卦，與算命先生所展開一的段相褒小戲。《盤賭》，有些人認為是賣茶郎回家，其妻、妹盤問茶錢，並咄咄相逼，不讓其發言——堵其口之意；如此「賭」字應作「堵」；然也有人說此段為張三郎把錢賭光，「賭」字無誤。

依上書《客家三腳採茶戲的研究》所錄（頁五六），「盤賭」之中所提有關賭博事有：

（旦）你去賣茶走南京，講到茶錢眼金金，賣茶錢子沒半個，只有寶斗帶隨身。

（丑）歪貨婊子莫慌張，侄今實在同你講，算來你哥贏大激（ㄍㄧㄠ），贏介錢銀搭銀行。

（旦）高毛切代少年死，你介事實涯足知，賣茶錢子輸了了，轉來家中剁你皮。

（丑）歪貨婊子歪貨之（ㄐㄧˊ），同涯衫袖扯踢裡，衫袖斷圈會打結，幾多寒酸無人知。

（旦）高毛切代少年死，同涯茶錢賭了裡，同涯茶錢賭到了，同你耳孔割踢佢。

（丑）歪貨婊子半頭青，賭博兩字涯無影，賣茶錢子個個在，試你心肝仰般形。

（旦）高毛切代死奴才，講著茶錢個個在，賣茶錢子無賭了，仰般不敢拿出來。

……

（旦）高毛切代少年死，自己好賭怨嬌妻，終日食飽迷賭博，錢銀輸了誰害你。

（丑）歪貨婊子歪貨之，賭伯正係正生理，一個銅錢賠三個，沒介生理當得佢。

由上文來看，「盤賭」一詞，應與賭博有關。

註二六：見楊兆禎先生著《客家民謠——九腔十八調的研究》，頁一，民國六十三年，有英出版社。

註二七：古旻陞先生引「榮興客採茶劇團」之曾先枝先生所言「九腔」：

從事客家民謠演唱有六十多年的曾先枝：「所謂九腔包括有：1.上山採茶2.拜伯公3.十二月採茶4.勸郎賣茶5.送茶郎6.糶酒7.盤茶8.病子歌9.撐船歌。」（《臺灣北部客家民謠之民族音樂學研究》，古旻陞，頁三三，文化大學藝術研究所碩士論文，民國八十一年六月）

曾先枝先生為民國二十一年生，今年六十六歲，五、六年前古先生訪問他時，曾先生也才六十、六十一歲，說他「從事客家民謠演唱有六十多年」，可能為調查當中之失誤或是筆誤。

註二八：應為〈鬧五更〉調。

註二九：見《臺灣客家山歌——一個民間藝人的自述》，頁一—二，民國七十二年，賴碧霞，百科文化事業股份有限公司。

註三十：見鄭榮興先生所寫〈九腔十八調與臺灣客家三腳採茶戲〉，頁七九—八三，《八十三年度全國文藝季苗栗縣活動成果專輯》，民國八十三年，苗栗縣立文化中心。

鄭先生於此處說「九腔十八調」是指繁多之意，非有固定的九個腔、十八個調，和其所寫另一篇文章的說法似有矛盾：

傳統的三腳採茶戲，它有固定戲碼，每個戲碼則有固定唱腔（類似主題曲），如上山採茶，有一個旋律，採茶又是另一個旋律，所以在傳統的戲碼中，共唱出九種不同的腔，十八種不同的小調，因而稱之為「九腔十八調」。

（詳見鄭榮興先生〈客家戲曲音樂的概述〉。見徐正光先生主編《徘徊於族群與現實之間——客家社會與文化》，頁七十四，民國八十年十一月，正中書局）

以發表時間來看，應以〈九腔十八調與臺灣客家三腳採茶戲〉一文之說法為準。

註三一：文出譚達先先生著《中國民間戲劇研究》，頁四四，民國七十七年八月，臺灣商務印書館。

註三二：見《中國戲曲志・吉林卷》，頁一九四，中國戲曲志編輯委員會。

註三三：見《中國大百科全書・戲曲曲藝卷》，頁七十，中國大百科全書總編輯委員會。

註三四：「棚頭」一詞，已有人作過解釋，如：

「棚（ㄆㄤˇ）頭」俗稱「敲（・ㄎㄡ）仔板」，又稱「臺白」或「詞白」。即丑角出場時所唸的臺詞，唸時以梆子和拍板伴奏。內容有趣又有押韻，為的是要博人一笑。

（《客家三腳採茶戲的研究》，徐進堯，頁六五，民國七十三年二月，育英出版社）

在「三腳採茶」小戲的正戲開始之前，乃先由劇中丑、旦行演員（若為一人時，定為小丑；二人則定為小丑與小旦），以「臺白」或「道白」或「數板」的方式進行相褒，有時演員亦同場面打鼓佬搭腔，內容多為詼諧逗趣之雙關語，並伴以逗趣動作表演，主要以博笑為主；此即「棚頭」。

（〈淺談臺灣客家採茶戲之「棚頭」〉，鄭榮興，國立傳統藝術中心籌備處傳統藝術研討會，民國八十六年）

長的達五十四句，丑角必須熟記，不能隨口編撰。其內容與戲劇故事完全無關，只是些引人發笑的滑稽內容，句子多押韻，唸來頗像數來寶，顯然是吸取民間講唱文學的部份。由於在丑角自讚姓名、履歷、情懷之前，就先唸棚頭，因此棚頭也像戲的「上場詩」。三腳採茶戲的演出，常是一晚演一兩齣，餘者為民謠小調表演。或是演出多齣，但其間穿插民謠演唱，因而丑角登場唸棚頭時，就表示即將上演「採茶戲」了。有興趣的觀衆就趕緊找好位置。唸到棚頭末句時，丑角會以「加速」及「疊句」的手法讓觀衆知道棚頭即將結束。最後丑角以「嘿嘿嘿嘿嘿」的笑聲，表示棚頭結束，戲就要開始了，有預示的作用。

（《臺灣客家三腳採茶戲——賣茶郎之研究》，陳雨璋，頁一〇三，民國七十四年六月，師範大學音樂研究所）

客家戲之「棚頭」一詞，和梨園戲所稱的「十八棚頭」或四平戲之「四大棚頭」之「棚頭」，於字面上看似相同，但梨園戲、四平戲之「棚頭」，為「劇目」之意，屬一單位量詞，與客家戲中所稱不同；因為意義、發音之不同，若說客家戲的此一名詞由此延伸而來，則有牽扯太甚之嫌。

客家戲所稱之「棚頭」，為三腳採茶戲上演前，丑角上場，配合敲仔板所念的臺詞，相當於一棚戲的起頭；這些臺詞是為了博觀眾一笑，也為三腳採茶演出前的預告，每一段戲齣有其專屬的「棚頭」；然這些「棚頭」雖大體上是固定的，視演出情況，丑角還是可任意加長或縮短，以配合實際狀況。

這個名詞以賣藥者最常用到，因為賣藥的人到一地演出，要先招徠顧客，便要「起一個棚頭」，類似一段開端戲，所出來的角色可和劇情相關，也可以無關，所說的內容卻是和劇情無關，只是說笑罷了。

「棚頭」多以敲仔板伴奏，可能是為了在戲的開頭，藉清脆的聲響來吸引觀眾，同時也有熱場的作用；「棚頭」是演出的一部份，其內容卻和劇情無關，其形式和商業性的作用，大過其藝術的美感；不過此名詞的來歷不明，有很多的老輩藝人根本沒聽過，好像要問賣藥的藝人比較清楚，不知原因為何？

有的老輩藝人說敲仔板沒有其它名稱，類似「數來寶」，並且一定是丑角在用（就算是大戲裡的敲仔板，也只能丑角使用，小旦和小生是絕對不能用的），沒聽過有人稱呼其為「棚頭」；他們說三腳採茶演出前，若以敲仔板伴奏則稱「敲仔板」，若是發表一段言論，則稱「演講」或「演說」，說「棚頭」是無稽之談；他們所認為的「棚頭」，是指「戲棚頭」，說的是戲臺上的布景、戲棚上的招牌、外觀等，如稱讚某戲班：「棚頭真好看」云云。

問幾個知道此名稱的賣藥藝人，有人認為「棚頭」一定是「敲仔板」，沒用敲仔板伴奏所說的開場白，就叫作「演說」；有人則說「棚頭」是「開端戲」，包括演說、自我介紹都算是「棚頭」；有人則認為「棚頭」是比較文雅的說法，其意等同於「敲仔板」。

綜合以上之說法，「棚頭」應是三腳採茶戲演出前的「數來寶」形式無疑，只不過有人稱其為「棚頭」，有人稱為「敲仔板」，「棚頭」一詞有限定性，「敲仔板」一詞是泛稱；有的人則著眼於其「開端」意，只要是三腳採茶正戲演出前的內容，都將其計算在內，無論其是否以敲仔板伴奏；而有的人則認為「棚頭」即是「敲仔板」，因此就算不是在戲的開頭所用的「敲仔板」，也能叫「棚頭」。「棚頭」應為說唱藝術所影響之結果，但既稱「棚頭」，由「頭」字可了解其「起始」之意很明顯；今有人以客家戲中，有「敲仔板」伴奏之內容，都指稱是「棚頭」影響正戲的結果，則失之於武斷：說唱藝術對一個劇種的影響，並不是如此簡單和明確的，如果說「棚頭」影響了客家戲的內涵，不如說是說唱藝術所影響更來得貼切；何況三腳採茶小戲和其它的相褒小戲有相互的影響、交流，沒有實際的論證過程，怎知「棚頭」不是被其它小戲所影響而得的結果呢？

再換個角度來思考，既稱「棚頭」，可想而知，在初創此名詞時，也就隱約地限定了這個名詞的使用範圍，為何要限定為「頭」字，也許就是為了要劃清它開端的「功能性」和「商業性」，和劇中一般所用的「敲仔板」是有「作用」上的不同（此或能解釋賣藥者對此名詞較熟悉的緣故）；將「敲仔板」都稱作「棚頭」，雖無關對錯，顯然並未考慮過此詞之詞義。

註三五：同註二三。

但此文中以呂訴上先生之《臺灣電影戲劇史》頁一七三（民國八十年九月，銀華出版社）所提到的「菜地戲」而下結論，認為客家戲早期都是女孩子演出，不大妥當；因為「菜地戲」為客家戲多久前之狀況，文中並未說明。

註三六：朱榮深先生現年已九十幾歲，新竹人，五十年前組過「永樂園」。此班原為大湖蔡連池所組之歌仔戲班，朱先生以三車穀、一百元買下，改作經營採茶劇團。

註三七：邱春美先生《臺灣客家說唱文學「傳仔」的研究》（逢甲大學中文研究所碩士論文，民國八十二年十二月）頁十二言：

乙、若依形式與用途來分類，則分為兩類：第一類傳仔：短篇敘事的歌謠體如〔桃花過渡〕、〔解勸盤茶歌〕、及詩文體如〔不知足歌〕、〔上大人勸世歌〕，如字數在三千字以內，除說唱外，可為三腳採茶戲等運用。第二類傳仔：長篇敘事的故事體，如〔胡忠慶〕、〔孟姜女〕，字數在三千以上，可作為客家採茶戲等之運用。

註三八：此時已粗具內臺之雛型。

三腳採茶戲藝人從「賣茶郎」故事演起，加以其它的相褒小戲，深入民間，受到大家的喜愛，促成更多民間小戲（如《孟一紅》、《拉尿嬤》等）和三腳採茶藝人的產生；由從前的落地掃性質、在廣場演給大家看，變成圍起一個臨時封閉起來的空間，收取門票之方式，而後漸次才有內臺戲院的興建，正式邁入商業性劇場時代。

註三九：如「黃秀滿歌劇團」之徐義妹先生起初票戲搭的「明興社」，所唱就是京劇與採茶，其它劇種的唱曲，是她離開此班後才學的。

而曾經自己組過戲班的陳昇琳先生（今於「河洛歌仔劇團」）也表示：他以前的戲班以唱採茶和京劇為主，其它劇種的演員並不討好，內臺戲班不大喜歡錄用他們。

據說當初的四平、京班要轉成採茶班時，最常吸收的曲調是採茶，到閩南庄後，又吸取歌仔，不喜吸收福路。

四平和福路最初有門戶之見，有時連戲碼都故意不演一樣的，後來應觀眾嗜好，才在一起演出。而對採茶班的演員來講，福路、西路的爭鬥和他們無關，他們學這些，只不過是為了要滿足各種不同觀眾的喜好。

註四十：當時的四平班多以「鳳」字命名，有：「連進興」、「大榮鳳」、「小榮鳳」、「新錦鳳」、「新華鳳」、「小玉鳳」、「華勝鳳」、「新榮鳳」、「新興社」、「天勝鳳」、「金興社」、「江榮鳳」、「金玉梅」等；有的走入內臺，有的轉為採茶性質，有的仍為外臺班。

「連進興」：中壢四平班，本是內臺班；內臺沒落後，改演外臺，性質轉趨採茶班，班主邱連妹。

「大榮鳳」、「小榮鳳」、「新錦鳳」、「新華鳳」：皆為中壢王景永創，為成人四平班；王所整另一童伶四平班稱「小榮鳳」囝仔班；以上皆為外臺班。王另整有一內臺班（唱採茶、歌仔），稱「永柑園」。

「小玉鳳」：中壢陳井和所創四平班。

「華勝鳳」：中壢呂文德所創，為外臺相當知名的戲班。

「新榮鳳」：「新榮鳳」原為中壢廖阿才所整，後租與關西人；其後又由中壢陳招妹購下，性質由四平轉向採茶，於內臺興盛期轉入，又於內臺沒落之際變作外臺。

「新興社」：班主葉雲保。本班原名「小玉春」，又改為「文化歌劇團」，民國六十九年定名為「新興社歌劇團」，兼唱四平、亂彈，為內臺班；此班後來賣與彭玉招女士，改名「新興歌劇團」。

「新興歌劇團」，今位於平鎮市，戲極少。
「天勝鳳」：新屋鄉范天厚所創。
「金興社」：詳見第三章第三節之「金興社歌劇團」。
「江榮鳳」：四平戲班，為江宗象所整，於五〇年代解散，內臺時期兼唱採茶、京調。
「金玉梅」：原為中壢內臺四平班，後賣與劉完妹，變外臺班，又轉賣與蘇雙傳，改名作「雙美人歌劇團」。
詳見第三章第三節之「黃秀滿歌劇團」。

註四一：如「新永光歌劇團」二團的老闆即說：客家人當時會說國語的不多，學京劇太麻煩，因此有採茶戲藝人就可以了，然當時戲班還是有請四平底的人來待班。戲班應觀眾、地方需求，才就戲班沒有的部份進行補充；如地方要求演唱福路，演員就要去學；不過，客家人一般不學南管。

註四二：譬如「黃秀滿歌劇團」的演員多演過內臺，個別來源亦有所不同，也或許都能唱幾句歌仔調，但若要演出整齣歌仔戲，則口白不順，有所困難，故「黃秀滿歌劇團」不常接閩南庄的戲；由此點可知，某些演員對歌仔戲根本不熟悉，說客家戲班向歌仔戲學習而為「客語歌仔戲」，並不全然正確。

註四三：當時桃、竹、苗各地都有戲院，如新竹的芎林、關西、竹東、峨嵋、新埔、內埔、湖口……等，新竹市的戲院較常請歌仔戲班，客家戲班演出的機會少；苗栗市區、三義、南庄、田美、三灣、獅潭、公館、竹南……等；中壢市區、大溪、楊梅、龍潭、埔心、富崗……等也都建有戲院。

有的戲院很大，如關西、楊梅的戲院，都能容納八百人以上；戲班的座位都是平面的，不像現在有高低的層次。戲班除了坐票以外，人太多時，有的觀眾只好站著欣賞。有些戲班（或演員）到閩南庄發展、演歌仔戲，也到過臺北新舞臺、臺南、嘉義、高雄的戲院演出。

註四四：五、六十年前的內臺戲院規模沒有那麼大，演出也不一定在水泥建築裡，常是把一地圍起來，就算是表演場所。當時下午的票價為八先，晚上為一角二左右；一天兩場戲，一個月大約可賺一、兩千元。

註四五：請參考本論文第二章第一節「野臺戲」部份之「胡撇仔戲」。

註四六：同註三七，頁二—四。

註四七：如「德泰」退休老藝人王陳英妹說：

四平也有「傳仔」，什麼都有「傳仔」，書上所寫的就是「傳仔」。

（民國八十六年一月二十七日，王陳英妹，王宅）

王陳英妹，今年七十四歲，初學戲時在「小美園」，也待過「金龍」、「中明園」，在「新永光」則待過十五年；作過電臺大戲，也待過歌仔劇團、賣過藥；學過歌仔、採茶，四平和京劇是後來學的，但沒有學過亂彈。去年自「德泰」退休，退休後，有時應「德泰」、「淑裕」的邀請，會去幫忙演出。

註四八：如「新永光歌劇團」二團之張有財言：

「傳仔」是小說，如書店中的《薛平貴征東》、《三國演義》、《郭子儀征西》、《隋唐演義》……都是「傳仔」。

別人編出來的，導演要寫過；照小說來作，全班人來演還不夠。不重要的不要，重要的角色才拾起；名人、文學家的名堂拿出來，沒名堂角色不要。

（民國八十六年二月十日，苗栗田美永昌宮）

註四九：見呂訴上先生《臺灣電影戲劇史》，頁二八三，民國八十年九月，銀華出版社。

註五十：同上註，頁一七三。

註五一：見陳雨璋先生所著《臺灣客家三腳採茶戲——賣茶郎之研究》，頁十七，民國七十四年六月，師範大學音樂研究所。

註五二：如領帶、手錶、眼鏡、戒指、手帕、印章、金錢等；據說南部喜放檳榔、香煙等物品。

註五三：詳見黃文博先生之《當鑼鼓響起◎臺灣藝陣傳奇》，頁九〇—九一，民國八十三年十一月，臺原出版社。

註五四：不過較後一輩的藝人對「盤茶」二字的認定，則幾乎全限在三腳採茶小戲中「賣茶郎」故事裡的《盤茶》，如黃秀滿即表示她不知道端茶下去給客人喝也能叫作「盤茶」。

註五五：如「黃秀滿歌劇團」的徐義妹說：

盤茶有端茶下去，要人家點戲，你拿下去，佢（他）會分（給）你錢；三腳採茶唱《盤茶》、「賣茶郎故事」，歸那個《盤茶》，現在又是另一回事：像棚頂(上)作戲，……就要唱《盤茶》，那就不會端下去；內臺端下去也是「盤茶」，……盤茶有好幾個意思，丟籃子下去也可以叫「盤茶」。

(民國八十六年二月二十一日，中壢廣隆宮)

註五六：「阿玉旦」：詳見第三章第三節「黃秀滿歌劇團」。

梁阿才、曾新財：二人都是著名的「阿才丑」。前者為新竹寶山人(有人說其為苗栗南庄鄉人)，曾經和「阿玉旦」、蘇萬松、「阿浪旦」到日本灌錄唱片，是以作老式採茶、三腳採茶成名的，後來也從事賣藥工作；後者在內臺名氣非常響亮，專演名齣(據說比前者還有名)，其子曾承圖現於新竹「新永光歌劇團」二團。

「阿生丑」：「金輝社歌劇團」楊禮章的老師，三腳採茶戲出身，苗栗公館人，死於車禍後，其妻搬到竹東。

「阿運丑」「修金仔」、「阿楚丑」：改良戲班出身。

「阿荷妹」：與「阿玉旦」同期演戲，是其好友；擅以眼神勾人，後被人毒死。

「阿浪旦」：新竹竹東鎮人，乾旦，是「榮興客家採茶劇團」演員曾先枝舅舅的師父(曾向其舅魏乾任學戲)；也是「金輝社歌劇團」楊禮章的師伯；大約和卓清雲同輩，但卓屬採茶戲班出身，「阿浪旦」比較接近改良時期。

「巫安丑」、「巫運丑」：兩兄弟，竹東人。

「阿緞旦」：上坪人。

「阿楚旦」：下坪人，與「阿緞旦」並列；人稱「上坪緞，下坪楚」。

註五七：以下分別說明之：

「牛車順」：見註五七之「牛車順歌劇團」。

「阿梅丑」：苗栗人，今仍健在。

「阿文丑」：新埔人。

「大丁丑」：聲音極好，曾至廈門演出。

「豆腐丑」：六十幾年前的名丑，四平底出身，後改演採茶戲。

「新樂社」：苗栗銅鑼內臺班，劉德水整。劉德水養女葉黃李妹為「新興社」（見註四十）班主葉雲保之妻。

此班得過第七屆「臺灣省地方戲劇比賽」「客家班」組殿軍及舞臺技術獎（王裕鼎），演出戲碼為《節女王寶釧》；於第九屆時又得殿軍及最佳女配角獎（謝月琴），演出戲碼是《孝女救國》。

「勝美園」：班主葉國道，「廣東宜人園」（「宜人京班」前身）出身，桃園楊梅人。中日戰爭期間，受「皇民化」運動影響，脫離「宜人園」，自組「勝園」，演出新劇；戰爭結束後，改演京劇與採茶，為內臺班，曾得第五屆「臺灣省地方戲劇比賽」「歌仔戲」組冠軍，並以《光武中興》一劇得到最佳劇本獎；第六屆「臺灣省地方戲劇比賽」最佳劇本獎（戲碼為《光武中興》）、最佳小生獎；不過此班到了外臺時期，就不整班了。

葉國道為「榮興客家採茶劇團」小旦葉香蘭的養父。

「玉美園」：詳情請參見第三章第三節「新永光歌劇團」一團之內文。

「中明園」：苗栗班，班主田火水，其女田秋香與田秋梅今搭「黃秀滿歌劇團」。

「金龍」：苗栗班，班主田火水，與從前的「中明園」劇團班主名相同，不知是否同為一人。其班相當優秀，曾於第七屆「臺灣省地方戲劇比賽」「客家班」組得到冠軍、於第九屆得到亞軍和最佳舞臺技術獎；演出戲碼分別為《光復揚州城》和《一門三孝》。

「新興社」：參見註釋四十。

「泰鵬」：中壢採茶班，為「阿李旦」所整，不過「阿李旦」為其自稱，並非名旦；此班今已賣至羅東。

「小月娥」：詳情請參見第三章第三節「新月娥歌劇團」之內文。

「新永光」：詳情請參見第三章第三節「新永光歌劇團」一、二團之內文。

「金興社」：詳情請參見第三章第三節之「金興社歌劇團」。

「永樂園」：班主朱榮深先生，現年已九十幾歲，新竹人，五十年前組過「永樂園」。此班原為大湖蔡連池所組之歌仔戲班，朱先生以三車穀、一百元買下，自己經營採茶劇團。

「小美園」：整於民國十一年。內臺時期是一個出名的班，班主王德循，後傳子王裕豐。除於臺灣演出外，「小美園」也受邀到過廈門、汕頭等地表演；後受「皇民化」影響，演出新劇。光復後錄製廣播劇；內臺沒落後演外臺。王之女歐雲英、王雲蘭兩姐妹，是目前客家戲界的名角。其中歐為民國三十年生，為王之長女，王雲蘭為其三妹。歐所承為母姓，自十一歲開始學戲，初演武旦，後轉小生，所學為採茶與京劇；二十幾歲結婚，生有二男一女，皆不入此行。歐女士搭過「新永光」、「新月娥」等團，也賣過藥、於竹南天聲廣播電臺錄過廣播戲；民國八十二年因甲狀腺腫大，眼睛開刀，停演過一段時間，前陣子只擔任文、武場，之前待過「黃秀滿歌劇團」和「榮興客家採茶劇團」等班；於「小美園」期間得過第七和九居「臺灣省地方戲劇比賽」「客家班」組最佳男主角獎；今已復出演戲，搭「金興社」歌劇團。也曾參與「谷山」、「嵐雅」、「龍閣」之錄影演出，所錄約有六十幾支片子。

「小美園」曾於第八居「臺灣省地方戲劇比賽」得到「客家班」組殿軍，演出戲碼為《忠貞報國》。

演外臺曾與「永昌歌劇團」合作，後來因為班主年事愈高，此班於民國七十幾年，將牌照賣與八德之黃芳義。

黃芳義所收購團有：「進興歌劇團」（桃園陳安整，歌仔戲班。此團於民國七十五年「臺灣省地方戲劇比賽」時以《三國志》一戲獲得甲等，後改名為「藝芳歌劇團」）、「新榮鳳」、「小美園」。黃已於民國八十五年七月間去世。

「牛車順」：陳居順所創。初為內臺班，於六十四年改名「居順歌劇團」，改唱外臺陳居順，藝名「牛車順」，今年七十七歲；原為駛牛車者，後行江湖賣藥，曾拜師學三腳採茶；今因病住院，已不能言語。其妻謝菊元，原「秀美樂」團員，今屬「臺灣省客家採茶戲劇發展協進會」演員。

「新勝園」：歌仔戲名演員陳昇琳於二十九歲買下湖口黃木通的「新勝園」（客家班），三年後交付其兄陳昇虎主持，陳昇虎四十八歲時中風去世，「新勝園」的戲籠、行頭便賣給中壢的「金興社」，目前陳昇琳還保有「新勝園」的執照。

「新勝園」於黃木通所整之時是內臺班，陳昇琳所經營時，內臺已沒落，因此為外臺班。

「竹勝園」：竹東姜金水所整；姜去世後，此班便宣告解散。

「連進興」：參見註釋四十。

「勝春園」：班主廖阿立，龍潭客家班，原名「新興園」；曾得過「臺灣省地方戲劇比賽」「客家班」組最佳女配角獎（演員為鄧春康）。

「明興社」：「明興社」，內臺客家班，與「勝美園」大約同期，為新竹六家的內臺採茶戲班，人多稱「張相班」。老闆張相因長得像蔣介石而為人所津津樂道；此班被戲稱作「流氓班」，曾和海家班打架，拿刀互殺。此班得過第六居「臺灣省地方戲劇比賽」「客家班」組冠軍，演出戲碼為《雙官誥》。

「永柑園」：參見註釋四十。

「三義園」：中壢許光前與劉金泉（「新榮鳳」（見註四十）班主陳招妹之夫）所整，內臺班。曾於「臺灣省地方戲劇比賽」得「客家班」組最佳女主角獎：第七居為江碧珍，第九居為康麗琴。此班後來轉入外臺。

「共樂社」：新竹採茶內臺班，約成立於民國十年前後，組織相當大。

「永光園」：班主張龍興。

此班得過第八居「臺灣省地方戲劇比賽」「客家班」組亞軍，演出劇目為《張良復國》。

「隆發興」：新竹班，班主劉黃秀英；此戲班於五、六年前賣掉了。

「嘉興社」：新竹內臺班，此班以布景多聞名。

「紫星」：此班曾於第三居「臺灣省地方戲劇比賽」得「歌仔戲」組殿軍，演出劇目是《節女王寶釧》，並得最佳舞臺美術獎；第七居「臺灣省地方戲劇比賽」得「客家班」組最佳殿軍，演出劇目是《反暴政策》；並得第八、九居之「客家班」組冠軍，演出劇目分別是《忠貞報國》、《暴君末路》，第九居還得最佳劇本獎。

「南光」：此班曾於曾於第九居「臺灣省地方戲劇比賽」得「客家班」組最佳男配角獎：陳泉榮。

「藝華」：竹東採茶班。

「馮高山」：竹東班，此班人數有一百多人，在客家班中，是數一數二的大班。

註五八：跑江湖賣藥的人也有師父，帶其闖蕩，但這些師父教的是唱腔、跑江湖的門道（跑江湖者稱之為「江門」），足以讓藝人從事此行；藝人要學戲，要自己特地去學。從前地方多有戲館可以學戲，戲班的老闆會延請先生教團裡學員，但跑江湖的人就沒那麼幸運，要自己一面賺錢、一面延師學藝；通常學習一期稱作「一館」，「一館」為四個月，一年有兩館，中間時段先生要休息。個人所學多少，完全以自己的能力而定，聰明的人就學得較快；舉凡四平、北管、武行、舞獅陣等都有館閣可以學。跑江湖的人因為南征北討，會有遇上麻煩的時候，故一般都還會拜師學幾套拳法。客家人最喜學「流民拳」。

註五九：賣藥的五、六人出去，不一定就不演出三腳採茶小戲，五、六人可以分成兩組：一組三人，唱一段《綁傘尾》、《送郎》等，另外三人可當文、武場；下一組人可以上來唱段《十送金釵》、《桃花過渡》、《糶酒》等。也可不演三腳採茶，演出《雪梅教子》、《仙白英臺》等。因為每個人的唱功不同，各有其長處，加上跑江湖的人通常並擅文、武場，賣藥人出外，想唱什麼，如何分組，彈性很大，非常自由。

註六十：民國八十五年九月十七日訪問曾先枝，曾宅。

註六一：文見《籌備「客家戲劇科」設科研究評估報告書》，頁十三，民國八十五年六月，國立復興劇藝實驗學校。

註六二：當時藝人見內臺不景氣，有的轉入外臺（不一定是採茶戲班，亦有到歌仔戲班的）；有些加入賣藥者的行列；有的轉往廣播電臺錄製大戲；同時身兼各項的也有很多。乾脆轉行不演戲的也有。

註六三：如「榮興客家採茶劇團」之曾先枝先生言：

王慶芳待的真正是亂彈班，那時亂彈作戲需要人，一直唱亂彈沒人要聽，我和他熟識，就給他幫忙，唱點採茶。

亂彈又不一定要唱亂彈，老闆當然可以請會唱的小姐來唱採茶；變成沒有純亂彈或純四平，也沒純採茶或純外江，全摻在一起，像「什錦班」。

（民國八十五年九月三十日，曾先枝，埔心曾宅）

王慶芳，出身亂彈「東社班」之「老新興」，今為「榮興客家採茶劇團」演員。

註六四：如民國四十八年七月十六日中央日報記載：

臺灣省改善民間習俗辦法中，對民間寺廟祭典舉行方式規定如下：

一、農曆七月普渡，統一於農曆七月十五日舉行一次。二、各寺廟庵觀，每年分別舉行祭典一次，其日期由各寺廟庵觀自行決定。同一鄉鎮市區供奉同一主神之寺廟庵觀，仍應合併統一舉行。三、平安祭典以鄉鎮市區或依當地習慣為單位，於稼穡收穫後，每年舉行一次。四、祭品應限用清香、茶果、鮮花，其須用牲祭者，寺廟以豬、羊各一頭為限，信民共祭不得以全豬羊作為祭品。五、祭典日演戲，以當天一天演出為原則。六、寺廟庵觀暨祭祀公業管理人，不得藉為祭典，濫募斂財。七、各寺廟庵觀平時舉行宗教儀式，信徒燒香朝拜暨先哲先烈之祭祀，不受限制。

註六五：有些戲班是從內臺轉入外臺，可與註三九和註五六相參看。

其它新的外臺戲班，現存的，可參見本論文第三章第三節；此外，不存的有「永昌」（「榮興」曾先枝與友人許秀榮合組）、「新承光」（苗栗班，後為「龍鳳園」李永乾買下，又轉賣給「新月娥」之班主）、「金輝社」等等。

註六六：「金興社」原是四平班，後來與採茶合併，今已是採茶戲班，為今班主徐先亮的父親徐金舉所傳下；「金興社」比今之「新永光」成立還早一點。

「新月娥」也是以前內臺的戲班，原名「小月娥」，但因班主已換人，是以本文不將其計算在內。

劇團簡介詳見本論文第三章第三節。

註六七：客家系統的傀儡戲，據《懸絲牽動萬般情◎臺灣的傀儡戲》一書記載（頁十七—十八）：

除呂訴上撰《臺灣電影戲劇史》上所提到的桃園張國才，湖口江鼎水、石磊范姜新熹外，尚有彰化田尾鄉海豐崙村的大丁、小丁兄弟（掌中戲老藝人謝富有所言），這些客家莊的傀儡戲應來自粵東潮州或閩北汀州地區。

傀儡因被人認為是不祥之物，傀儡戲的演出通常以祭煞為主，張國才之「同樂春」、江鼎水之「慶華春」與范姜新熹之「錦華軒」，曾於民國三十三年受「臺灣演劇協會」之安排，於楊梅戲院演出《城主與水蛙》（呂訴上編劇），是臺灣在「皇民化」時期，還能演出傀儡戲的少數例外。

張國才因技藝高超，有戲院邀請，得在內臺戲院演出；其它兩班仍以消災、鎮煞為主，生意比較清淡。

張國才，福建永定人，十二歲從其父張兆金學傀儡戲，後遷至臺北萬華，又改遷桃園蘆竹，於民國八年組「同樂春」，曾受邀到臺視演戲，於民國五十五年去世；江鼎水為其姪，從其學藝；范姜新熹，民國前十七年生，學過亂彈戲，精通符咒與北管、八音，其傀儡戲老師疑為張國才。

至於彰化田尾鄉海豐崙村的大丁、小丁兄弟，有段記載：

約在民國初年，彰化縣田尾鄉海豐崙地方有一團名叫「南景春」，由吳大丁、吳小丁兄弟主持。海豐崙地原為客家庄，吳家兄弟亦為客家人，……「南景春」在民國十年以前曾經演出過傀儡戲，但事隔六、七十年，「南景春」已失傳，詳細情形已無從調查，僅知「南景春」能演全套戲文的傀儡戲，民國十年以後就收班了。

（《懸絲牽動萬般情◎臺灣的傀儡戲》．頁四七—四八，江武昌，民國七十九年八月，臺原出版社）

近來第四臺有播放客語之傀儡戲，沒有唱詞、只有動作和說白，所表演的故事為《大拜壽》（《打金枝》）。

掌中戲班方面，桃、竹、苗地區的戲班似乎沒有以客語發音者，就原來的劇本，要將閩語改作客語演出，在押韻上有其困難。

註六八：見張典婉著〈第一位製作客家舞劇的女子〉，頁三十一，《婦女雜誌》，一九九三年九月。

第二章　臺灣客家戲目前的演出狀況

客家戲班現今的演出以野臺爲主；公演的機會不多；比賽演出一年雖有一次，戲班的參加意願並不高；對於媒體節目的錄製，各團看法不同，只有少數劇團願意接受此類邀約；如果將第四臺目前播製的客家戲劇節目計算在內，除客家劇團的大戲演出外，另有新特別型態的「山歌劇」之出現，這種新興的戲劇似有探討的必要，故亦納入討論的範圍。

第一節　野臺戲

野臺或稱「外臺」，相對於室內密閉空間的演出場合，指於露天戲臺的表演：一般可分作臨時搭建的戲臺和固定的戲臺兩種；若相對於商業或公家籌資性質的演出，則是民間酬神性質的表演。

客家劇團野臺演出以廟會酬神、信衆還願請戲最多；婚事、喜、慶場演戲從前偶有，現今人們喜請康樂隊，已無請戲班的習慣；喪場演出也有，但戲碼十分固定。

廟前固定的戲臺多是信徒捐款所建，水泥型制，高過觀衆的視線。由於野臺戲的演出帶有酬神性質——演給神看，依照規例，戲臺的中軸線應對著主祀的神像；但若因場地限制，無法如此時，請示過神明後，仍可有折衷的辦法：如建在廟的斜向或一角；也有較爲奇特的例子：如中壢的廣隆宮，對面爲馬路和學校，無法於對面營建戲臺，於是廟即蓋在戲臺之上，其戲臺爲密閉室空間，頗類於活動中心。

固定的戲臺一般都有名稱，如「ㄨㄨ臺（檯）」、「ㄨㄨ堂」等；後臺設於前臺之後、之側，也有設於前臺底部的地下室內的。固定戲臺的好處是省去野臺戲班搭臺的費用，並使寺廟本身看來較有規模；對戲班來說，卻不是都很方便：萬一戲臺太高或型制與戲班布景不合，戲班可能就要改以軟景配合，有些特殊的燈光效果也無法做出來，不若臨時搭建的戲臺，戲班可要求廟方搭設時所應注意的事項；不過此類問題不大，將就點用，不會有太大的麻煩。

臨時搭建的戲臺通常是廟方雇人來搭的；劇團本身若有搭臺的能力，和廟方談妥價錢後，也能將此生意承包下來。現今客家戲劇野臺演出的戲臺規格通常爲二十四臺尺見方，更大的戲臺則適用於大場面的演出。然而戲班若領到較高額之戲金，一般皆用於外調演員的雇請或布景的加強上，除非廟方有心搭建大臺，會在戲臺規格上有所要求的團並不多（註一）。

戲臺搭建完畢，戲班即於開戲之前將布景掛上、將戲班物件安置妥當，把戲籠置於後臺。戲臺的左前側爲武場，右前側爲文場，中央空間爲演出之舞臺；舞臺後方有一桌二、三椅（註二）；戲臺上方掛有戲班名稱的布條（有的班爲硬景），後方掛有布幕；爲了舞臺的氣派、好看，有些班會配景片於文、武場前：有與文、武場下半身差不多高者，有高過文、武場者；高過文、武場者一般製成窗格狀；分稱文屏（坪）、武屏（坪）。景片上繪有各式圖樣與花紋，其中又以龍紋、花、草紋、鳥紋、雲紋、鱗紋等爲大宗；景片上並書有戲班之住址、聯絡電話。布幕兩旁也有搭配景片者（註三），有些仍上書住址、電話，有些則爲對聯：左爲上聯，右爲下聯。演員演戲自布幕左邊出，右邊入，分稱「出將」、「入相」，但野臺演出也常見不按此法出入者。

壹、演出過程

由接戲到演出，如以一棚（註四）戲作講解，客家劇團演出過程大抵爲：

接戲→（搭臺）→佈置、準備→扮仙→休息→日戲→休息→夜戲→卸景→（拆臺）

一、演出前

首先爲班長向請主接戲、訂下契約；戲約訂立後，有能力搭臺的戲班會承包下搭臺的工程，否則此項工作由廟方另行請人處理。廟方請人搭臺的經費通常爲七、八千到一萬餘元，就近請附近的工作者來搭（註五），大約兩個人就能搭得起來；戲臺搭建完竣時間必早於戲班到達的時間：有時是演出的前一晚，有時是前一天下午；也有因建醮，各壇一同搭設的：在此情況下，即便有些壇數天後才有戲劇演出，戲臺卻早已搭設完全。總之，廟方必須要留一段緩衝時間，好讓戲班佈置戲臺；有些南部的廟宇更要早些搭好，免得客家班連夜趕去，卻產生無地住宿的困擾。

戲臺搭設完畢，戲班便得佈置一番。對打軟包、不用硬景的戲班來講，佈置戲臺只不過是掛上布幕、放上幾盞燈、將文、武場所用的樂器擺好而已，戲籠也只有幾個，佈置起來，省事得很。

對堅持戲臺美感的老闆來說，佈置舞臺卻是件不能馬虎的工作，只因它代表的是一班的門面和對請主的尊重：在線路、燈光部份，會架設的戲班便自行動手，不會的則另外請人來搭；特殊效果（如煙火、閃爍的燈光）的行情在三、四千元上下；有些戲班甚至還要搭設走景、機關變景，以加強視覺效果。

客家戲班的布幕爲軟景，招牌以軟布製爲多，也有戲班以木板繪成；景片、道具應就其擺放的位置；戲籠要安置在後臺，音響、擴音器、麥克風也要擺設完畢。在佈置的過程中，要求完美的班主會全程監督作業：如布景不能掛歪、過高或過低；燈光擺設的角度要佳；音響要先行測試等等。

總體來說，客家戲班班主對此類事項注意到非常細微的只有「金輝社」一班；其它如「龍鳳園」和「榮興」，在公演時也會稍加留意；其餘的班大概將物品就定位而已，殊少刻意檢視。

二、扮仙戲

物件佈置齊全後，爲扮仙戲之準備工作：決定「公仙」的戲碼和看臺下是否有請「私仙」者、而其所請戲碼爲何？明瞭戲碼後，團員便進行工作分配及準備道具、行頭，全團並勾臉、裝扮起來。各人有其專屬的勾臉顏料、化粧品、毛筆或粉撲……，此種消耗品一般爲班主所購買；團員所繪臉譜仿國劇畫法，但因沒有專業訓練，不乏自創或胡亂模仿所遺留的粗糙之跡。

客家戲班扮仙時間多在早上，如果使用的是全新的舞臺（註六）或是請主特別要求（註七），照例要舉行祭煞、除邪的儀式：隆重一點的演出跳鐘馗；普通以一演員（男、女皆可，女有月事時不可）上臺繞一圈，用力踹戲臺，稱作「洗臺」；進行此項儀式時，舞臺上的人都不可開口說話，文、武場則燃燒紙錢、繞過戲臺，以象徵掃淨之意。

扮仙演出約爲半小時，較大陣容戲碼的演出，時間便較久，譬若《酒仙》，本身演出就要半小時以上，加上《加官》、《金榜》，自然不止半小時；扮仙以早上十點（或十點半）演出最多。扮仙戲上演時，戲臺下的民衆即將牲品擺好，對著臺上扮演神祇的演員們膜拜、上香，其儀式性遠高於其藝術性，並沒有幾人是眞正爲觀賞扮仙戲而來。

扮仙演出前或結束後，戲班會對戲臺下說一段應酬話，內容不外感謝請主或介紹戲班等應酬語和吉祥話：扮仙開始前，有些戲班也介紹要演出的扮仙戲碼；若值扮仙結束，所說的便是呼籲觀衆日戲時前來捧場。日戲、夜戲開始、結束時所說，大抵亦不出此範圍，此類應酬語很隨興，隨戲班說不說，但戲班多選在扮仙、日戲、夜戲——戲劇結束時講，較有總結的效果。所說內容舉隅於下：

扮仙開始前：

各位先生好，這裡是「金龍歌劇團」，今天來到貴寶地，願廟中真神庇佑大家鵬程萬里、有求必應：保護爐下施主ＸＸＸ先生（此次還願的請主）全家家和日和萬事和、招財進寶、和樂有餘；保護地方闔家平安、厝內生百福、逢凶化吉、四季無災、大家大發財；作頭路事業成功、鴻圖大展、萬事如意、財源滾滾來。

天泰地泰三羊開泰，家和日和萬事和；招財進寶、事業大吉祥；天增歲月人增壽，春滿乾坤福滿門；生意興隆通四海，財源廣進達三江；風調雨順家家樂，萬門健康户户安。現在準備扮仙，請請主先生們準備奉香。
（「金龍歌劇團」，民國八十五年九月十四日，新竹東寧宮，因於閩南庄，以臺語發音）

日戲結束後：

（閩語）真感謝！真勞碌！敝團下晡（下午）演出這場《關公困土山》，感謝各位觀衆、朋友給敝團批評、指教。敝團「勝拱樂」團主彭勝雄帶領團內演員向大家說非常、非常的感謝，祝各位身體健康、萬事如意。順行！順行！謝謝！勞碌！（客語）按感謝！按仔細（謝謝）！
（「勝拱樂歌劇團」，日戲：《關公困土山》，民國八十五年八月二十四日，富崗集義祠）

又如：

《金剛陣》、《金剛陣》，《金剛陣》作的有頭有尾，下午沒這麼好，暗晡夜（晚上）又還更好。暗晡夜有家庭的倫理，有文、武的大、小科；沒聽到的人真可惜，有聽到的要跟沒聽到的人講，相爭、相報，暗晡夜又走（跑）來參觀。謝謝啦！
（「金輝社歌劇團」，日戲：《金剛陣》，民國八十六年二月二十二日富岡土地廟）

夜戲結束時：

啊……哈哈哈哈……！感謝！感謝！偲裡（我們）暗晡夜作出這齣《蔡官造洛陽橋》，希望大家轉（回）去，平安大賺錢，多謝！多謝（閩語）！感謝！感謝（客語）！謝謝（國語）！多謝你的捧場（閩語），分（給）你轉屋家（回家）平安大賺錢（客語），謝謝啦！

（「連月歌劇團」，夜戲：《蔡官造洛陽橋》，民國八十六年三月十日，中壢中原大學附近土地廟）

三、休息時間

扮仙戲結束以後，爲演員之休息時間。不論扮仙或日戲結束之後，團員於休息時間之主要內容皆爲進食與睡覺，不想睡的人便湊成一桌，打起麻將或四色牌來；班主此時若已向請主拿到戲金，就發給演員。若於有廚房的廟中，班主便借其廚房開伙（廟方也有義務提供廚房），全團的人吃起大鍋飯；若嫌麻煩或廟中無廚房，則訂便當於棚中進食，伙食費由團主負擔。團員睡覺有竹席或躺椅，每個人也都有自己的被單，前臺、後臺一鋪，馬上進入夢鄉。

四、日、夜戲

日戲通常開始於下午二點半，演出時間爲兩個半小時左右，夏天天氣炎熱，演員穿著蟒、靠不舒服，若臺下觀衆少，偶爾會延後演出或是縮短演戲時間；夜戲多始於晚間七點，過去演出爲三小時，近來某些戲班已改作兩個半小時（註八）。

離戲開演前的一至半小時，團中的「說戲先生」便要查閱戲班的演戲紀錄：查看曾於此廟演出過的戲齣，以避免於同地演出重複的戲而被眼尖的觀衆識破；戲班一向都有演出紀錄簿：上寫明某年某月某日於某處演出的戲碼；此紀錄通常由班主或說戲先生保管，作爲決定演出戲碼的參考；同時因紀錄簿上記載著戲班受邀的時日、地點，可讓戲班更確實掌握廟宇酬神的日期，戲班若要自我引薦時，不失爲一方便之途徑。

由演出簿上的登記，可發現到某些劇團喜於同一時期演出相同的戲碼；如此一來，不但可免戲先生每次爲新的戲碼傷腦筋，演員也不用每逢演出就要聽戲先生解說；此種情況會一直延續到戲班演膩了某齣戲爲止。因此戲班在野臺的演出，並不見得有什麼固定的戲碼，所演出的戲齣與戲先生及團員的意見都有關係；然而有了數十年的演戲經驗，戲班所累積的戲碼必有一定的數量，某些戲班沒有新戲碼時，同一齣戲也不是絕對不能於舊地重演，畢竟事隔多年後，再演同一齣戲並不會有什麼不妥。

戲班也接受觀衆點戲，不過觀衆點戲甚少指明戲碼；多是要求演唱某類曲調，譬如希望戲班唱採茶調或北管等等；如果是對戲齣的要求，限定範圍也很廣，譬如希望戲班來一段三國故事、包公故事等等。

決定戲碼後，戲先生便開始說戲。說戲時並不需要全部的演員都來聽，戲先生會針對某些角色之戲份，分別向其解說；可能是個人，也可以是數人，視戲先生的習慣而定，團員不懂可再發問。演員對劇情了解後，即開始演出前的各項準備工作，其中並包括將戲碼寫好放在臺前公佈：戲碼以寫在小白板或小黑板上爲多；偶有寫在木板上的；寫在色紙上的，則以毛筆或簽字筆書寫工整。

日戲演出所謂的「正戲」，內容多忠孝節義事，演出曲調以亂彈、四平（註九）、京劇爲主，因爲內容枯燥，欣賞群多爲熟悉演義、小說的年長男性；夜戲演出自由，可以唱流行歌、採茶調，甚至演出「胡撇仔」，故事以愛情或輕鬆的、荒誕的主題爲常，可以吸引較多的婦女觀衆。爲了招徠觀衆，野臺戲劇在開演之前，會先響起鑼鼓、再以嗩吶吹奏牌子，戲班稱之爲「鬧臺」；透過打擊樂和嗩吶的熱鬧氣氛，通知未及趕來的觀衆得加快腳步，因爲好戲就要開演了。

有些戲班人員少，遇到夜戲地點偏遠、下雨天或沒有觀衆時，就不用費心吸引觀衆，這時便可以演出三腳採茶戲的方式，來作爲夜戲的內容：唱唱《綁傘尾》、《送金釵》或其它小戲（註十）。

於演出當中，遇有觀衆賞金給劇團，劇團的處理方式爲中斷戲劇演出，由一人出面廣播、感謝賞金的人士，然後再繼續未完的表演；戲劇完結後，演出人員將共同出臺，向臺下觀衆鞠躬謝幕。

五、演出完畢

戲班於某地的所有戲碼結束後，即將戲臺的佈置拆卸到大卡車上，準備散場；戲棚若是戲班所專屬的，工作人員即留下拆臺（如果地點離工作人員家近，不一定要當夜拆除）。

若於桃、竹、苗地區表演，由於客家戲班演員多住在此地域，有私人交通工具的團員可搭載其它順路的團員回家；一般說來，戲班團員本身多有交通工具，在搭載的安排上，空間十分充足；否則則隨卡車回戲班暫住一宿。若於花蓮、高雄等遠地表演，演員清一色都坐戲班卡車下去，戲劇結束後普遍的作法，都是連夜趕回家；而遇大月時，可能要急著趕下一場戲，只好到下一演出地的戲棚過夜，也就無暇回家安歇了。

喪葬場演出亦爲客家野臺營運之一，喪家請劇團演出，劇目不外《唐三藏取經》、《目連救母》等，男人去世以演《三藏取經》爲多。與道士演出不同，客家戲班演出一定要有戲臺，全團參與，身著戲服，離地三尺演出（註十一）；一場戲齣演出時間約一個多小時到兩個小時，於晚上演出，演出故事有頭有尾，酬勞與野臺戲金差不多。

喪事場以閩南庄爲多，客家人因喪事請戲的很少。喪場內部，有道士作功德場，對面搭設戲臺，戲臺周圍有各式民間陣頭的演出；民間陣頭的種類依喪家財力、意願而有所不同，常請的團體有：子弟八音團、國樂、西樂、牽亡陣（閩南人多，客家人很少請這類團體）、南管（閩南庄）、什音、電子花車、八家將、舞龍（白龍）、舞獅（白獅）、特技、雜耍（龍潭地區很多人請）、大鼓陣、大仙尪仔陣（包括金童、玉女、土地公等。金童、玉女此時要改作哭臉）等；劇團若有能力，亦可加入民間陣頭的演出行列。

貳、演出特色

不管客家戲班團員的演藝訓練來自何處，呈現在野臺的大雜燴畫面，正說明了民間藝術爲求生存所表現的兼容並蓄精神，此精神不但可改變戲劇的原始風貌，也創造出新型態的表演模式；這種新興的模式雖於藝術性上遭人詬病，卻是應社會與民俗的要求所漸次生成，有其特殊強韌的民間性格。

一、靈活性

客家野臺演出爲「活戲」，演員演出沒有劇本，完全憑講戲先生所說的大綱敷演：說白、唱詞、音樂、舞蹈等皆爲即興，沒有經過事先的排練。

故事方面，演出前，戲先生會先講解劇情。「戲先生」（註十二），又叫作「說戲先生」或「講戲先生」，由團中會說故事者擔任；故事來源或許是小說、演義，可能是戲先生到別團所吸收的新戲碼，也可能是欣賞其它劇種之故事所得來的劇情大綱。由於客家戲劇演員的經常外調，故事相互流傳，因此十幾班之間，時常演出相同的戲碼；而有趣的是，即便是同一團所演出的相同劇碼，演出的結果也不盡相同（註十三），有些出入。

劇情的骨架清晰後，演員便可上場表演，所演出唱詞、說白、音樂等爲即興；而唱詞唯一的要求只在尾字押韻、朝代不致錯亂就好；受到京劇、北管的影響，每一個演員上場自報家門時，通常會以官音念幾個句子（註十四）。

因爲演出是活戲，偶爾配合不好的情形自然是難免的，端看臺下觀衆的眼睛夠不夠尖或耳朵夠不夠利，否則打個馬虎眼，也就交代過去了。

就音樂曲調來講，每個演員出身班底不同，有擅長的曲調；雖然待了客家班，演員多少都學會了別種腔調，戲班的鼓手還是要了解個人的基本情況，在配合時較清楚要打哪些鑼鼓點；而演員若有和平時不同的、特別想唱的曲調，也應向文、武場報備，讓他們先有心理準備；外調演員之事在客家劇團常見，演出前，文場要先和不熟悉的演員稍作練習，明白其音域，在演出中，方便變換音調。如果演員沒有說明，多半時候的模式爲：看演員臺步、動作，猜測演員想唱什麼，大概打出其鑼鼓點；文場樂師亦同，多半時候也是配合武場，或演員唱了一、兩句後才跟上去的；能從間奏或基本調式移轉到演員所唱的曲調，是文場所應有的基本功夫。文場所拉之音與演員相諧而不相同，聽來相當悅耳。

武場頭手鼓身負帶頭作用，必須觀看野臺演員的臺步，打出大概的鑼鼓點。因爲客家演員演出的是活戲，加以其臺步不標準，基本功不好，要配合他們，得要有兩把刷子；一個好的頭手鼓，要能看演員的狀況，隨機應變：演員多走一步，鼓手便要趕上，或者多打一節，或者變換節奏；因此，隨著每次活戲演出的不同，即使同一齣戲碼，所打出的鑼鼓經也不一定相同。對野臺演出來說，一個鼓手的好壞，除了其基本功夫以外，還在其應變能力。

由於文場要將各種譜記在心頭，所學多寡就有所不同，如果遇到其中一人比較不在行，理論上，所演奏的聲音要小一點；不過要藝人承認自己學藝不精幾是不可能之事，所以當文場偶有不協時，會發現雙方的聲音仍然很大。在和演員的搭配上，倘有雙方不協調的情事發生，文、武場便要想辦法配合，將差錯減到最低。

音樂、曲調是野臺活戲中較易出錯的部份，因爲演出即興，互相配合全憑經驗，演出過程並不嚴謹；於是當文、武場和演員的配合有問題時，演員有的會在臺上「吐槽」或產生笑場的畫面，此時臺下的觀眾也會被演員逗得哈哈大笑，大家也都將錯就錯，忘了有這一回事；彷彿出錯時的臨機反應，其實也正是活戲演出的一部份。

現今客家戲班皆有段歷史，並不眞的那麼容易出錯，即使有些差錯，也都還能瞞混過關；然戲班團員良莠不齊也是事實，的確有較優秀的文、武人才和演員的差異存在。

在語言上，客家戲班於客家庄的演出操客語，口白是客語中的四縣腔；海陸腔（註十五）也在臺上出現，但一般只有丑角在用。

野臺演出相當重視詼諧性，常可見到演員在對答時互相嘲弄對方，以博臺下觀衆一笑；在演出的過程中，文、武場所司雖爲樂器，有時也與臺上演出人員相互對答，作爲臨時的角色；也有以團員或其熟識的人爲開玩笑的對象的，此類笑話臺下觀衆聽不懂，劇團的人卻頗自得其樂。茲舉例如下：

㈠和文、武場對答者：

丑　：倨（我）爸去河壩，分（給）鴨母踏死。

武場：鴨母哪會踏死人？

丑　：倨爸去河壩，鴨子爬上去，怎不分佢（它）踏死？倨爸一死，倨媽就哭，日哭夜哭，一去到菜園，被葱刺死。

文場：嚇死人了，沒人敢種菜了！

丑　：怎講？

文場：蔥會刺死人啊！

（「連月歌劇團」，夜戲：《蔡官造洛陽橋》，民國八十六年三月十日，中壢中原大學附近土地廟）

㈡以團員名開玩笑者：

葉香蘭：師妹呀！怎大家都恬恬的（靜靜不出聲），不鬧熱（熱鬧）嘛！𠊎（我）每年都有安排康樂節目，請電子琴的「沈先生」（笑）和「張阿雪英」兩公婆（夫妻）搭檔，很精采，很鬧熱。不過，𠊎想偲裡（我們）姐妹大家歌聲按（如此）好，今年節省就冇（沒有）了，冇安排按樣（這樣）的節目了；衆姐妹的小調、歌聲按好，姐妹大家來表現，氣氛又冇同樣（不一樣）。今怎按恬冇自動？

賴海銀：偲裡結舌（結巴）啦，你就曉得「張雪英」（笑）聲按好、按會唱，不請佢（她）兩公婆來唱，要節省，叫偲裡自家（自己）唱？

葉香蘭：按樣講就不著（不對），𠊎的小師妹聲和張小姐——「張雪英」八、九不離十，歌聲差不多、同樣同樣（一樣），叫佢表現分（給）大家欣賞看看（笑），今你還恬恬坐著？（笑）

劉金英：等你來迎佢。（衆笑）

張雪英：按樣（如此）你就聽著了……（開始唱）

（「榮興客家採茶劇團」，日戲：《觀音收大鵬》，民國八十五年九月二十六日，中壢漁市場附近土地廟）

因爲聽說客家戲劇演出爲活戲，一般人以爲其整齣都是即興發揮的，其實不然。

在日戲的演出裡，因內容不外京劇、亂彈、四平等，有學過此類戲曲的演員，雖也可依調創詞，但戲碼如與以前學過的亂彈、京劇、四平正巧相同，而固定的唱詞演員也都還能記住，有用固定唱詞演唱的可能，不一定整齣都是活戲。譬若一齣《王英下山》，有學過此戲的亂彈班演員，在演唱某些曲調時，會用以前所記得的來唱；故演出可能有許多的亂彈曲調出現。

此種「活戲中的死戲」現象多出現在年齡層較高的老人身上，他們在演唱規範較少的夜戲時，有時仍唱些記得的段落；這些固定的唱詞不是只存在於京劇、亂彈、四平中，在採茶戲中也有。

在採茶戲中的固定歌詞有兩種狀況：一是戲先生所編教與戲班演員的。戲班演員初到戲班，先生所教爲基本的唱詞，這類唱詞多是固定，爲初學戲者所牢記；其次是客家民謠的許多小調中有固定歌詞的（註十六），客家戲劇演員可自創歌詞，也可以沿襲原歌詞；後者常出現在與劇情較無關之處，如戲中角色參加宴會，唱段山歌助興、某人心情好，突然想唱山歌等等；有時也能將其與劇情扯上關聯，如到酒店時，角色便可唱起〈賣酒歌〉。

戲班所學到的固定唱詞，應用在舞臺的機會日益稀少；原因之一是老演員認爲現今野臺演出非常自由，忘了就自編一段，沒有關係，畢竟「記腔容易記詞難」；再來是因年輕一輩的演員不大可能再去學這些，久而久之，「活戲中的死戲」部份也就愈來愈少了。

至於山歌、小調的部份，因大家耳熟能詳，在戲臺演唱的機會頗多。推究其因，與觀衆喜聽此類歌謠不無關係。演唱此類歌謠，同時也有助於戲臺上所安排的合唱劇情，因爲唯有此類固定歌詞的歌能合唱。這樣說或許不夠具體，舉例來講：如劇情安排數位女子於生日宴上唱山歌助興，她們便可能輪唱、獨唱，亦可以合唱，合唱以此類歌曲最方便，不會每個人編的歌詞不同；在唱這些歌時，其中一人帶頭，其它人都能跟上去。順帶一提的是，合唱中如有人忘詞，還可用「唉呀喲」、「哪唉喲」等類客家歌謠中常用的襯字胡亂插上，反正，聽來很像合音。

以上所提爲客家野臺戲即興演出中，固定唱詞的部份。雖有如斯的現象，畢竟是少數，且附屬於活戲體制之下。對於「活戲」，演員看法並不一致，有持正面看法者，當然，也有操負面意見的。

持正面看法者認爲：活戲是一種經驗與技術的累積，能隨機應變想出唱詞是很不容易的；要只聽大綱就知如何進行劇情、如何與其它演員對戲、如何和文、武場配合、如何捉住觀衆胃口，……這種種的困難不是剛入戲班的毛頭小子可以短期學會的。因此，能不說作活戲是件高難度的事嗎？

持負面看法的人，一種是學過比較嚴格戲劇訓練的演員。他們在學戲時，有固定的臺詞、身段、腳步，所演出的也是定本（如亂彈班演員）；他們認爲客家野臺戲劇不按腳步、不背臺詞、身段隨便，演活戲實在沒什麼好驕傲的；反正，自己編的臺詞，好、壞不會有人注意或評論，要演活戲其實沒那麼困難。

另一類人則是年輕的戲劇工作者或戲班老闆。出自提昇客家戲劇的要求，他們認爲客家戲要走入藝術的殿堂，就必須有好的劇本、有更嚴謹的演出方式；藝人雖以能自創歌詞爲傲，但他們書讀得不多，所創出的詞句中，常出現詞彙有文、白相雜，雅、俗並立的局面；再加以劇情的鬆散，其好、壞實在值得商榷。

活戲是好是壞，總是目前客家野臺所呈現的方式，對想改變這種現象的有心人士來說，要考量的除了人才、經費外，恐怕還得要有足夠的說服力呢！

二、宗教性

客家戲劇自失去內臺的風光時日，野臺的演出遂淪爲祭神的儀式之一，不復往日的光采；與群衆的日常生活脫節以後，客家戲劇不再爲人演出，演員對演出的自我要求低，觀衆對野臺的表演亦無所求，客家戲劇的品質一落千丈，藝術性所剩無幾；演出的粗糙、觀衆的遠離，客家戲賴以生存的因素，只剩民間祭典、酬神的需求，宗教上的意義遠遠大過了它的欣賞價値。

邱坤良教授提到：

日治時期臺灣戲劇演出，基本上仍以民間廟會的祭祀演戲為主。演戲的主要場所在：

1.節令，如元宵、中元、中秋的演戲。
2.神佛聖誕，如農曆三月三日玄天上帝、三月十五日保生大帝、二十三日媽祖的祭典演戲。
3.廟宇慶典、作醮的演戲。
4.謝平安，如年尾的平安戲。
5.民間社團、祭祀公業的祭祀演戲。
6.家族婚喪喜慶的演戲。
7.民衆許願、還願的演戲。
8.民間社團、私人間的罰戲演出（註十七）。

以此爲標準，參看今客家野臺戲的演出緣由，6、8二項可予刪除；第7項也只限在喪場的演出。各班主表示，婚禮，喜慶場合，寧請康樂隊、歌舞團，也不會想到請客家劇團，喜慶場從前或有，今已很久未有人請戲。

野臺演出的經費若由廟方籌措，多是寺廟附近民眾捐獻或廟方按戶所收的「丁口錢」，民眾所捐（交）的錢數，廟方統計後會張貼出來，以示不誣（註十八）；若由民眾還願，由民眾交錢（註十九），演出前爐主（或廟方）會張貼公告，說明演戲時間或是演戲緣由，如：

廟方籌措之戲：

通告：

八十六年農曆二月二日福德正神千秋，為加添祝壽之慶加演野臺戲，居時請（各）位善男信女前來膜拜。

委員製

（中壢中原大學附近土地廟，當日所請為「連月歌劇團」）

民眾還願之戲：

公告：

瑞塘里中山北路二段302號沐恩信士李錦涼叩答神恩農曆十月十六日演戲全台

特此公告

頭重溪
三元宮
管理委員會　謹啟

（楊梅頭重溪三元宮，當日所請為「淑裕歌劇團」）

客家野臺的宗教性，和其它劇種的差異性不大，所表現可由以下數點觀察：

㈠大、小月

野臺演出緣由主要有神佛聖誕、節令與還願。神佛誕辰和節令有固定的日子，民衆還願的時間雖較不定，多也選在廟中神佛誕辰、節令之時或前後數日舉行，以配合慶典（註二十）；因每月誕生的神佛不同，有多有少，而主祀不同神佛的廟宇數量亦殊，因此請戲的時間便有不同；戲約多的數月，戲班稱作「大月」，生意少的，稱之爲「小月」；一年之中還有五個特殊節日，戲班稱作「大日」，此日許多廟宇都會應節令請戲，此五日分別是正月半（元宵節、天官誕辰）、三月二十三日（媽祖生）、七月半（地官誕辰，「普渡戲」）、八月半（中秋節）和十月半（水官誕辰）；在這幾個大日子裡請戲，戲金要以雙倍計算，戲班主給未借「先金」的演員也是雙倍價，有借錢的團員則不用；故大日中，未借先金之藝人和班主，所獲最豐。

對客家戲班來講，農曆一、二月戲較多，三月也有，四月開始減少，七、八月又多了起來，八到十月都有戲，十一、十二月便屬淡季，有接到打醮戲，情況才會稍有好轉（註二一）。

客家人的正月「伯公（土地公）戲」連帶「媽祖戲」（過年到媽祖生期間所接的戲，普通喚作「春戲」）一起作（此時各廟輪流請來媽祖）；七月以「普渡戲」爲主；八月的「伯公戲」連帶「平安戲」（「收冬戲」）一起作；春季的「媽祖戲」和秋季開始的「平安戲」，依地方之習俗，有些還配合鬪雞比賽一起進行。

有幾個日子雖然不是雙倍價的大日，請戲的人也很多，戲界亦通稱作「大日」：如六月二十四日關帝爺聖誕、三月十五保生大帝、四月二十八神農誕辰等，這些日子請戲的廟宇多、戲班少，戲班在價錢上便有調高的籌碼，否則，也有分班的利潤可賺。

土地公廟的請戲對戲班有其重要性，一般說來，土地廟的請戲以信徒爲還願、酬神而自動請戲者爲多；土地廟的請戲時間並不一定，固定的有二月二日、八月二日、十二月十六日等，爲了避免這些固定的日子戲班價碼太高或請不到戲班，土地廟的請戲時間是比較彈性的：正月、二月、十一、十二月都有所謂的「伯公」（土地公）戲；這些爲數不少的「伯公戲」是戲班收入的一大來源。

知悉戲班「大日」的規矩，廟方也有其因應之道：大日子非請戲不可的，請合作較久的戲班，價碼有轉寰的餘地（也有廟方大手筆，不計較這些的）；有的廟宇將慶典時間錯開，改在「大日」的前後數日，便不用以雙倍價錢請戲。大日子請不到戲班的，不得已只好改請歌仔劇團。

依筆者訪問的結果，因客家人能唱歌仔戲，閩南庄偶爾也會請客家戲班演出，但客家庄不請歌仔戲班，也沒有請布袋戲、北管戲的風俗：他們認爲北管戲步調、節奏太慢，沒有欣賞族群，假若有人想聽北管，可請採茶戲班唱上幾段；歌仔戲、布袋戲、北管戲的語言不是客語，不夠親切；採茶戲班到閩、客合處的地方，對廟方的要求也比較能配合；因此現今客家庄內的廟宇，除了採茶戲之外，對其它劇種的興趣不大。

因爲閩南庄和客家庄的風俗稍有不同，在客家班十一、十二月的淡季，反能接到閩南庄的請戲，如新竹城隍廟香火鼎盛，還願的人很多，要謝神的人得報名、交錢、登記姓名和想請的戲班等，十一至十二月天天都可能有節目：歌仔劇團、北管團、電影等，客家班此時便可能以歌仔戲班身份演出，在淡季中還保有幾棚戲約。

「大月」、「小月」所反映的是野臺戲班對民間慶典、神佛誕辰的依賴；從前廟方熱衷酬神活動，以大手筆請來數個戲班，一同於廟前演出，造成戲班拼戲、較勁的盛況，已不復再見。近來廟方改變請戲風俗，縮減戲班演出天數、請脫衣舞、康樂隊、放電影……，對營運狀況不佳的戲班不啻爲雪上加霜，連「大月」都快要變成「小月」，生存環境堪慮。

(二)扮仙戲

廟宇請戲所賦予戲班最重要的任務，就是扮仙戲的搬演，扮仙的劇目不外有富貴吉慶、祝壽團圓、神仙賜福等吉慶劇，是爲了祈福、敬神、還願而演出的。透過戲臺上神仙角色的搬演，有將福壽降與人們之象徵意義；而團圓、功名戲的演出，所代表的是人們對生活更實質的渴望；理想若能達成，則人們又將許諾請戲來報答神明。

「扮仙」亦稱「搬仙」、「排仙」、「辦仙」，是正戲上演之前所演出的儀式性劇目，也是廟方請戲的主要目的。對廟方而言，戲演得好不好，並沒有戲班趕不趕得上扮仙重要，有些戲班便是因趕不上扮仙、耽誤了廟方祭神的時辰或是扮仙演出隨便，而被寺方列作拒絕往來戶的；戲班老闆對此亦心裡有數，能於吉時之前趕上，並且在行頭、演出態度以及人手調度上稍加留意。

客家戲班的扮仙時間多訂在早上十點左右；廟方的神要是還沒有請回來，也有中午扮仙的；爲了配合廟擲筊所得的時間，有時晚上也得扮仙；作醮時，正棚（註二二）常於某吉日（視道士所算之正日而定）晚上子時加演扮仙，偏棚爲了省錢，多只有早上扮仙；在廟前公演之前，爲討吉祥，戲班亦保留扮仙之儀式。

客家戲班最常扮的仙是《三仙會》、《酒仙》（《醉八仙》、《醉仙》）、《壽仙》和《小八仙》；《天官賜福》與《蟠桃會》很少演（註二三）；《長春》、

《卸甲》則沒有演過。

價錢因素外，扮仙與各廟的神格有關：土地廟一般只演《三仙》、《酒仙》、《壽仙》；要扮《天官賜福》的廟宇，要祀有三官大帝或玉皇大帝方可；主祀瑤池金母的廟，因故事內容牽涉到王母娘娘，通常指定戲班搬演《酒仙》；遇到作醮等特殊慶典，平時扮《三仙》的廟宇，若神格允許，也請戲團演出較大型之扮仙戲。

《三仙會》有新、舊之別：《新三仙》多吹腔體，《舊三仙》以唸白和嗩吶曲牌爲主。客家戲班常演出《舊三仙會》，《新三仙》在廟方要求時才演；戲班所稱《三仙會》，指的多是《舊三仙》。

《舊三仙》的內容爲：福、祿、壽三仙各帶白猿、麻姑和魁星（註二四），前往「某盛會」（註二五）慶賀，並各獻出其寶貝，共襄此盛典。所吹曲牌有：【節節高】、【風入松】、【點江】、【粉蝶頭】、【泣顏回】、【上小樓】、【下小樓】、【千秋歲】、【清板】、【尾聲】等，全以嗩吶吹奏；演員只有口白，不唱。

《酒仙》內容爲：瑤池金母聖誕，相邀八仙前來祝賀，衆仙並吟詩、獻寶前往華堂祝壽，其後金母賜酒，各仙醉倒，醉態可掬，其中有一仙並鬧起場來。此戲於演出之時，戲班要攜帶米酒、糖果，撒向臺下信衆，此舉動有將福壽吉慶降與信徒的象徵意義。

《壽仙》又稱《大八仙》，內容爲瑤池金母邀東方朔與八仙至華堂慶壽，最後各仙排作「壽」字慶賀，所吹曲牌和《三仙》差不多，加有【疊疊犯】、【黃龍滾】等。《小八仙》類《壽仙》，省去排「壽」字之步驟與東方朔之出現。

《天官賜福》簡稱《天官》，內容爲天官率領老人星（南極壽仙）、天祿星、月德星（張仙）、天喜星、牛郎星、織女星前往積福積善之家賜福。《蟠桃會》所演爲瑤池金母聖誕，八仙前往祝壽，途中爲孫悟空所見，孫並模仿八仙之姿態；途中又遇楊戩，孫嘲笑楊之妹私通凡夫，惹惱楊戩，二人大打出手，最後來了霹靂大仙勸架，二人方前往瑤池祝壽。客家戲班演出此二戲多在閩南庄，其中《蟠桃會》和北管演出的不同，稍有簡化；此二者爲客家戲班演出中，少數有唱詞的扮仙戲。

客家戲班的扮仙在各戲齣之後，又接《加官》和《金榜》。加官又名「加冠」，出場時無說白、不吹曲，但打鼓、響盞，手中加官條上書有「加官晉祿（爵）」、「當朝一品」、「天官賜福」等吉祥話；《金榜》出一生、旦：小生景期、小旦葛明霞，內容爲小生考上狀元，回家與其妻團圓，二人拜謝神明事，二人亦手持加官條，向臺下觀衆展現，稱作「鬧府」；和北管的金榜不同，客家戲班將其簡化，只剩生、旦間的幾句簡單對白：

生白：金榜題名，洞房花燭。

旦白：駟馬高車，今朝榮歸。

生白：少年出丹墀（某些戲班作「少年登科第」），皇都得意回。

旦白：禹門三級浪，平地一聲雷。

同白：請。

（扮仙戲：《三仙會》、《加官》、《金榜》，「榮興客家採茶劇團」，民國八十五年十一月二十二日，南庄永昌宮公演）

對客家戲班來講，扮仙是其向北管學習的成果之一，因向北管學習，客家戲班所學只有其表象，所學戲碼、唱段、演出過程並不若北管扮仙戲完整，其三齣套亦相當固定；無論廟方的指定扮仙戲爲何，客家戲班的三齣套（註二六）模式，接的總是《加官》和《金榜》；吳瀛濤於《臺灣民俗》一書提到七月不演《加官》事（註二七），客家戲班似無此顧忌。

㈢正戲

爐主雖可決定所請的戲班，在請戲之前，謹慎的爐主仍會擲筊問神之意見；各寺廟請戲是請給神看的，因此廟方對戲劇的要求出於宗教性的成分大些；而每個廟對戲班的要求有寬有嚴，不盡相同。

整體來講，廟方限定戲班於下午要演「正戲」，「正」有「正規」、「正統」之意，此類戲的服裝、故事、音樂讓廟方覺得較正規，不會褻瀆神明；於此時，戲班只能唱北管、四平、京劇等「大曲」，故事也以「忠孝節義」爲主；戲班下午多不摻入採茶，如果有觀衆要求，廟方多睜一隻眼、閉一隻眼，只要不唱太多就好。要求嚴格的廟，如媽祖、關帝廟，於日戲唱採茶，會引起請主的不悅，有些廟甚至連晚上都不演採茶戲（註二八）。

演戲要配合廟方的祭典活動，還有其它的例子：如南庄永昌宮（註二九）表示，演戲若演兩棚，第一天是廟方的拜神日，有法會和祭典，第一天就只能演正戲，第二天開始才可以演採茶；又如作醮之時，因爲認爲女子不潔，正棚所有的團員都要是男的，小旦也爲乾旦，接下戲約的老闆，要想辦法調足男演員；正棚前的演出戲碼，不論早晚、天數，必須全是正戲，所唱的全爲「曲」，曲詞爲演員自創；若逢請主要求唱傳統北管，還得死背北管臺詞，不能自編（此種情形非常罕見）。

此外，演出七月的「普渡戲」，在開齋的前一天，也就是法事的最後一天，上師於廟中作法，戲班於廟前上演，演出一定要在作法結束、功德作完後，才能結束；如果作法時間長至三、四小時，野臺演出也要演足三、四小時，戲先生所說的劇情不敷使用時，先生於後臺便要加緊補充，臨時再講。作醮遇功德場時，亦比照辦理。

廟方雖然要顧及宗教的要求，對觀衆的口味還是有所妥協，有些廟由年輕一輩的掌管，對正戲的要求寬鬆，夜戲請歌舞團、唱「胡撇仔戲」還是寺方要求的；廟裡老一輩的管理者，對傳統的儀式、規矩較為注意。

㈣神佛出場

演戲內容對宗教也有所反映。

戲班在某地演出時，會應景演出和廟中神祇有關的戲，如在土地廟前演出時，戲中可能便出現土地公，此點以戲班說戲者之習慣為主，並非絕對。又如：神佛出場時，所吹的梆子腔（藝人習慣稱作「吹腔」）和鬼神出場的陰管都有特定；關公、觀音、玄天上帝、如來佛等神佛出場時，有些戲班會燃放鞭炮，也是一例。

三、多元性

野臺演出的多元性，從曲調和內容上便一覽無疑，是戲班為求生存的蛻變。為了適應野臺生態，即使常有公演機會的劇團，於野臺演出時，也不能不有所妥協；除非劇團程度真的太差，客家劇團在野臺的表演，水平都差不了多少。

㈠曲調

客家戲劇野臺演出，唱詞部份漸少，動作和說白愈多，但所唱的部份來說，曲調種類繁多，這原因除了是客家戲班為生活所作之改變，也和戲班演員的來源不同有關，今以其所常用曲調，分別歸類敘述之。

1.北管、南管

北管使用的機會很多，客家戲班所稱的「北管」，狹義上指的是北管的「福路」系統，因較西皮系統早傳入臺灣，又稱爲「舊路」，客家人又稱「亂彈」。在廣義、常用的說法上，北管可指福路與西皮兩大系統，當中包含亂彈、梆子腔、吹腔、崑腔等。常用的唱腔板式有：〈平板〉、〈流水板〉、〈疊板〉、〈緊板〉、〈倒板〉（〈彩板〉）、〈緊中慢〉、〈慢中緊〉、〈四空門〉、〈二凡〉、〈吹腔〉等。

客家人從前很少待在職業亂彈班，待子弟班的比較多；有的亂彈演員出自苗栗後龍「東社班」。「東社」原爲平埔族居住之地區，當初那兒工作機會少，便將各家小女孩聚集起來學戲，大湖、苗栗後來也有非平埔族裔之客家人來學，有好幾個老闆、整了好幾個戲班，全演出亂彈戲，統稱作「東社班」。

在語言、地域上本有隔閡，客家戲班唱南管的很少，在戲劇演出時，應劇情所需，節奏、曲調皆比南管音樂爲快，常用的曲調有〈漿（洚）水〉、〈緊疊仔〉、〈慢頭〉等。

2.四平、京劇

客家戲班所受到各劇種的影響，以京劇（戲界稱之爲「外江」）爲最大；京劇的鑼鼓點、身段、行頭，讓客家戲在改良成大戲的過程中，得到很多啓發；尤其是上海、福州京班的來臺演出，以及後來播遷來臺的京班藝人，爲戲班所聘先生或自組戲班後，與客家戲班融合的情況更爲顯著。

常用曲調有〈西皮〉與〈二黃〉；板式有原板、慢板、快三眼、流水、散板、搖板等。

在四平戲方面，早期客家的四平戲和今之不同，鄭榮興先生認爲：

> 四平戲唱的就是西皮、二黃，按照正常現象，原來的老四平是不一樣，後來唱的西皮、二黃都一樣，老四平都一樣。……有點像師公調一樣，那個才是真正的老四平。如果要聽老四平，現在有一個東西可以聽，就是東華皮影戲，那音樂就是從老四平來的，有的人不知道，以為那是道士調。
> （民國八十五年八月二十六日，鄭榮興，於復興劇校）

今野臺所謂的四平戲，屬於北管的西路（新路）系統（註三十），常用的曲調有〈倒板〉、〈西皮原板〉、〈四平調〉、〈刀子〉（〈流水〉）、〈緊板〉、〈高撥子〉等，偶爾也用〈二黃〉、〈二黃平〉、〈二黃反〉；早期西皮和福路系統的戲碼亦有所不同，壁壘分明。

四平戲多武戲，所用的鑼爲「本地鑼」，和師公所用的一樣，不用鑼槌敲打，而是將木棒前端製成鉤狀，以尖端敲擊，音促而亮，聽起來很熱鬧。

四平和京劇的身段差不多，但四平戲整體演來比較熱鬧、節奏快，譜式也比京劇簡單；文場基本伴奏樂器是京胡，又稱「吊規仔」、「吊鬼仔」，以竹筒製成，音色高而尖銳。

客家人今所稱的「福路」和「西路」，二者皆屬板腔體，且都是以「官話」發音，但客家的四平戲聽起來，稍帶有客家腔。

京劇、亂彈和四平，無論演出哪樣，理論上，演員所說，都應爲文白；但今客家野臺演出，許多演員非正統班底出身，兼以可自創歌詞，所以用的詞語都相當白話，如「吾妻」以「倨輔娘」替代，便是一例。

3. 採茶、歌仔

野臺最常唱的客家曲調爲〈平板〉，〈山歌仔〉次之，其它山歌、小調也會摻雜使用，以本嗓演唱，較常唱的曲調有：〈瓜子仁〉、〈剪剪花〉（〈十二月古人〉）、〈洗手巾〉、〈十八摸〉、〈初朝歌〉、〈桃花開〉、〈賣酒歌〉、〈思戀歌〉、〈五更歌〉、〈撐船歌〉等等；〈送郎〉、〈打海棠〉、〈苦力娘〉、〈陳士（仕）雲〉、〈挑擔歌〉、〈上山採茶〉等歌較少唱，用此創詞也不容易；老式山歌很難唱，也不討好，在野臺並不使用；高、屏地區的客家曲調，基本上也不使用。

客家野臺也唱歌仔調，但若非歌仔底出身的演員，在客家庄使用歌仔調的比例，沒有採茶調高；客家戲班的演員有出自「拱樂社」的，也有出自其它歌仔班的，但客家戲班演員，一開始就在歌仔班學戲的很罕見，頂多是後來待過歌仔劇團而已。

唱採茶時，以客語演唱，唱歌仔時，以閩南語發音；以客語唱閩南調或以閩南語唱山歌調的機會罕見，除非到了南部，觀衆特意要求，才會有以臺語入採茶調之情形。

客家戲班唱北管、採茶及歌仔時，文場的基本伴奏樂器有：椰胡（殼仔絃，有人稱二絃）、胖胡以及嗩吶。胖胡和椰胡都以椰子殼作成，但椰胡體制較小，二者以不同調來拉，拉法也不同，以「對反」來配音。

4.其它

如日本演歌，可謂受日治時期「皇民化」的影響，也是爲了臺下受過日本統治的老人，他們或許喜歡聽這些有「東洋味」的音樂；另有流行歌，因爲演員與觀衆多上了年紀，所唱的當然不是當下最流行的曲調，不過，通常是曾經流行過、大多數人耳熟能詳的曲子，又分國語流行歌和閩南流行歌兩種。

另外，「黃秀滿歌劇團」的黃秀滿女士，偶爾也唱黃梅調。

㈡內容

在演出內容上，戲班演的還多是所謂的「傳仔戲」，雖然在表演過程中，可能雜入一些非傳統戲劇演出所應有的畫面；有時演的是「胡撇仔戲」，五光十色，曲折離奇；有隨便打軟包的劇團，有些戲班卻相對地裝飾過度：五彩燈光、空中飛人、乾冰、鑲滿亮片的衣服、走景、喧囂的電子樂器……等，儼然是一種由人演出的「金光劇」；過與不及，追求藝術性的人們同感刺眼，戲臺下忠實的老觀衆和喜愛刺激的年輕人，則有不同之感受與見解；戲班，看戲金決定所給予觀衆的：內容多元，任君挑選，只要戲金合理，在戲班的能力範圍。

1.正戲

正戲多於下午、廟方法會進行中、作醮等要求下演出，喜愛看正戲的常爲年邁的男性觀衆群，演出以唱「曲」爲主，即北管、四平、京劇等。

2.採茶戲、歌仔戲

戲班在閩南庄的演出爲歌仔戲，在客家庄爲採茶戲；二者皆混其它劇種的曲調或表演「胡撇仔戲」，看來神似，內涵上還是有所不同。

客家戲班所表演的採茶戲、歌仔戲，在客家庄或閩南庄，於晚間演出較多；但要演出純粹的採茶戲或歌仔戲，而不加入其它任何曲調，在野臺演出幾乎是看不到的。

3.胡撇仔戲

爲了吸引觀衆，有些劇團在夜間演出「胡撇仔戲」；藝人對「胡撇仔戲」此名詞的詮釋不同，看待標準也不一：有些人認爲「胡撇仔戲」是與「古路戲」（註三一）和「傳仔戲」（註三二）相對的一種稱呼；有些則說「胡撇仔戲」是「話劇」之意；有人則認爲「胡撇仔戲」是「胡摻逗」、胡亂拼湊的戲；此處將各種說法表列如下：

人名	內容	備註
謝美妹（「新永光」退休老藝人，現年八十四歲）	日本人來我們演話劇，穿現代服裝，專門作血案；以前我專門作血案、作刑事，留中分頭，捉人、捉逃犯。我們專門作《廈門血案》、《南洋血案》，專門作血案，日本人話劇就要作這種。作給文化人看，有警示作用，把人教乖。作刑事要用繩子纏著、丟桌子，害我學好久。比如說你是逃犯，我要捉你，捉不到，用繩子套住你，再拉回來，兩人才對戰。 日本時的話劇叫「胡撇仔」，日本管束不准作戲，要整班的人就轉「胡撇仔」，話劇就叫「胡撇仔」，	※血案、相殺 ※現代裝扮 ※話劇 ※就像電視演的一樣（話劇？）

	……就像電視演的一樣……不是隨便作的，要照他的意思，幾句就幾句，有導演來教你作，……裡面的劇情是導演決定（註三三）。	
徐義妹（「黃秀滿歌劇團」演員，現年八十歲）	以前日本時代，非常時段，大戲不能作，要講日本話、作現代戲；不穿古裝、穿時裝；不唱大戲、唱流行歌。也作戲，作現代戲，不能作皇帝，也不穿古裝，像電影一樣，那就叫「胡撇仔」。「胡撇仔」就是作戲不穿戲服，不戴古裝頭飾。	※作現代戲 ※穿時裝 ※唱流行歌 ※像電影一樣（話劇？）
	……現代作戲的三八穿現代服不算「胡撇仔」，一個人穿不算（註三四）。	※一個人穿不算
王陳英妹（「德泰」退休老藝人，現年七十五歲）	大戲不肯人作，要作「胡撇仔」，「胡撇仔」就是不穿戲服，日本人規定要著戎裝、臉塗得漂漂亮亮、女生頭上插花、相殺用日本的劍，……歌仔、曲不肯人唱，要唱日本歌，他會來教；北管、四平也不能唱，全部唱日本歌。日本時代的身份證要標明是作戲的，寫「俳優」。	※日本裝束 ※日本歌 ※劍術、相殺 ※流行音樂

	要比劍術，男生頭髮中分，頭綁一條頭巾，係白手帕。比如說某人上京赴考要作官，到半路有賊出現要搶，刀子拿出來——日本人的刀，大鼓就摻上流行音樂，這就是相殺的戲（註三五）。	
張有財（「新永光」二團演員，年六十一）	「胡撇仔」是亂的，沒有身段，講話唱腔很亂，什麼都摻著，五花八門：是流行歌、日本歌、國語、閩南歌，……「胡撇仔」是清朝的，隨便亂唱，那時有英國人、美國人、日本人；也有穿西裝的、也有穿清朝衣、戴帽、穿長衫，也有洋人，戴的帽子、亂穿。 那個階段隨便編都可以，沒有歷史記載，講出來沒有人「捉包」，漢到明有朝、有名堂、角色，……不能亂說一個名字，那是歷史的，不能亂說，「胡撇仔」就隨便說。「胡撇仔」是改良戲編的，內臺就有了，人編出來的，在四、五十年間有作「胡撇仔戲」，是閩南人帶出來的（註三六）。	※什麼都摻著 ※沒有歷史記載 ※改良戲編的 ※是閩南人帶出來的

陳昇琳（「河洛」演員，自組過「新勝園」，年五十九）	「胡撇仔」的意思是日本的傳下來的，日本人討厭中國人，討厭你演中國戲，禁止不讓你演，本來穿中國服裝演戲，看到日本警察來，趕快拿武士刀來亂砍、亂殺，改良戲，「胡撇仔」。……前一輩閩南人說「胡撇仔」是「壞肉」，這幾年才說「胡撇仔」，客家人不說「壞肉」（註三七）。	※日本的傳下來的 ※武士刀
李國雄（「德泰」前班主，年五十六，於民國八十六年三月間去世）	「胡撇仔」就是晚上作的，「胡撇仔」有漢樂、有西樂、有唱流行歌、有跳舞，…… 那種就叫「胡撇仔」。晚上作戲比較荒誕的戲就叫「胡撇仔」，好像不像「傳仔」那樣。也有唱山歌、也有忠孝節義的故事唱「胡撇仔」。……晚上唱愛情、相殺的叫「胡撇仔」，……「胡撇仔」就是像日本時代有打劍術的，拿武士刀相殺，我們這一班時常有作。「胡撇仔」的名稱是跟河洛班來的，就胡亂摻出來的。下午不能這樣，是福路戲，有照「傳仔」作，	※晚上作的 ※比較荒誕的戲 ※不像「傳仔」 ※愛情、相殺 ※日本時代 ※名稱是跟河洛班來的 ※胡亂摻出來的

	晚上就作給婦人看的、年輕人看，唱流行歌，……日本演歌的，……（註三八）。	
彭盛文（「金輝社」班主，年五十五）	「胡撇仔」有兩種，我們是唱流行歌的那種；他（「金興社」）的要「插花」，「插花」就是跳清涼秀、脫衣服，吸引客人（註三九）。	※流行歌 ※清涼秀、脫衣服
徐張金蘭（「金興社」老闆娘，五十幾歲）	晚上也有人看採茶戲，但還是希望摻雜女孩子唱歌，那算是「胡撇仔」。其實晚上的戲很少沒加「胡撇仔」，加這些「花草」才有人看，否則誰要請你？他直接請歌舞團就好了，你戲班就沒好演……每個戲班都願意收年輕女孩，但晚上要願意演「胡撇仔」（註四十）。	※摻雜女孩子唱歌 ※晚上 ※花草（註四一）

由以上之田調資料，可看到一個有趣的現象：老輩藝人稱話劇爲「胡撇仔」，並將範圍限定在日本時代所演的現代劇，類似今日電視、電影所演，而內容以相殺、血案爲多，是日本統治時期所編之教化劇；到了稍微後輩的藝人，其說法便是將其與「傳仔戲」相對，認爲自己編的、不符合歷史故事的，不穿古裝、以現代服飾上臺，各種荒誕劇情或曲調都能摻入的，就叫「胡撇仔」，而此名詞爲閩南人之

用法，型態有說爲閩南人帶來的，有說是日本時代留下的；近期野臺加上了清涼秀、脫衣舞之風盛行，此種非傳統的作法，也能叫作「胡撇仔」了！

由於「胡撇仔」與「opera」發音近似，由老輩藝人將其解釋作「話劇」的情況看來，此名稱是否來自閩南庄還有待考證，後輩藝人對當時發音不熟悉，將其當作閩南語，似也相當合理。但老一輩藝人將「胡撇仔」的範圍限在日本「皇民化」時期所演的戲，對其而言，「皇民化」無疑是改變戲劇演出形式一個相當特別的轉折點：在此之前，內臺所演的，無論如何使用變景、吊鋼絲等技巧，其劇情總是偏於傳統的，「皇民化」使許多劇團朝向新形態的話劇發展，演出血案、刑事劇、武士道精神短劇等；而對光復後的內臺演出更有重大的影響，使其產生各類荒誕陸離的怪劇。這類怪劇的演出內容是如此自由、如此地天馬行空、不受拘束，將各種可能性都運用在其中，於是，人們以此發音，將其解釋作胡亂演出的戲劇，以閩南語來說，即是所謂的「胡撇仔」。

「胡撇仔」到後期取其「胡來一氣」（註四二）之意，藝人之解釋便不再限定在「話劇」之意涵中了。有些藝人將武士刀、著日服之情況解釋爲「胡撇仔」，尚有當時用語之習慣；有些則將其與「古路戲」對列，泛指所有非「傳仔戲」之戲碼；有的將凡是非傳統的作法都稱作「胡撇仔」，所指相當廣泛。

關於「胡撇仔」，以下之引文可供作參考：

「胡撇仔」這個名稱的由來，與它發生年代有關。許多人以為胡撇仔戲是歌仔戲淪為路邊野臺戲之後才出現的產物，其實早在日治時期，職業劇班的內臺戲演出就已出現端倪了。日人稱歌仔戲是臺灣的*opera*，讀音為ㄛ—ㄅせ—ㄌㄚ，中日戰爭期間，官方推行皇民化運動，日本武士劇的演出形式與技法，如武士刀對決「殺千八啦！」、日本歌曲、和服裝扮等，漸次注入歌仔戲的演出中；新劇的若干技巧與歌舞團的歌舞也都運用到歌仔戲中，如：流行歌曲、民謠、「覆面」（隱藏真實身份）、西式服裝等，在新劇流行的時期，更多方面影響了歌仔戲。

由於內容取材上幾乎沒有設限，古今扮相的角色可以同臺，剛剛唱完〈採檳榔〉的小旦可以馬上坐下來自報家門變成戲中人……，因此，這種烏白亂撇的歌仔戲演出，便自然地被命名為「胡撇仔戲」（註四三）。

「胡撇仔」不止在歌仔戲中有，在客家戲中也是存在著，雖然無法斷定此語是否眞來自閩南庄，但在光復之後，客家戲常至閩南庄演出，在技巧與內容上，二者互相交流的結果，也相當程度地遺留在野臺戲中。

今客家野臺，演出「三八」角色時，許多劇團的彩旦所著的，必定是現代的禮服，在某些劇團的定義中，此爲「胡撇仔」的殘留；有的劇團則認爲一個人穿現代服、戲班唱日本歌、流行歌不能算數，不過是應觀衆要求，只要演出爲歷史故事，就不承認自己戲班唱的是不正統的「胡撇仔戲」；有的戲班認爲有加入非正統之演出，即使唱唱流行歌，也算是「胡撇仔」。這些狀況完全視劇團的主觀認定，如「歌舞秀」，某些班主即認爲是「胡撇仔」的一種，有些則認爲「歌舞秀」就是「歌舞秀」，「胡撇仔」就是「胡撇仔」，二者不同；有些七十幾歲還在演戲的老人，順應現代的用法，只要看到有武士刀、西服混入表演體系中的，也稱其作「胡撇仔」，不一定要整齣都演成話劇型式；而在個人認定寬嚴不一的標準下，仍有一個最基本的認知：全齣專演血案、仇殺等神怪劇情、沒有歷史根據、不著古裝的，必是「胡撇仔戲」。

「胡撇仔戲」的演出脫離傳統，不能在下午演出，因此多於晚上表演。爲了吸引觀衆，演出「胡撇仔」是某些劇團慣用的手法；有些劇團則認爲採茶戲是客家的傳統，在演出時雖會以電子樂器、採光等加強聲光效果，曲調上也會安排唱流行歌、日本演歌，而在人物上也有一、兩個現代裝扮的，但所演內容仍是「傳仔戲」，決不演荒誕無稽的劇情，他們認爲「胡撇仔」亂七八糟，劇團應演正統一點的戲才是。

4. 清涼秀

清涼秀是劇團應社會需求所添加的新型態演出內容，劇團若有年輕女子願意演出，則不需外請人手，否則則另由它處請調，演出戲金另行計算，女子所得，比劇團演員高上數倍。

清涼秀有以康樂隊爲主體的：小姐們衣著涼快，唱流行歌、歌舞表演、與臺下打情罵俏等；亦有以脫衣爲號召的：演出三點式、上空秀或全數脫光，視請主要求、戲金高低而定；也有傳統戲劇與清涼秀同臺演出者：戲班仍演其戲劇，而所請來的小姐在旁表演或穿插演出於其中，算得上是一種奇景！

並不是每一個客家劇團都有清涼秀的演出的，據有演出此類內容的戲班班主表示：要求戲班兼演清涼秀的多爲閩南庄之請主，客家庄不是沒有，但很少見，他們直接請歌舞團；因此戲班在客家庄要演，班長還得交涉。

演出清涼秀的戲班條件有：較多的閩南請主、戲班有年輕女子、班長對另請康樂隊的門路熟絡、戲班團員能配合搭檔……等，最重要的，當然是戲班願意接受這種不合理的要求，拋棄形象方可；不過某些班主無奈地說，社會趨勢如此，若不答應，請主過少，演出所得無法度日，再怎麼不合理，還是得把它接下來。

客家戲劇野臺的宗教性、靈活性、多元性，不同角度地詮釋了戲班、請主與觀衆之間的微妙立場；戲班對營業、生活的妥協；請主對宗教、經濟與觀衆口味的考量；觀衆對神的酬謝與追求新鮮、刺激的心態，造就了客家戲劇今日之風貌。野臺，是觀察客家戲劇現今狀況最好的方法。

第二節　比賽演出

客家戲曲混合各種劇種的演出方式，與歌仔戲十分相像；加以演出內容與歌仔戲類似，故常被認爲是以客語發音的歌仔戲，稱作「客家歌仔戲」。由於此種觀點的影響，客家戲班自然被歸作歌仔戲班的一種，認爲其演出時只有語言上的不同；是以在歷屆「臺灣省地方戲劇比賽」中，並無明文規範客家戲班於比賽演出時必須以演唱採茶戲劇爲限——沒有讓客家戲班意識到自己應表現出客家戲的獨特風格；連比賽都如此，更不必問平時爲討生活而演出的內容了。而此種「客家歌仔戲」的認定，對幾乎不到客家庄看戲的人們來說，當然也是毋庸置疑的了。

壹、比賽沿革

「臺灣省地方戲劇比賽」始於民國四十一年，每年全省舉辦一次，初以基隆、臺北、桃園縣爲限，分作「歌仔戲」、「臺語話劇」、「歌舞」（「話劇」與「歌舞」列作一項）、「掌中戲」各組；第二屆起分爲「北」、「中南」區二區比賽，並評定各團優劣，開始頒發個人獎項；第三屆僅舉辦「歌仔戲」組；自第五屆起加入「南管戲」組；第六屆始加入「客家班」組。

此比賽初由「臺灣省地方戲劇協進會」主辦，後改由省教育廳主辦，不定期舉辦比賽；近年來，分作「歌仔戲」和「掌中戲」二類，隔年舉行比賽，並舉辦皮影、傀儡戲之表演賽；由教育廳連續主辦二年，臺北、高雄市各辦一年，分作初、複、決賽。前者爲各縣、市政府所舉辦；複賽則分作北、中、南三區，嗣後方進入決賽。由於意識到客家採茶戲之聲腔、音樂確實不同於歌仔戲，自民國八十年起，添加「客家戲劇比賽」之項目。

客家戲班從前被當做歌仔戲班，比賽時劇團也多參加「歌仔戲」組，直到「臺灣省地方戲劇比賽」於第六屆添加了「客家班」組，情形才稍有不同；然而雖然有此組別，客家戲班於各縣、市政府初賽時所表演的——除非是有心競賽的團體，否則與一般野臺演出無異。眞正的客家戲劇比賽始於民國八十年起所舉辦的「臺灣省客家戲劇比賽」，其相關規定才眞正符合客家採茶戲之內涵。

客家戲班從前每年要審定牌照一次，牌照上蓋過審查章以後，才能接續下一年的營運，而比賽便是蓋章之時；換句話說，比賽是強制性的，不比即無法通過考核。

在内臺時期，客家戲班對比賽的意願較強。由於内臺演出是賣票的，得到冠軍的團體名聲響亮，看戲的人就多，對票房收入有很大的助益；加上從前戲班申請出國演出困難，而在得到名次後，在辦理手續時也就容易多了，藉著爲國宣慰僑民的好理由，無形中已將戲路拓展到國外（註四四）。故而內臺時期，戲班於比賽時會特別賣力。

內臺時代結束後，外臺仍有強迫比賽的舊規，因爲關係著牌照的蓋章問題，戲班是非參加不可的；此時戲班刻意競爭者已大幅減少。比賽分北、中、南三區進行，初賽因由各縣、市政府舉辦，戲班數量又不少，排定賽程恐影響戲班野臺接戲的運作，因此戲班只要於比賽期間，自行塡好戲班有野臺演出之時、地，做爲其班比賽的地點、日期，地方政府單位即安排評審過去觀賞。這樣子的比賽演出因要配合廟宇、地方，較多外在因素的干擾，其素質良窳可想而知。

深感觀看每團比賽的麻煩與不同地點、不同評審的不客觀，政策嗣後改爲一區推派一班爲代表來比賽之方式；戲班處理此政策的方法，是各團出錢請某班去比，如此這一區的戲班執照就都能蓋章了。被推派出去的戲班肩負比賽責任，爲了人情，又難以推辭，通常被推派出去的戲班班主並不喜歡這件苦差事（註四五）。

「臺灣省地方戲劇比賽」其後又將比賽改作「歌仔戲」和「掌中戲」兩組；爲了執照，客家戲班參加了「歌仔戲」組的比賽。近年，終於取消了因執照而比賽的規定。

「臺灣省客家戲劇比賽」舉辦至今已臻五載，主辦單位爲臺灣省教育廳；歷屆承辦單位有臺灣省立新竹社會教育館和桃、竹、苗各縣市政府或文化中心（註四六）；舉辦地點分別在：新竹新埔義民廟、桃園新屋鄉天后宮、苗栗公館鄉、新竹竹東育樂公園以及苗栗三義鄉河川加蓋廣場。

據歷屆客家戲劇比賽實施要點所載，此比賽的舉辦目的爲「輔導客家戲劇發展，提高演藝水準，以發揮社會教育及弘揚文化之功能」；比賽項目是「客家採茶戲劇」，並且「凡臺灣省各縣市登記有案之歌劇團均可自由報名參加」，所限雖寬，但非有足夠客籍演員的戲班，要演出客家採茶戲劇幾無可能，故歷屆參加仍以客家班爲主（註四七）。

爲鼓勵各劇團參與比賽，主辦單位原則上補助交通費一萬五千元，由協辦之地方鄉、鎮公所或團體另籌募一萬五千元，儘量結合寺廟與社團共同辦理，以將客家戲劇落實於鄉土。參賽劇目以「發揚民族精神、不違反善良風俗者」爲限；如由參賽劇團自行編劇者，則於比賽前一個月送交完整劇本，經有關單位同意後，方可參加比賽演出。比賽演出時間爲九十分鐘到一百五十分鐘（註四八）。

評分標準爲：劇情，百分之十五；導演，百分之十五；演技（包括臺詞、唱腔），百分之三十五；舞臺技術，百分之十（包括布景、燈光、音響、服裝、道具等）；文、武場百分之十五（限用傳統樂器）；團務管理百分之十（包括演職員生活紀律及前、後臺管理等）。總平均達八十五分以上者爲優等團體，八十分以上者得甲等團體獎。個別獎的項目有：最佳導演獎（一名）；最佳生、旦、淨、丑角獎

（各一名）；最佳劇本創作獎（一名）；最佳文、武場以及最佳舞臺技術獎**（註四九）**。優勝團體頒予獎金與獎狀，並安排巡迴公演；個人獎亦有獎金及獎狀一幀。

「臺灣省客家戲劇比賽」自開始以來，每次都儘量結合寺廟，配合地方節慶演出；爲了方便戲班裝、卸布景，每天僅安排兩班比賽，分別在下午和晚上演出；舉辦五年來，每場比賽總是能吸引廣大的觀衆群，是客家戲劇演出所難得一見的景象。不過在主辦單位盛大舉辦的表象下，參賽隊伍在幕後所呈現出來的各個特殊現象，其實，才正是另一齣精采的戲碼。

貳、特殊現象

這些特殊現象包含有：

一、劇團參加意願低落

歷屆客家戲劇比賽，劇團的參加意願都不高。有些隊伍勢在必得，聲勢浩大，投資不少人力與物力；有些隊伍卻意興闌珊，他人出面拜託，才勉爲其難答應；究其因，不外數項：

㈠認爲比賽不公平

劇團認爲比賽不公平，有各項原因。首要是認爲某些劇團和公家交情好，尚未比賽就知道誰會得獎了；這些劇團因爲班主「會交際」、「有背景」，比賽時也能多調武行，難怪都是他們得獎。

　　爲了澄清此類疑慮，主辦單位曾考慮：是否請優勝劇團隔年參加比賽或連得三年優勝者暫勿參與，然如此做法又造成對優勝團隊的不公；因此最好的方法是將各團列在較公平的基礎上比賽，儘量降低影響公平的因素：如由大會提供音響設備，以免有些音響較差的團吃虧；採用「中間分數平均法」（註五十）、限制參賽人數等等；主辦單位也向劇團表示過：絕無作弊之情事，除裁判外，無人能左右評分的結果，而裁判因採「中間分數平均法」，即便作弊，分數也是失效的，請劇團勿妄加猜測；其它若有不公平之事，可提出討論，主辦單位斟酌後會加以改進。

　　在人數方面，客家戲劇比賽每年都有參賽團體人數暴增的現象。普遍來說，客家戲班每班的平均人數是十幾、二十位；到了比賽之時，卻發現某些戲班的參賽人數與其團原本人數相差甚遠，多了許多團員。以下依歷屆報名名單將人數統計如下（註五一）：

第一屆	
新月娥	16
新美蓮	13
龍鳳園	15
新永安	14
新永光一	18
新興	51
勝拱樂	20
黃秀滿	16
德泰	17
新永光二	17

第二屆	第三屆		第四屆
新月娥	新月娥	金輝社	新月娥
33	24	14	31
新美蓮	新美蓮		新美蓮
13	12		14
龍鳳園	龍鳳園		龍鳳園
23	16		19
連月	雙美人	正新興	居順
11	12	13	14
新永光一	新永光一		新永光一
17	16		16
新榮鳳	榮興	新榮鳳	榮興
13	32	12	32
勝拱樂	勝拱樂	金興社	金興社
27	18	13	13
黃秀滿	黃秀滿	秀美樂	秀美樂
19	16	14	14
德泰	德泰		德泰
18	16		16
新永光二	新永光二		新永光二
16	13		16

戲班人數暴增原因不外為借調所來，借調來源有：向其它劇種借調演員、借調劇校畢業學生、借調其它戲班、團體成員等；客家戲班班主若有管道者，可借調劇校畢業生（註五二）來演出，演出以武行居多，藉以壯大戲班的聲勢與場面；有些戲班人數不足，則向其它戲班借演員，如是其它劇種（以歌仔戲班居多）不擅說客語者，演員的角色就少發言，最好是能調到到外地待歌仔戲班的客籍演員；有些劇

團則向不參加比賽的劇團調借團員；也有向康樂隊、八音團借調者，花招百出。

臨時借調演員來比賽，並非客家戲班僅有的現象；有些班主認為自己調來的演員只是武行，武行是花錢請來的，其它戲班只要願意，也都能調來，沒有公平不公平可言；然其它班主則認為自己沒有管道能調到此類演員，也沒有多餘的金錢，他們同時認為，主辦單位要禁絕外調武行最簡單的方式，就是規定不能演武戲，或是規定只能演傳統的客家戲劇；雙方各執其詞，堅持其立場。

某些戲班則認為：有的班湊了三、四個未參加比賽的團來比；布景、道具也向別人借，客家戲班都不以眞面目參加比賽，實在沒必要參賽；有些班主認為政府只需於「大日子」派「督察」去巡視客家戲班的狀況：每一班都因分班而演得奇差無比，在這樣的情況下，還能把戲演好的班，才是眞正的好班。何必去參加比賽呢？不過是粉飾太平而已。

對於這點，主辦單位感到為難萬分。戲班借調演員確實是存在的現象，但如何能過濾演員是屬於哪一班？哪一團體呢？

為了鼓勵戲班參加比賽，大會於前兩屆本同意演員跨團演出（註五三），後為避免不公，已嚴格限制演員不准跨臺表演，且報名單上所登記姓名，必與比賽之人相符，參賽者應隨身攜帶演員證或身份證，以茲查驗。但大會其實相當清楚客家戲班目前人數偏少的窘境，限制過嚴，比賽可能就無可看性了；再說，某些熱衷於比賽的劇團，也許就不願參加了；這種兩難的問題使主辦單位動輒得咎，爲此，主辦單位亦曾提出「比賽人數應有上、下限」之議（註五四），但似乎未有實施。

其次，戲班所認爲的不公出於評審身上。

客家戲劇比賽評審以能瞭解客家習俗、文化、藝術，且能聽懂客語爲首要條件，爲求公正、客觀，以學者專家爲主；所謂專家，指從事戲劇工作有十年以上經驗者。評審以「百分法」評定成績，大會以「中間分數平均法」統計，如分數相同，採「計點法」（註五五）處理，若再相同，請評審們決定；賽畢後公布成績，承辦單位報上九位，由教育廳遴選其中七位。

出自於過去的刻板印象，有些劇團老闆認爲評審要用錢收買，否則就是自己要有靠山、背景夠硬，不然是不會得獎的；把自己落選的原因歸於主辦單位的不公，使主辦單位百口莫辯（註五六）；這些，只能說是劇團不了解大會的評選過程而妄加猜測的固執想法吧！

認定評審不公的另一說法是：「評審爲外行人」。歷屆比賽所謂評審，有文學家、藝術工作者、舞蹈家……等；以第五屆比賽的評審爲例，共有前國防部藝工隊副大隊長黃聲泰、舞蹈家周惠丹、師大音樂系碩士楊熾明、苗栗縣政府前民政局長古鎮清（戲劇系畢）、苗栗縣前文化中心主任曾光雄、客家民俗專家徐運德、新竹師院音樂系教授吳聲吉等七人（註五七）；就客家戲界來說，他們都是「外行人」；

那麼，他們所認定的「內行人」是什麼呢？

有的班主（如前「德泰」班主）認爲不是專門唱戲的就不內行，找戲班目前的團員評審也不公平；最好找老一輩的演員來評審。某些班主（如「金興社」班主）則認爲是否爲客家人並不重要，要找劇校的老師作裁判。有的班主（如「雙美人」班主）心中的理想藍圖是不要裁判，各團在一個大場地表演，誰能吸引最多觀衆的就算贏家。每一種想法都有弊病：如老一輩的演員仍待過劇團，仍可能有人情問題，而其教育程度低，與主辦單位也較難溝通，對戲劇的欣賞是直觀性的，欠缺客觀的考量；劇校老師若不懂客語，較難欣賞聲腔、語言之美，懂的或許值得考慮。但戲班應可加強客家戲劇傳統的部份，不一定非以京劇爲標的不可。至於以觀衆人數作標準，影響因素太多，主辦單位勢必難以採納。

主辦單位也有自己的看法：他們認爲戲劇是綜合的藝術：文學、音樂、美術、舞蹈、舞臺管理等，每一環節相扣，不像戲班主們所想的那麼單純；何況評審不好找，又辛苦，又讓戲班懷疑，有的人根本不想擔任；因此戲班的建言雖可酌情採納，但仍應尊重主辦單位的意見。

(二)認爲比賽沒意義

剔除所謂的不公，有些班主覺得比賽沒有意義，就算得到名次，巡迴了一兩、次的公演，對戲班根本沒有實質的幫助；何況不去比賽還是可以蓋章、繼續營業，和從前強制性的時代不同了。爲此，主辦單位於開會時曾討論過是否要恢復舊制，然並未得到共識。

某些戲班班主以爲比賽時人員調來調去，沒比的班替有比的演；對演員來說，只是多了一場戲可演，多一次演出的收入，政府說比賽會增進水準是騙人的；客家戲班演員年齡層高，又沒有新秀加入，每年比來比去還不是都那些人？水準如何，大家心知肚明，何苦要浪費政府、老百姓的錢呢？

這類老闆認爲政府應將經費花在培植新演員上，想些實際一點的辦法，每年花數十萬、百萬的經費來比賽，不如用來成立訓練場所或班底，讓客家戲劇的癥結問題能得到眞正的解決。

「淑裕歌劇團」和「新美蓮」的老闆覺得比賽沒意義的原因倒也單純。「淑裕」是因目前戲班執照尚未修改，仍延用原班主姓名、班名，班主想等改過後才參賽；她認爲用自己的名字得獎才光榮。「新美蓮」的老闆則認爲自己是賣人情比賽的，歷屆參加沒有得獎也就罷了，但主辦單位應該要頒發紀念狀，以表嘉許才是，畢竟自己沒有功勞，也有苦勞呀！

對於紀念狀一事，主辦單位的態度趨向保守；認爲有些戲班可能會拿紀念狀去招搖撞騙，作爲接戲的宣傳，如此將有礙大會之名譽，因此仍保持原作法。

㈢認爲比賽不經濟

每年度的戲劇比賽由主辦單位補助一萬五千元交通費，由承辦單位再籌一萬五千萬元，總計三萬元；舞臺、音響、飲食由大會負責，其餘戲班自理。按理來講，此數目已接近戲班野臺演出之戲金，戲班應不會有太大的不滿，事實不然：

對無心參賽，只因人情而演出的班主來說，比賽只是等於多接一場戲，讓角色多一場戲的收入，既毋需排練，也不用準備，只要把野臺演出過的戲碼搬上臺就可以了，三萬元的價碼是可以接受的；但如遇比賽所處地區太偏遠，要耗過多運費時，則或許稍有微詞。

有心參賽的劇團準備工作多：調演員要錢、演員排戲要錢（也有給禮品、香煙替代的）、比賽要增添或租借新行頭要錢，對他們而言，三萬元是遠遠不足的。不過這類劇團勢在必得，得獎後的巡迴公演，雖不見得能收回成本，但不無小補，重點在於得獎的榮譽感。有些班得獎後並不很滿意現狀，認爲三萬元實在太少，而巡迴公演的地區又偏遠，運費高、場次也不夠；獎金還要扣除百分之十五之稅金，退回稅金後又要再領回來，著實擾人，希望能有更合理的作法。

主辦單位本身經費不甚充裕，雖知劇團需要，但實行上稍有困難，只能期望與廟宇、地方企業結合，有更多的資金來源，並也確實努力地籌募款項，冀能讓劇團有更多酬勞、獎金或公演場次，以鼓勵他們踴躍參賽；至於公演場次過於偏遠，乃基於大會造福偏遠鄉親與落實文化於鄉土之考量，主辦單位將與地方配合，加強宣傳，使戲班公演時有觀衆捧場；而稅金問題是國家的財政制度，非主辦單位權限所及。

今有關單位就經濟層面已有所討論，認為補助金額或許應由劇團參賽人數來決定，然在未有更多經費之前，恐無法實現此理想。

二、假報參賽團隊

依照規則，報名團隊必須滿十隊才能舉辦比賽；未滿十隊報名，比賽將改為觀摩賽；由於客家劇團參賽意願不高，常有報名期限已過，參賽團數還不夠的情況。遇此情形，皆由「臺灣省客家採茶戲劇發展協進會」理事長李永乾先生出面遊說各團參與；經由他的協助，歷屆比賽才得以順利進行，不致「流會」。

為了湊足團數，時有假報團隊參賽之事；此情形第一屆時尚未發生，第二屆時便已有跡可循。第二屆的某參賽團隊因為沒有執照，以早不演出的劇團之名來報名參賽。某團體在第三屆根本沒有報名參加比賽，團名卻出現在比賽隊伍中；另一團體的老闆則借用自己賣給別人的牌照來使用，也參加了第五屆的比賽。第四、五屆的某團早已收班，演員都是臨時調來的。而在第五屆時，有的團根本沒有參賽，只是把班名借給理事長用而已。

因李先生之幫忙，客家戲劇比賽每年得以順利辦成；爲了湊足參賽團數，李先生四處說服不想參加的團體前來捧場。而許多團也因賣面子而來，根本沒有排練過，只認定自己是湊數的；有些團因執照不合，借其它團的名稱來比，原本無可厚非；但假借別團的名義，再另外找人湊成一班，其意義就不知在哪了。

爲了湊成十團，李先生可謂盡心盡力，主辦單位也表示感激；然而此種爲了湊團數而形成的比賽，是否具有意義？是否眞能提高演藝水準？是否有改進的方法？……這種種，都是需要主辦單位三思之問題。

三、其它

比賽其它的特殊現象包括比賽戲碼常有重複、沒有創作劇本卻得「創作劇本獎」等。客家劇團野臺演出，各班戲碼常有雷同，每班選擇自己擅演的戲碼，演出相同的戲碼並不衝突；但有些班同樣戲碼重複演出，則有些匪夷所思，不知是否是爲了節省排練時間、金錢，抑或有其它理由——覺得某戲碼特別拿手？

下爲五屆比賽之戲碼：

團次＼屆次	第一屆	第二屆	第三屆
一	**新月娥**	**新月娥**	**新月娥**
	楊排風掛帥	梁紅玉擊鼓退金兵	楊排風掛帥
二	**新美蓮**	**新美蓮**	**新美蓮**
	忠孝節義	桃花山	孝感動天
三	**龍鳳園**	**龍鳳園**	**龍鳳園**
	一門三魁	海公奇案	周宮風雲
四	**新永安**	**連月**	**雙美人**
	釣金龜	楊文廣聚親	封神榜
五	**新永光一**	**新永光一**	**新永光一**
	斬太保	劉秀復中興	斬太保
六	**榮興**	**新榮鳳**	**榮興**
	乞米養狀元	楊再興歸宋	婆媳風雲
七	**勝拱樂**	**勝拱樂**	**勝拱樂**
	魚美人	呂布斬董卓	花木蓮
八	**黃秀滿**	**黃秀滿**	**黃秀滿**
	孫臏出世	趙匡胤千里送京娘	趙匡胤千里送京娘
九	**德泰**	**德泰**	**德泰**
	雙槐樹	岳飛出仕	南天門
十	**新永光二**	**新永光二**	**新永光二**
	忠義節	永樂君遊河南	蛤蟆記

		屆次／團次	第四屆	第五屆
十一	金輝社	一	新月娥	新月娥
	憨子救母		西施復國	打金枝
		二	新美蓮	新美蓮
			雙姻緣	採花薄情報
		三	龍鳳園	龍鳳園
			貞婦義僕（三娘教子）	貞婦義僕
十二	正新興	四	居順	居順
	一門三魁		雙槐樹	販馬記
		五	新永光一	新永光一
			彭公案	莊子戲妻
十三	新榮鳳	六	榮興	正新興
	雪梅教子		三娘教子	遊白樓
十四	金興社	七	金興社	金興社
	眞假皇后		隋唐演義	眞假皇后
十五	秀美樂	八	秀美樂	秀美樂
	海公奇案		楊寶財得黃金	楊寶財得黃金
		九	德泰	德泰
			顏世昌	義妖傳
		十	新永光二	新永光二
			楊家將轅門斬子	王文英認親

客家戲劇比賽所設最佳劇本創作獎於第四屆始有得主，然劇本為改編而來，不算創作；其中有的劇本為改編「臺灣省地方戲劇協進會」所編劇本而來。

參、評審意見

綜合數屆評審對戲班各方面表現之評語（參考新竹社教館所提供之歷屆評審意見），客家戲班仍有需再改進處，如：

一、個人的專業素養

團員個人的專業素養有需加強處，如唱功太差，抓不住音準和節奏；武生動作不熟練而將道具掉落地面；演出有太多粗話和外來語等；兼以不排戲的戲班自創與劇情無關的詞句，著實讓人感到莫名其妙。

又有演員所作動作與身份不符者，如官夫人不宜上公堂觀審，皇帝不該任意跪下等。

此外，文、武場的熟練度也對演出有影響。

二、團隊的默契

默契包含演員與演員的、演員與文、武場的、演員與檢場之間的。

演員因演慣野臺戲，比賽時難以擺脫其模式，時有不能相互配合的場面出現：有時是動作不協調，造成胡亂打殺的局面；有時是主角拖累配角，有時反之；甚有上、下場門不分而相撞之事發生，窘態百出。

文場和武場，文、武場和演員之間的配合不來，檢場不能視劇情進展而更動道具，讓演員僵在臺上，不知如何是好，更是演出的敗筆。

三、身段、唱腔

各隊於曲調的安排上均嫌不足，使得唱腔太過僵硬，沒能唱出客家山歌、小調之婉轉動聽；說白太多、唱腔太少，也讓演出類似客家話劇。

客家戲演員早期若有受京劇的坐科訓練，身段還算差強人意，但現今的演員大多沒有受過嚴格訓練，基本功很差、身段隨便，動作草草帶過，沒有確實作出；又兼手持麥克風，嚴重影響身段。

四、劇情

劇情一般不夠緊湊、無高潮，有些學習野臺模式，強調「笑」果，卻用得不當，有沖淡劇情之虞；將武打場面誤認爲戲劇的高潮，請來過多武行，亦影響了劇情的發展。

導演職能沒有充份發揮，是使劇情鬆散的主因。

五、布景、道具

客家戲班於比賽所用的布景、道具，大多是平日野臺所用，要戲班為比賽添購新器材、布景，徒然增加戲班之負擔，因此在評審上要求的為「合理性」，如：布景沒有變換或變換過多、沒有視劇情需要而表現、道具隨便以現代物品替代，不注意時空（如杯子以塑膠免洗杯、水桶用油漆桶、使用現代的手提包等）；濫用乾冰、鋼索也是太過譁衆取寵的作法。

六、其它

如演員臉部化粧、行頭與演出角色不合；演明朝劇卻著現代、民初和清朝服裝；於比賽中播報賞金事宜或為劇團作廣告、甚至疾呼政治口號等；另外，舞臺管理不好，閒雜人等隨意走動的情況也要改善。

從五屆客家戲劇比賽之歷程，可見主辦單位之用心；為勉劇團參與，許多明令的規則皆加以放寬；而得獎團數也超過參賽團隊的一半以上，若非演得太差，簡直可說是「通通有獎」。這種種的通融與努力，無非是希望對客家戲的推展有所幫助，相信以此能提高劇團的素質。

對用心演出的劇團，比賽前的排練及準備，或許能略提高演出素質；但一年一度的比賽能有多少實質的幫助？能提昇戲班多少的素質？這都不是主辦單位的一廂情願所能預測的，劇團本身的自我期許和努力，才是眞正的關鍵所在；劇團若能感受到這點，不再把比賽當作接戲、人情，也才不枉費大會的一片苦心。

第三節　公　演

壹、客家戲班的公演概況

在本土意識逐漸抬頭的今天，鄉土文化與藝術，始得到政府有關單位的重視和推廣，客家戲劇也不再侷限於廟會廣場前的酬神演唱；比賽的舉辦、公演場次的增加、藝生的培養、保存計劃的進行……等，都說明政府單位脫離了早期的冷漠態度、開始正視客家戲劇藝術的轉變；轉變來自社會對傳統藝術式微的不安呼聲，也來自演藝團體將技藝呈現在大眾面前的努力；劇團的努力加強了社會對客家戲劇的評價，才使得客家戲劇終於有了自己的發展空間。

客家戲劇的被認同，與苗栗「榮興客家採茶劇團」的奮鬥史有很大的關係：在「榮興」成名之前，客家劇團被認定爲歌仔戲的一支，客家戲劇也被稱作「客家歌仔戲」；各劇團因生活而轉型成的「什錦戲」型態，被學界普遍認定爲客家大戲的本質或原始樣貌，進而將其內涵歸於歌仔戲的領域裡，而沒有進一步的求證和了解；「榮興」所為便是企圖掀去生活因素所造成的質變，直接將採茶戲的原貌釋出，讓人們認識到客家族群的確有屬於自己的劇種，不再被附屬於它類劇種的體系之中。

「榮興客家採茶劇團」團長鄭榮興，於行政院文化建設委員會主辦「民間劇場」時，曾參與客家民藝的部份策畫工作；於民國七十六年六月臺北市夏季露天藝術季，演出《王淮義買阿爸》；民國七十七年應中華民俗藝術基金會之邀請，在家鄉苗栗組成了「榮興客家採茶劇團」，自此著力於客家傳統戲劇的推廣，演出過的大型活動有：

民國七十八年　　：臺北市傳統藝術季——《乞米養狀元》
民國七十九年　五月：臺北市戲劇季——《雪梅訓子》
　　　　　　十一月：文建會文藝季——《太平天國》
民國八十　年　五月：臺北市戲劇季——《孝子不記恨》
　　　　　　　十月：赴美紐約文化中心演出
　　　　　　十二月：文建會文藝季——《婆媳風雲》
　　　　　　十二月：高雄市民族演藝季——《婆媳風雲》
民國八十一年　四月：臺北市傳統藝術季——《傳統客家三腳採茶戲》

六月：臺北市戲劇季——《龍寶寺》
十二月：美國紐約文化中心——《傳統客家三腳採茶戲》
民國八十二年　二月：苗栗縣立文化中心——《打虎將軍》
十二月：參加一九九三年海峽兩岸戲劇節福建省戲劇匯演及廣東省梅州市文化交流演出
民國八十三年　：全國文藝季巡迴演出
民國八十四年　二月：入國家戲劇院演出《婆媳風雲》
三月：臺北市傳統藝術季——「客家戲曲博覽會」
民國八十五年　四月：臺北市傳統藝術季——《說說唱唱—客家棚頭》
八月：入國家戲劇院演出《姻緣冇錯配》

由於「榮興」的努力，劇團於民國八十一年獲得「傳統戲劇類」薪傳獎，且於民國八十四年進軍國家戲劇院，表演道地的客家採茶戲，演出票房高達九成六，打破了這幾年來，國家劇院傳統戲曲的票房紀錄（註五八）；此戲並巡迴各地，獲得熱烈的迴響。

因爲「榮興」的知名度，在臺北市立社教館的戲劇節、國家劇院或各縣、市的文藝季中，都能爭取到演出的機會，客家戲劇漸漸地受到肯定，也間接促進了「臺灣省客家戲劇比賽」的催生工作，可說對客家戲劇的推廣，貢獻卓越。

「榮興」今在客家戲界的發展，和團主的經營手法有很大的關係。首先，爲了標示出客家戲劇的獨特性，和其它劇團都以「歌劇團」命名不同，團長特意取名作「客家採茶劇團」，此點在野臺戲的演出雖差別不大（註五九），在學界來說卻有釐清的作用；其次，班主本人的教育程度較高，懂得宣傳手法及運用媒體的技巧，在學界人脈也較其它戲班主廣，很快就打響劇團的知名度；再者，班主所任教之國立復興劇藝學校可利用的資源、專家多，也是劇團佔有優勢的條件之一；當然，班主本人的有心亦不在話下，願意投注大量精力和金錢在其上，這是其它戲班主所辦不到的。

挾著許多優渥的條件，「榮興」的表現使其它劇團相形失色，劇團名聲打響，野臺戲路便廣；大型演出有榮譽感，野臺生計又好，好的演員漸漸流向此班，「榮興」的實力也就慢慢地增強了起來。

「榮興」是今客家劇團中公演次數最多的班，連在一般戲班營運慘淡的小月裡，也能有公演來平衡劇團的收入；「榮興」知名度高，申請公演原就較爲容易；團主也能找到寫作企劃案的人才，在申請手續上沒有問題；加上慕名請戲的公家機關，「榮興」大大小小的公演，自然成爲其它客家劇團所莫能望其項背的了！

每年至少都有一、兩場大型演出的「榮興客家採茶劇團」，爲了籌備演出，常面臨入不敷出的困境，所演出的戲劇，雖不能說是盡善盡美，在客家劇團來說，卻也算是最有能力處理大場面的戲班了；如此大型演出不免要外調演員，借用劇校學生（或藝生）之力，但若能推廣客家戲劇，想必班主已作過一番考量。

和國家戲劇院、各縣市文化中心、藝術館、社教館的大型公演相比，「榮興」下鄉公演的場面就不大相同了；下鄉公演視申請經費的多寡而有不同的表現：如是小型公演，則演出常演的戲碼，如《三娘教子》、《打虎將軍》等，再調武行壯大場面，演出也常用手持麥克風，除了武行外，看不出和野臺有什麼不同，並沒有特別講究；若是大型公演，沒有禮堂則搭大舞臺，增加人手、用新布景……，較爲慎重其事；野臺戲中若有請主願意花一、二十萬的大手筆，劇團也願意投注心力，沒有差別待遇。

偶爾也有公演三腳採茶小戲的機會，三腳採茶的公演常出現在標榜傳統客家技藝、民俗的活動中，演出不限於舞臺，有在廣場露天演出的。

客家戲班公演次數第二多的，當屬新竹李永乾先生的戲班。李永乾手下目前有兩個戲班：「龍鳳園」、「黃秀滿」，加以李先生「臺灣省客家採茶戲劇發展協進會」理事長的頭銜，能申請的團名多、申請獲准的機率大；李先生所申請的演出機會不只在客家採茶大戲、三腳採茶小戲上，亦申請四平戲、歌仔戲、八音等各類活動，但原則上仍以客家戲劇爲主。

「龍鳳園」申請的演出多是小型公演，每場演出費僅有數萬，原因是申請經費常被刪除，雖然時有賠錢的情況，李先生仍繼續申請公演，企圖打響劇團知名度，讓客家劇團能有更平衡的發展。

因爲擔任「臺灣省客家採茶戲劇發展協進會」的理事長，李先生也幫協會會員或其它劇團申請公演，如「德泰」和「新月娥」及「金興社」等歌劇團，他就幫他們寫過申請書。

客家戲班班主的教育程度多半不高，不會寫企劃書申請公演，他們一年唯一一次的公演機會，大概就是「客家戲劇比賽」了。依據規定：比賽的優勝團體可以巡迴幾場，以作爲得獎的獎勵；戲班營運不良，公演一個晚上五、七萬的，比起他們野臺一天兩、三萬的收入，可說是不無小補；因此得獎的劇團普遍認爲公演太少，而沒得獎的團隊也希冀有公演的機會，能多增加場次，好皆大歡喜。

比賽的公演，客家戲班覺得較有機會，而自己申請的公演，許多班主則都認定不可能；他們認爲自己「沒人」在政府機關裡，政府不可能讓他們公演，也認爲政府偏愛某些劇團，自己是沒希望的；由於成見和誤會，戲班主不知道自己也能試著申請公演，反將其它劇團的公演想像成勾結與買賣，繼而感到憤恨不平，極力譴責政府不公平、外行，造成某些團獨大，傷害客家戲界。

聽到太多抱怨的聲浪，「臺灣省客家採茶戲劇發展協進會」的理事長李先生認爲團主必須再教育，於是決定向國家藝術基金會申請一個「客家戲劇業務教育活動」，聘請講師，教導各班班主：

⑴演藝規則——如何申請職照、演員證？從前申請職照和演員證是教育局幫忙辦理，今需自己填寫，演員、班主便不知如何是好；⑵企劃、行銷以及稅務法則——許多班主不知申請公演要寫企劃書，看到學歷高的班主申請到公演就嫉妒，不曉得自己也能申請；還有些戲班戲演得不錯，卻不知如何提高水準，增加知名度，任由別人搶戲，弄得灰頭土臉，實在可惜；稅法也是一樣，統一編號、扣稅規則要搞清楚，才不會每次有問題都求助無門。這些，都是戲班主所應該學會的。

李先生於民國八十五年五月曾舉辦過「臺灣省客家採茶戲劇發展協進會——第一期客家戲劇演藝人員研習班」，感其成效之良好，之後並提出上述之企劃案，此計畫於國家藝術基金會並未通過審核，與桃園文化中心申請，才得進行，計畫名作「桃園縣、市演藝人員研習活動」，於民國八十六年五月十九、二十、二十一等參日，集合各團代表，講習課程。

公演能增加劇團知名度、推廣客家戲劇，有時能增加劇團收入或提昇劇團水準，然而在申請公演和演出的過程中，也有它的缺點：

貳、公演的缺點

一、申請書的不公

教育程度的差異造成申請上的不公：會寫企劃案的四處投遞計畫，寫多了總有幾場演出的機會；不會寫的從來没有出現在公演的行列中，總弄不明白別人的公演場次因何而來，爲什麼政府不去看看野臺演出，看誰眞的演得好，再給誰公演的機會？於是公演的總是那幾團，不能公演的望眼欲穿，由失望變作憤懣。

注意到這現象的桃園縣立文化中心即有所變革，他們初步決定每年舉辦一場匯演，讓報名參加的團體演出，民國八十五年的作法是：南、北各一場，共排了兩星期的戲，公演結束後並開數次檢討會議，聽取劇團老闆們的看法，提出主辦單位應改進的地方；但此針對的是桃園境內的所有歌劇團（包含歌仔戲班），不僅是客家班而已；在經費有限的情形下，桃園縣立文化中心能有此作法，可說是相當有心。

主動給予劇團公演的機會，桃園縣立文化中心尚有簡化申請表格的打算，表格設計完善後，再爲劇團老闆解說塡寫法，希望能消弭申請上的不公平。

其它單位仍保持被動地給予劇團公演的作法，在特殊節日時，想起要舉辦有關戲劇表演，才會請劇團演出，所優先考慮的，也是那些有名的劇團。看來要等到如桃園縣立文化中心如此細心者，還得看劇團的造化了。

二、公演地區太過偏遠

劇團所申請的單位決定公演的分發地區，如向苗栗縣立文化中心申請者，所演出地點就在苗栗，向龍潭鄉公所申請者，便在龍潭，即使在這些地方的山區，也是劇團所選擇，無可抱怨；而公演地區讓劇團感到不滿，認爲太過偏遠的，都是客家戲劇比賽所分配的公演場次。

爲了使偏遠地區的民衆，也能有欣賞客家戲劇的福利，主辦單位過去將一些公演地區安排在屏東、高雄等地，排到這些地點的戲班不悅，也不知主辦單位的動機，他們抱怨的原因是：

1. 演出地點太遠，舟車勞頓，太累。
2. 路程遠，運費高，戲班不划算。
3. 地方偏遠，觀衆少，主辦單位刻意將公演場合安排在客家庄，殊不知有些地方已轉爲閩南庄，演員演出，臺下觀衆要求他們改說閩南話，劇團是因得獎而去公演的，値此情況，感覺受辱。

地方偏遠尤應著重宣傳，主辦單位應先知會地方，配合宣傳，否則除劇團感到受辱，主辦單位冒著被埋怨的後果，要劇團前往遠地宣揚客家文化的苦心，也是完全白費了。

三、政府浪費金錢

政府支持戲班公演的目的無非有二：文化的推廣、劇團技藝的精進。文化的推廣須有觀衆來看，要靠良好的宣傳；劇團技藝的精進更是吸引觀衆的主因。理論上，公演應能讓客家劇團技藝精進、藝術水平提昇；但在實踐上，好像不怎麼理想，沒看出改進的跡象。

常常公演的團體技藝有所提昇是自然的事；客家戲班每年輪到比賽才能公演的團體，一年一、兩次的練習效果，要說達到提昇的目標，則顯得有些勉強。一年申請到或分配到幾次公演的戲班，如果認眞排戲、演出，不失爲負責任的表現；最怕有的戲班唯利是圖，仍以接活戲的方法演出（註六十），甚至劇情未有控制，一齣戲在公演時間內還演不完，……如此不求進步，白白浪費政府的金錢，是主辦單位最不想見到的。

公演對戲班是一項福利，但並不是沒有義務的；戲班不能將政府視作搖錢樹，應改善自己的演出弊端，將公演的補助化作具體的演出成果。如何好好演戲，學習更嚴謹的作法和仔細研究劇團的行銷策略，把劇團帶上常軌，打響知名度；再以這些吸引請主，切實改善經濟問題，才是根本改善之道；不認眞演好戲，整天引頸期盼公演的資助，或抱怨沒有公演的機會，都只是倒果為因，不切實際的作法。

第四節　媒體呈現

隨著政策的開放，客家族群於媒體的曝光率有逐年提高的趨勢，此現象在第四臺尤為直接、明顯；回歸母語的運動，使客家區的電臺多不忘製作幾個客家語的節目；坊間所販售的書籍、錄音帶、影帶也都漸漸出現了以「客家」為題的作品。客家文化雖有没落的危機，也有挽救的聲浪存在。

現今媒體所關懷的客家課題以語言、政治、歷史為主；在民俗文化方面，介紹的不是客家人的生活習慣、諺語，就是客家的民謠、山歌；對客家戲劇青睞者並不多，有則停留在客家戲劇的播放、製作，沒有更深一層的認識和瞭解。

媒體在客家戲劇的關注上，目前尚未有令人滿意的成果，更糟的是，野臺客家戲劇給予大衆之觀感原不入流，媒體在加深人們的惡劣印象上，卻往往起了推波助瀾的效果；為客家戲美言的，所有的焦點也都放在幾個固定的劇團上，彷彿成為戲班的宣傳工具，在客家戲劇的本質、現象或歷史上沒能提出見解。

以下即根據目前媒體所呈現客家戲劇的內容闡述之：

壹、電視臺

三臺的第一個客語節目爲臺視的「鄉親鄉情」，起於民國七十八年，之後又有「鄉情鄉曲」的製作（註六一）；三臺的客語新聞、公視的「客家風情畫」（註六二）、中視的「談天說地打嘴鼓」等節目亦隨後產生。這些節目製作費有限，製作尚稱精美，可惜數量很少，播出時段較差。第四臺的客家節目較多，有專屬的頻道、固定的傳送範圍，有線電視公司達數十家之衆，相形之下，偏向於低成本、低品味的製作，水平較低。

現今的有線電視公司有南桃園有線電視臺、雙郡有線電視臺、新竹振道、苗栗吉元、信和等；客家專有頻道有楊梅的中原衛星電視臺、苗栗三盛電視臺（註六三）等；傳播公司有幾十家，位於桃、竹、苗境內，如：中壢的「龍全」、「上發」、「吉聲」、龍潭的「龍閣」、新竹的「合冠」、竹北的「漢興」、苗栗的「客雅」、「弘益」、「信禾」、「懷寧」、頭份的「嵐雅」等（註六四）。

今有線電視的節目多爲傳播公司所製，也有業者自製的；傳播公司製出節目後，將其租售（或授權播放）與頻道業者或電視臺（頻道業者再與電視臺簽約，於固定頻道中播放）；若爲衛星電視臺，直接上衛星播放；若非，則放錄影帶。

桃、竹、苗區的各傳播公司，業務朝多方位發展：有作有聲出版者，有爲各單位作文案、宣傳者，所接業務包羅萬象（註六五），不單朝電視臺發展，也不只爲客家族群服務；各傳播公司多爲小規模經營，規模小者頗類個人工作室。

談話、歌唱、民俗類節目是當今第四臺所播客家節目之主要內容；戲劇類節目需耗費大量成本、經費，數量較少，粗分有幾類：

一、採茶大戲

傳播公司錄製採茶大戲的過程很簡單：邀請某客家劇團至錄影棚後（註六六），戲班再以野臺模式演出。錄製天數不定，常態下爲一連錄製五天，一次錄一至二齣；演員酬勞與野臺戲金相仿，但演出人數較野臺爲多，故班主會外調其它戲班的演員來演；文、武場也有六至八人之衆；演出如有不滿意處，必須要重錄一遍，公司有基本的品質要求。

戲班所演爲活戲，沒有固定的劇本。劇本若是固定的，演員勢必要先行排戲、背臺詞，排戲還得再花一筆錢，糾集演員練習，傳播公司沒有這筆預算；演活戲無固定劇本，劇團也不負責臺詞的謄錄；臺詞要由傳播公司自己整理出，打成字幕；若有聽不懂處，再另行請教戲班。

演出戲碼隨戲班安排，有些戲班所演爲戲劇比賽的得獎戲齣；有些戲班所演爲拿手戲；某些劇團嗜演連臺戲（註六七），可以一連演出三、四十集。

戲班的布景如果太過簡陋，便向其它劇團借，若還不足，傳播公司會提供幫助，但頂多增加了幾幅背景，繪工隨便，並不比戲班原來的高明；其不同處在於：戲班的布景象徵性較強，傳播公司喜繪近於實景的畫面。行頭、道具由戲班自行處理，乾冰由傳播公司提供。

為了畫面的美觀，演員一律佩帶「小蜜蜂」（少數仍有手持麥克風之習），革除野臺演出的陋習，所請演員也以年齡輕的為優先（註六八）。曲調的安排上，既標榜為「客家採茶大戲」，所演唱的就全是採茶調，與野臺演出的混亂很不一樣。例外的只有「勝拱樂歌劇團」和「龍鳳園歌劇團」，「勝」團所演出的三國故事喜用京劇曲調，「龍鳳園」拍三國志時，會摻入北管曲調演唱，和戲班於野臺的表現十分類似。

傳播公司認為他們錄製的節目有品質的保證，客家戲界的反應則是毀譽參半；有些戲班想接卻無請主；某些戲班卻聲明不接這類戲約，認為演出不但自暴其短，且「洩客家人面皮」（丟臉）：

> 演電視，演員是他賺工錢，你叫他去，他就去；但你拍出去的戲…… 雖然人老，沒關係，反正現在沒年輕人學；但口白、唱腔又不好，畫的妝又不好，丟臉。
>
> （「金輝社」老闆彭盛文，民國八十六年二月二十二日，富崗土地廟）

「德泰」本身沒有錄影去賣，因為錄影帶給我們客家人看，其實不錄比較好，錄出來會露馬腳。我們客家人的片子不好看，會露出馬腳，像閩南人的錄影帶很棒，我們客家人洩自己面皮。

我們戲很好沒錯，但我是拍過電影的，講話就講話，像電視一樣；有的不是，站著不會演，不專業。

洩自己面皮啦！雖然老人家要看，但不好看。外景就該外景，內景就內景，他不是，一塊布景拉上來就做；說話、唱歌不照劇本，唱山歌不合句，笑死人了！

人家一天到晚叫我太太去拍片，我叫她不要去；大家還沒錄影前，「龍閣」就拜託過我去，我不要；還有苗栗也叫我去，我也不去。

（「德泰歌劇團」前老闆李國雄，民國八十六年一月二十七日，龍崗李宅）

整體而言，參與第四臺大戲演出的戲班老闆，對自己的戲班能上電視演出表現得十分自傲，以爲上電視是對戲班的肯定；不願拍片的戲班主理由多是求好心切，不願在電視上演出活戲，同時亦以爲傳播公司經費不足，無法拍出好片；他們表示除非有人願意出大錢來拍戲，才有可能接戲：

我說一支片要拍好久，如果快，一個下午就拍完了；不好的拍兩、三天還拍不好。我真要拍，要比那閩南語的好，像電視歌仔戲。

像空中（吊鋼絲），差不多要二十萬；現在電視臺都克難克難，說十萬元，我說不要，像ㄨㄨㄨ（略）歌劇團三萬元，那要演什麼東西？

（「德泰歌劇團」前老闆李國雄，民國八十六年一月二十七日，龍崗李宅）

去電視臺錄影？作出去能看嗎？我出來作戲已經拋頭露面，還要到電視去拋頭露面？有的電視也作得很好，有的很差，一般都丟客家人的臉皮；要上電視，要和閩南人的歌仔戲相似，我們客家還落後一點。

我們採茶也有特色，要表演出來，沒演出來，根本不能看；也要資本。沒關係，誰有本錢，我就出去，但衣服呢？工資呢？

一般水準都很差，只有一、兩個出衆的角色；畢竟（就）像我們出去給人家請（客），一定穿最漂亮的，但沒有衣服。……

（「金興社」老闆娘徐張金蘭，民國八十六年二月二十二日，富崗土地廟）

客家戲班對電視歌仔戲的演出都表認同，希望能達到那樣的製片水平；就現有人力、物力和專業素養評估，顯然還有一段距離。

二、山歌劇

客家採茶大戲外，有一種新興的歌劇，此種戲劇與今電視歌仔戲類似（註六九），但表現出來的成效則大相逕庭，業者一般稱其為「笑科劇」或是「山歌劇」。

此類戲劇所用曲調和客家採茶大戲所用的採茶調一樣，和大戲不同之處，在於劇情與演出方式。此類戲劇和相褒戲非常相像，與採茶大戲喜演忠孝節義事不同，它的演員是傳播公司另請民謠演唱者或歌手來擔任；傳播公司找民謠演唱者演出「山歌劇」有數項便利：

1. 因為公司製作了很多山歌、小調的影帶、音帶，和歌手的合作關係密切；有的歌手和傳播公司很多老闆私交匪淺，合作次數也多，直接找他們合作較方便。
2. 歌手比較年輕，出現在電視上比較好看。
3. 新編的「山歌劇」有劇本，要背臺詞，採茶戲的老演員背不來。
4. 此類戲劇用不到身段，也沒必要找演員。

由於這類笑科劇也並不全找民謠演唱者演出；有時候找的是曾有賣藥背景的業餘三腳採茶戲演出者；有時只找朋友、員工上臺作作樣子，說白、唱曲由傳播公司再行配音；因此毫無身段可言，亦無能力出演大戲。

這類戲曲有固定的劇本，另外請人填詞、編曲，內容環繞笑料、打情罵俏的主題；所填詞句的文學性不高。

「山歌劇」是第四臺戲劇節目讓人詬病的最大元兇，演出既無身段、又無內容，演員穿著隨便，簡陋不堪；摩托車可與馬匹同時出現在古代；現代服飾與古裝齊聚一堂；時代錯亂，語帶黃色笑話，製作鄙陋，彷彿宗旨是以低級品味引人發笑，不用有任何的內涵。

節目錄製以外景爲主，有單元劇、也有連續劇，以笑科爲主。亦有少數非如此者：如「上發」所拍《梁仙伯與祝英臺》則非笑科劇，此劇是目前此類戲劇中劇本文詞最好的。文詞最好的原因很簡單：它幾乎全抄自凌波、樂蒂小姐所主演的黃梅調電影《梁山伯與祝英臺》，而黃梅調全改用採茶調演唱，當中使用最多的是平板。

此類「山歌劇」值得注意的現象是：它並不是憑空出現的，自有客家小戲以來，民間流傳或新創了各類的相褒戲，也演出各類忠孝節義故事，前者於「落地掃」、內臺的小規模的表演中皆有出現；這類以引人發笑爲目的的戲劇，演員不用多，曲調不出採茶，「打嘴鼓」、相褒就能帶過劇情。在業者普遍認爲自己是在恢復傳統的情況下，戲碼不論是新編或舊有，劇本編製缺乏張力；在製作上，也不稍微用心，注意一些太荒誕的作法，以致貽笑大方，惹人嫌惡，誤導了年輕一輩對客家戲劇的看法。

三、其它

第四臺現今有購買三臺多年前的影片，配上客家語，以客家連續劇名義播放的情況，取巧的作法可節省龐大的製作經費，節目的品質亦得到保障，然此不思上進的作法實不足取。

也有傀儡戲以客語發音者，是電視臺為使節目多元化的嘗試，此傀儡戲只有說白，未見唱曲，不知其原始面貌是否如斯；可惜播出一、兩次後便不再出現，沒有得到進一步的發展。

傳播公司有特別製作客家節目的，也有內容和客家戲劇有關，但非客家戲劇節目的；例如新竹「合冠」傳播公司表示，因為沒有特殊的製作經費，他們沒有自製的客家戲劇節目，只有客家戲界有特別活動時（註七十），才會去拍攝；有時也拍野臺演出，但除非是節目需要或別的單位委託、贊助，否則他們不會刻意去作；畢竟傳播公司不是只接客家人委任的業務，他們也不全以製作電視節目維生；此亦說明了現今傳播公司的營運方向和想法。

第四臺所製播的客家戲劇因為水準低、粗俗，老一輩觀眾愛看，年輕後輩難以接受；兩、三天重複播放一次的陋規，更使人厭煩。播出的客家大戲，可能比廟前演出的稍具章法，但層次仍未有所提昇；新型態的「山歌劇」粗鄙，走低品味路線，缺乏觀賞的價值；配上客家話的舊連續劇，看似美觀，其內容和客家族群的生活習慣、風俗不同，配上客語，有格格不入之感；諸如此類之演出，怎不令人對媒體所扮演的角色質疑呢？

貳、有聲出版業

客家戲劇有聲資料的錄製，遠在日治時期便已開始，當時有著名的「阿玉旦」、梁阿才、蘇萬松（代表作爲勸世文——〈百善孝爲先〉，今已形成所謂之「蘇萬松調」）和「阿浪旦」等人赴日灌錄唱片，至太平洋戰爭爆發後才回臺；民國四、五十年，政府厲行「統一拜拜」政策，對客家戲造成了莫大的傷害，許多客家戲班爲「美樂」、「鈴鈴」、「惠美」唱片公司邀請，以低價灌錄了許多三十三轉的唱片，其中又以「美樂」唱片（苗栗鎮，負責人爲彭雙琳先生）錄製最多；後來陸續又有其它公司效法，但數量已大爲減少，內容多偏向客家民謠的錄製，品質也一直沒有提昇。

現今市面所販售的客家錄音帶、錄影帶，有傳播公司發行，有出版業者所製，應市場需求，業者多出民謠、山歌作品；客家戲劇影帶的內容，和第四臺所播幾近相同，而錄音帶之戲劇作品就少了很多。

錄音帶作品中，收錄大戲的比較罕見；而笑科採茶稍多，將客家小戲的各段以民謠方式演唱最常見，沒有戲劇的連貫性和說白，是屬於客家小調的一部份，因而老一輩的客家人都能琅琅上口。

現今坊間所售錄音、影帶有：

㈠板橋水晶有聲出版社

△CD：

客家三腳採茶戲．「榮興客家採茶劇團」：《送郎》、《桃花過渡》、《糶酒》、《茶郎回家》、《送金釵》、《上山採茶》。

㈡臺北月球唱片

△錄音帶：

《梁山伯與祝英臺》、《吳漢殺妻》、《新金龜記》等。

㈢桃園「龍閣」傳播公司

△錄影帶：

《乞米養狀元》、《李三娘》（上、下）、《王懷義買阿爸》（一、二）、《關公戰周瑜》、《送京娘》、《紀嵐英教子》、《目蓮救母》等。

㈣中壢平鎮「吉聲」影視音有限公司

△錄影帶：

「勝拱樂」：《一門三進士》（上、中、下）、《乞米養狀元》（上、中、下）、《貍貓換太子》（上、中、下）、《包公審烏盆·請太后》（上、中、下）等。

「新永光」：《三娘教子》（上、中、下）、《李不直釣蛤蟆》（上、中、下、完）、《吳漢殺妻》（上、中、下）、《包公審烏盆》（上、中、下、完）、《孝女認父》（上、中、下）、《斬太保》（上、中、下）、《秦香蓮》（上、中、下、完）等。每卷戲長六十分鐘。

△錄音帶：

《三娘教子》（上、下），「大中華歌劇團」，葉香蘭主唱。

《薛仁貴回家》（上、下），曾先枝、賴海銀等。

客家戲曲：《李三娘》（一—三）。

笑科：《盤古開天》，「大中華歌劇團」。

笑科：《凸風三流浪記》（一—六），范振榮，李祥憶。

笑科：《愈講愈慘》、《三從四德》，劉琪蓮、彭美玉。

笑科：《女假有情》，徐木珍、黃連添、邱玉春。

笑科：《因禍得福》，黃添霖、邱玉春。

笑科：《半路得姻緣》，黃添霖、黃金鳳。

《憨鳥自有蟲來飛》，黃金鳳、徐木珍。

其它還有與三腳採茶相關的小調部份，數量過多，不另列出。

㈤中壢「上發」影視（授權新力文化社）

△錄影帶：

《朱買臣》、《牛車順笑科採茶》、《梁山伯與祝英臺》、《李文古笑科劇》、《賣膏藥大笑科》、《惡官作狗爬》等。

據「上發」老闆娘表示，其山歌劇找自己的朋友演，有萬庭、黃秀珍等；多爲單元劇，連續劇少；劇本爲老闆黃義桂所寫，自從事此行起，已有二十餘年，兩夫妻所製錄音、影帶超過兩百種。

㈥新竹「富禾」傳播公司

《三娘教子》（上、中、下）、《殺子報》（上、下）。

㈦苗栗「頭份」嵐雅影視音公司

「黃秀滿」：《周公鬥法桃花女》、《紙新娘》、《殺妻案》、《小媳婦未來不知大媳婦好》、《宋朝風雲》、《路遙知馬力，日久見人心》、《江山與美人》、《石平貴與王三妹》、《賢女勸夫》、《梁山伯與祝英臺》、《眞假皇后》、《才人無貌，爛扇多風》、《一夜夫妻》、《包公審肚臍》、《孫臏出世》、《林招德賣水》等。

「嵐雅」公司所製的客家大戲節目，全部都由「黃秀滿歌劇團」演出；也有請過客家民謠歌手曾明珠、劉俊明、吳川鈴等錄山歌劇，作品有《山歌姻緣》、《山歌戀》、《茶山情》等；其它如〈姑嫂看燈〉、〈十送金釵〉、〈桃花過渡〉等爲民謠演唱模式。

「嵐雅」所作的有聲出版品都與客家相關，並出版了客家山歌的第一張LD；現業務轉向接文案爲主的平面作業，最近在作雪霸國家公園的簡介。

成本少、藝術性低，是坊間所售客家戲劇錄音、影帶的寫照，這些商品充斥市面，對客家戲劇造成很大的戕害；今戲劇的有聲出版作品製作最精美的，還屬苗栗「榮興客家採茶劇團」；其所錄製影帶《乞米養狀元》能耗費一百萬拍攝，並結合文建會力量錄製戲曲身段教材，是其它劇團所辦不到的。

參、廣播電臺

今有客家節目的廣播電臺有：

中國廣播電臺：新竹臺、苗栗臺、臺灣廣播臺、臺中交通專業臺

警察廣播電臺：新竹臺、交通網臺中臺

漢聲廣播電臺：調頻廣播

教育廣播電臺：臺北、新竹、苗栗、彰化、高雄、花蓮、臺東臺
臺北全民廣播電臺
臺北電臺
復興廣播電臺：臺北、苗栗、新埤、花蓮臺、玉里臺
中央人民電臺
中華廣播電臺
正聲廣播電臺：臺北一臺、中壢臺、臺東臺
寶島客家廣播電臺：宜蘭、臺北、桃園、新竹、苗栗臺
桃園、新竹先聲廣播電臺
臺灣廣播電臺：新竹臺
竹南天聲廣播電臺
臺南勝利之聲廣播電臺一臺
高雄廣播電臺
高雄鳳鳴廣播電臺
花蓮調頻廣播電臺
花蓮燕聲廣播電臺
屏東民立廣播電臺

其中只有復興苗栗臺、中廣新竹、苗栗臺和寶島客家廣播電臺播放客家戲，其它多爲倡導族群意識、風俗、談話性與政治性的節目。

肆、報章雜誌及其他

報紙對客家戲劇一向冷漠，焦點在幾個知名劇團上，遇有重大活動才會報導；雜誌的情形也差不多，但偶有學者專家於其上發表研究成果，此類刊物有《客家雜誌》、《民俗曲藝》、《表演藝術》等。

其他還有電腦網站及學校內的社團，其未來發展仍待觀察。

註釋

註一：客家戲班演出通常搭二十四臺尺的舞臺。「榮興」於較大場面時會搭大舞臺，其舞臺、戲棚是本團所購，團主可承包下此業務；「德泰」則和承包商合作，有配合自己劇團布景而特製的舞臺，專為大場面的演出，廟方若花高價請戲時，劇團便用此專製的戲臺；平時不大講究時，也有打軟包的情形。

不管在何種情況（固定舞臺除外）下，都要求較大舞臺的，據說只有「金輝社」：「金輝社」老闆在布景、舞臺裝備上下了很多功夫，要大的舞臺才能將裝備佈置完全，也才能顯出戲班的氣派。

註　二：一桌二椅是傳統戲曲基本的擺設，客家野臺舞臺上亦有，但多半擺有三張椅子；也有一或二張椅子的，但較少見。

註　三：有些戲班覺得布幕兩旁的景片會限制演員在臺上的表演空間，因此並不使用。

註　四：戲班稱「一棚戲」，指一天戲劇的演出，通常包含日戲和夜戲（扮仙戲的錢是另外算的）；「一棚」亦稱「一臺」。

註　五：能搭戲臺的不一定只有專為人搭設棚架的承包商，譬如民國八十五年八月八日，「黃秀滿歌劇團」於竹北天后宮演出所用的舞臺，即是廟方請附近棺材店的老闆於演出前晚半夜所搭。

嚴格說來，搭臺只不過是向承包商租借戲臺，付了租金後，包商負責搭建與拆卸而已。

註　六：指新廟建成後，第一次請野臺戲演出時所用的舞臺或廟方新建而未使用過的固定戲臺。

註　七：依據一般常態，如果請主沒有刻意要求，非第一次使用的舞臺不需要祭煞、除邪的儀式。

註　八：「臺灣省客家採茶戲劇發展協進會」的理事長李永乾先生說，夜戲本來演出三個小時，但政府希望晚上演出不要超過十點；演得太晚有礙社區安寧、影響睡眠，對第二天上學的學生不好；對看戲的觀眾來說也不大安全；所以前年（民國八十五年）五月協會開檢討會議時，公訂協會會員夜戲演出一律改作兩個半小時。（未參加協會會員的戲班仍演出三小時），演出兩個半小時也使劇情變得較為緊湊。（民國八十六年一月二十七日，訪問李永乾先生，「臺灣省客家採茶戲劇發展協進會」）

註　九：就實際演出內容來看，客家戲班現今所稱的亂彈為北管的福路，所稱四平為北管的西路，與老四平不同。

註　十：民國八十六年二月二十二日，訪問「金興社」老闆娘徐張金蘭，富崗土地廟。

註十一：「金輝社」的老闆認為戲班於喪場的演出，一定要有臺。臺的粗、精不計，只要離地就可；戲班和道士演出不同，應有所分別。（「金輝社」，日戲：《金剛陣》，民國八十六年二月二十二日，富崗市場內土地廟）

註十二：「戲先生」，從前戲班所指為教戲的師傅，也稱「先生」；今客家戲界人員已老，毋需教戲，也沒年輕人讓其教戲，有的話，已泛稱其為「老師」；說到此詞時，意指戲班中的說戲先生，也就是解說劇情大綱的人。

註十三：因為演出為「活戲」，戲班演員即使再演同一齣戲，結果也會有所不同；但故事內容大同小異，唱的部份也大多相同。出入較大的部份是在說白。既然演「活戲」，何以唱詞會大多相同呢？原因出在演員有習慣使用的唱腔、曲調；自編歌詞雖難不倒他們，但在不自覺中，演員的語法、用詞在面對同一故事情境時，會有差不多的反應。所以雖然演員會因心情而想唱不同的曲調、唱腔，但如果常演某齣戲，習慣成自然，在懶得思考的情形下，常產生許多相類似的結果。

註十四：客家戲班演員一上場，通常會以官話念一段定場詩、自報家門，這些詩有的是演員自編的，有的是從前北管、四平班學來後，自己再加以轉化的。有的演員則沒有此習慣。茲舉「榮興客家採茶劇團」為例：

曾先枝：「十年河東轉河西，莫笑窮人穿破衣；十年窗下無人問，一舉成名天下知。」老漢混世魔王程咬金……

傅明乃：「來到朝堂下，隨開牡丹花；端帽朝天子，執笏衆卿家。」吾乃薛丁山……

劉玉鶯：「雙扇龍門單扇開，後宮三千入門來；未央宮中著珠紗，袞龍袍上繡丹花；藍田玉帶朝北斗，話說萬民第一家。」寡人……

（「榮興」，日戲：《姑嫂奪帥》，楊梅埔心瑞塘里福神宮，民國八十五年十一月十日）

註十五：關於客家話的腔調，說明如下：

時常聽到有人提及，客家話有許多腔調。在臺灣的客家人，大部份都是來自廣東東部的方言區，在清代時期是嘉應州、惠州和潮州等地。而有客家話四縣腔、客家話海陸腔、客家話饒平腔。所謂四縣是指嘉應州所屬的興寧、五華、平遠及蕉嶺等四縣，當時的府城即現在的廣東梅縣。所謂的海陸是指惠州的海豐及陸豐兩縣。所謂的饒平是指潮州的饒平縣。也就是以其祖籍的地名為腔調名。客家話四縣腔與客家話海陸腔，除聲調之調值及調類互不相同以外，其它韻母方面相差並不大。……

桃園縣的楊梅鎮、新屋鄉、觀音鄉以海陸腔為主，但有不少的四縣腔，中壢市平鎮鄉及龍潭鄉以四縣腔為主，海陸腔很少，然中壢市為工商發達都市，又接近鶴佬莊，所以在中壢來使用鶴佬話的頻率很高。新竹縣幾乎都以海陸腔為主。在苗栗縣以四縣腔為主，海陸腔及饒平腔不多。在臺中縣的東勢鎮、石岡鄉等以四縣腔為主，然有不少的饒平腔及海陸腔。彰化、雲林及嘉義的客家莊，有些仍在家裡使用客家話，但有些已經改用鶴佬話。高雄、屏東的六堆客家莊，是臺灣最早的客家移民地，當初大多自廣東省嘉應州的興寧、五華、平遠、蕉嶺等縣而來，所以在高屏地區的客家莊，幾乎全為四縣腔。

（《臺灣客家》，楊國鑫，頁一八七—一九二，一九九三年三月三十日，唐山出版社）

註十六：本文所指為：

老山歌、山歌子、平板以外的、很多客家民謠，大都有歌名，換言之，即一種唱腔，就是一首歌，歌詞差不多是固定的，（當然也有少數例外），如（1）病子歌（2）挑擔歌（3）桃花開（4）初一朝（5）十二月古人（6）撐渡歌……

（《客家民謠——九腔十八調的研究》，頁五，楊兆禎，民國六十三年，育英出板社）

一般客家人並不把客家小調和山歌刻意區別開來，若要區分，最簡便的分法是：山歌為平板、山歌仔和老山歌，其它通稱小調，二者合稱客家民謠（有些人亦將雜唸仔與童謠列入客家民謠之範圍）。

必須注意是：小調作為民歌演唱時，其所唱的詞雖是固定的，對戲班的演員來說，也可以代表一種唱腔，讓演員自由發揮。如：〈瓜子仁〉、〈洗手巾〉、〈剪剪花〉（又稱〈十二月古人〉）、〈鬧五更〉、〈初朝歌〉、〈糶酒〉、〈桃花過渡〉等；不過並不是每一種小調都會被用到，某些調子是不用的。

山歌中的老山歌和山歌仔因為演唱技巧較高，一般不為演戲者所用（山歌仔偶爾用到，老山歌演戲不用）；平板使用的頻率則很高。客家採茶大戲中有山歌和小調的曲調，曲詞隨演員更動；賴碧霞女士將採茶和山歌分開來談，說：

一般人，甚至是新生一代的客家青年，大都無法瞭解客家山歌和採茶究竟有什麼分別。

因為實際上，山歌調和採茶調是完全相同的，……山歌與採茶最大的不同點在：山歌是用聽的，採茶是用看的。

山歌的歌詞是可變性的，採茶的歌詞則有一定的內容和連貫性。

……又由於採茶具有戲劇的性質──連唱帶做，類似歌劇性質，所以一般說：「看」、「打」採茶而不說「聽」採茶，歌詞內容具有「說故事」與「連貫持續」的特性。……另外一點必須澄清的是：近代上演的客家戲，是從平劇、歌仔戲等混合編組，再以客家語唱出來的，不能稱為採茶，只能稱之「改良戲」或「改良採茶」。

（《臺灣客家山歌──一個民間藝人的自述》，頁十一─十二，民國七十二年，百科文化事業）

賴女士所指的「採茶」為「三腳採茶戲」之意；其稱「改良戲」、「改良採茶」為本文所稱之「客家採茶大戲」；本文提到客家戲的曲調之時，不打算如此細分，因就一般的用法言，並沒有在名詞上作如此明白的區隔。

註十七：參見邱坤良教授著《舊劇與新劇——日治時期臺灣戲劇之研究》，頁四四—四五，一九九四年七月，自立晚報社文化出版部。

註十八：寺廟以大小、性質不同，所收丁口錢的數量、次數亦有不同，如私人所有寺廟、同籍人公有的寺廟、同業者公有的寺廟、一地人民所公有的寺廟、官設壇廟等，其信徒多寡、分佈範圍有所不同，廟方將依自身狀況考量，以免造成地方之負擔。客家戲班一般認為：閩南庄的廟戲金往往比較低，其原因除了歌仔戲班酬勞本來便低外，還和私人性質之廟數量很多有關。

註十九：也有政治因素請戲的人；也些政治人物在參選之前，到廟中發願，若選上就請戲酬神，以茲報答。當然，也有選上以後就忘了這回事的人。

註二十：民眾還願、謝恩的方法很多，最常見的是準備三牲、五牲、鮮花素果等祭品來謝神；此外也有打金牌、殺豬公、請戲……的。請戲酬神的時間無定，有人在求神應驗後，馬上就請戲謝神；但大部份的民眾請戲時間都會配合神佛誕辰或迎神賽會。在特殊節日慶祝，更增添神佛的光采，配合節慶，也較熱鬧，能吸引較多觀眾；人多，也能增加請戲者的榮譽感。

註二一：從客家戲班大、小月的分佈概況可以了解：農民曆上多神佛誕生的月份，並不一定就是大月。客家人有特定的神祇信仰，其中又以媽祖、關聖帝君、觀音、三山國王、五穀大帝、三官大帝、義民信仰等為大宗。

為了節省經費和不致勞民傷財，廟方通常只為主祀神明聖誕請戲，陪祀神明不是與主祀神明同一天慶祝就是不慶祝；即使都是主祀神明，廟方在經費上也要有所衡量：譬如苗栗南庄鄉的永昌宮表示，廟裡所主祀為三官大帝，理應正月半、七月半、十月半都要請戲，事實不然；廟方正月半所請戲是為了迎媽祖，七月半只拜神、普渡，不請戲，直到十月半才合併舉辦三官大帝聖誕之慶典，每年皆如此。

註二二：作醮常有搭建各種壇，如天公、北帝、觀音、福德、先師、天師等；天公壇可合併福德、觀音壇，天師、北帝壇可二壇合併。壇的多少以地方意願、財力而定，財力少的建一總壇，以天公為主，旁列其它神祇。

天公壇一向為正壇，正壇搭在主廟旁，主廟前的戲臺為正棚，其它壇的戲臺為偏棚。

註二三：《酒仙》、《蟠桃會》、《壽仙》、《小八仙》均為出「八仙」的戲碼。

註二四：此三者不一定。有些戲班所演為福、祿、壽仙分別帶喜神、麻姑和白猿，喜神和麻姑可多可少；某些戲班的福、祿、壽仙分別帶的是財神、喜神和麻姑，白猿在人數夠時才上場。

《三仙》在戲班人數少時有七、八人，多可達一、二十人，端賴戲班當時人數與請主所出之扮仙錢而定。

註二五：此盛會之名，由戲班加以活用，如於瑤池金母廟則可說「蟠桃大會」或「瑤池金母聖誕」，於其它廟可說「福主人華誕」之類語。

註二六：「三齣套」，邱坤良教授解釋為：

中國近代傳統劇場在正式戲文之外，常加演一些與戲文無關的短劇。…… 這類短劇表演時間不長，多在一小時之內，但每齣都是獨立劇目，彼此情節並無關連。每個劇種正戲開演前的短劇不限於一齣，較常見的是三齣連演，俗稱「三齣套」（頭）、「打三齣」。

（《中國劇場之儀式劇目研究初稿》，《民俗曲藝》第三十九期，頁一〇〇）

註二七：見吳瀛濤《臺灣民俗》，頁二五一，眾文圖書公司。其文如下：

其開演的次序是：起鼓（開始奏樂）、跳加冠（由帶面具者手持寫「天官賜福」的卷軸，表演一番。據說，此係扮唐宰相狄仁傑的，俗稱啞口大仙；這位啞口大仙在表演時不准開口。又七月的戲，因係祭鬼而演，不作此「跳加冠」），……

註二八：中壢埔心頭重溪三元宮的主任委員說：

我們晚上不演採茶，另外辦康樂活動才演，正統就是這樣。

（民國八十五年十一十五日於廟中）

註二九：筆者於民國八十五年十一月二十三日所調查。

不過，有的廟對日戲的限制並不嚴格。

註三十：依邱坤良教授《日治時期臺灣戲劇之研究——舊劇與新劇》（一九九四年七月，自立晚報文化出版社）頁一七一所載：

四平戲以新的戲曲型式傳入臺灣，與原有的亂彈在劇目、表演型式上略有不同，又重武戲，頗受到民衆的歡迎，也出現不少四平戲班，尤其是客家地區，四平更是重要的劇種。近代「改良」四平以皮黃為主要曲調，樂器有弔規子京胡、和絃、二絃、三絃所謂「四管」及武場，皆與亂彈的西皮派相同，此從客家地區所稱亂彈專指福路派，而亂彈中的西皮派，則被稱為「四平」或「西路」，可見改良的四平幾乎與亂彈西皮無異，最大的差別在於改良四平所有的唱腔都起於板（即每小節第一拍）而不起於眼，故音樂中規中矩而流於僵硬。而在行腔方面，也不似西皮富於變化且華麗，可以說是簡化的西皮。

客家戲班對四平戲的說解大多與上述雷同，但少數藝人說法有點出入，如：

四平和西路不同，現代已沒人會作。西路是亂彈的，學四平來的，是仿四平；正式四平的路數不同。亂彈的西皮不是四平，是學四平來的，但二者差不多。（民國八十六年六月一日，湖口老人會土地廟，「黃秀滿歌劇團」，日戲：《嚴巧雲告御狀》，訪問文場黃成忠）

註三一：「古路戲」，大抵有兩種意義：其一為北管、四平、京劇之類，被劇團歸為「正戲」的戲；另一義與「傳仔戲」相同，指有本有源的歷史故事所編的戲。

註三二：「傳仔戲」，詳見本論文第一章第二節。

註三三：民國八十六年二月二十一日於中壢廣隆宮。

註三四：同上註。

註三五：民國八十六年一月二十七日，中壢龍崗王宅。

註三六：民國八十六年二月十日於苗栗田美永昌宮。

註三七：民國八十六年三月五日於臺北「河洛歌仔劇團」。

註三八：民國八十六年一月二十七日於中壢龍崗李宅。

註三九：民國八十六年二月二十二日於富崗市場附近土地廟。

註四十：民國八十六年二月二十二日於富崗市場土地廟。

註四一：「插花」、「花草」都指在傳統戲劇演出中，加入一些清涼秀、脫衣舞等較養眼的場面。

註四二：見曾師永義《臺灣歌仔戲的發展與變遷》，頁六十七，民國八十二年二月，聯經出版社，其言曰：

變化之一是新班的演員沒有像老演員般受過嚴格的坐科訓練，只好以新鮮刺激的內容和形式來吸引觀衆，上演的劇目諸如「大鳥飛」、「大蟒食人」、「亡魂怪俠」等眩人眼目的神怪劇，而所唱的則是流行歌曲，當時稱之為「胡撇仔戲」，「胡撇仔」即胡來一氣的意思，也可見它不為人所重視。

註四三：見劉秀庭先生之文〈胡撇仔戲與胡撇仔母子〉，《表演藝術》第五十二期，頁六十，一九九七年三月。

註四四：菲律賓、新加坡、馬來西亞等地都會邀請戲班表演，如果他們要聽的是歌仔戲，戲班也能演。

此段說法來自於今「河洛歌劇團」藝人陳昇琳。陳昇琳，桃園內壢人，今年五十九歲。陳先生於十三歲開始學戲，專攻老生，亦精三花。退伍後待過四個歌舞團，也待過技術團、第一舞廳；二十五歲時，待在歌仔班「華臺源」，到菲律賓演出；二十七歲進電影圈，參與過《龍門客棧》一片之演出，也拍過臺語電影。

陳先生整過客家班「新勝園」劇團，當時張有財、陳日春等也在此團，後收了戲班，改演歌仔戲。

註四五：被推派出去的戲班時有抱怨，如現「金興社」老闆娘所言：

（國語）以前我爸的時候，全中壢拉一班來比，就是我「金興社」來比；每一班出兩千元，給我參加比賽，我出面比，五、六班貼我就一萬多。

裁判來看我的戲，我買水果、糖果招待他；戲看完要蓋政府的印章，要帶他去吃飯——大飯店，沒有兩、三萬不能過，我拿五千塊也沒用。我又累得要命，又要調角色、全班努力演，得到那印章。

（「金興社歌劇團」，民國八十六年二月二十二日，富崗市場內土地廟）

相反的，對不需去比賽的戲班老闆而言，又是另外一回事了：

（國語）我以前沒比過，不用比，我去拿印章蓋下去就好，我的牌照是這樣子的；以前很好作，不會像現在這樣子嚕嚕嗦嗦。

以前換牌照就拿去，換好了，就拿給我；我沒有去，他也寄給我。去比賽，人家要去哪作，我也不用，牌照拿來，印章蓋下去就好。……以前高位的人很好。

（「黃秀滿歌劇團，民國八十六年二月二十一日，中壢廣隆宮，訪問劉完妹。劉註四六：臺灣省立新竹社會教育館於五居客家戲劇比賽皆有參與承辦工作；其它承辦單位有：第一屆：苗栗縣立文化中心；第二屆：桃園縣政府；第三屆：苗栗縣政府；第四屆：新竹縣政府；第五屆：苗栗縣政府。

註四七：歷屆參加客家戲劇比賽的的團，都是有不少客籍演員的團；有的戲班平時已幾乎全演歌仔戲，被視作歌仔班，但因團內有幾位客家團員，只要再調人，湊湊人數，還是能參加比賽。

註四八：第一屆原定為九十至一百二十分鐘；第二屆起改為九十至一百五十分鐘。

註四九：第一屆比賽在錄取項目方面，只有優等團體、甲等團體獎；最佳劇本、最佳導演、最佳主角、最佳配角、最佳文、武場、最佳舞臺技術獎各項；第二屆起將最佳主、配角獎項改作最佳生、旦、淨、丑獎而去最佳劇本獎；第三屆起又添最佳劇本獎。歷屆得獎名單如下：

獎項／屆次	優等	甲等獎	導演獎	導演獎	文武場	舞臺技術
第一屆	榮興	新月娥、新永光一、黃秀滿、勝拱樂、德泰	張文聰（新月娥）	張文聰（新月娥）	榮興	勝拱樂
第二屆	黃秀滿、新月娥	德泰、龍鳳園、新永光二、新永光一、勝拱樂	古蘭妹（新永光一）	古蘭妹（新永光一）	黃秀滿	龍鳳園
第三屆	新永光一、德泰	勝拱樂、新永光一、龍鳳園、金輝社、金興社	黃秀滿（黃秀滿）	黃秀滿（黃秀滿）	榮興	德泰
第四屆	榮興、新月娥	龍鳳園、德泰、新永光二	曾先枝（榮興）	曾先枝（榮興）	榮興	新月娥
第五屆	新月娥、龍鳳園	德泰、新永光一、正新興	張文聰（新月娥）	張文聰（新月娥）	新月娥	德泰

最佳主角	最佳配角	生	旦	淨	丑	特別獎	最佳劇本
古蘭妹（新永光一）	張有財（新永光二）						從缺
		黃秀滿（黃秀滿）	陳秋玉（新月娥）	古禮達（新月娥）	張有財（新永光二）		
		李蘭香（勝拱樂）	從缺	王慶芳（德泰）	張有財（新永光二）	張玉敏（金興社）	從缺
		黃鳳珍（榮興）	古蘭妹（榮興）	王慶芳（榮興）	黃平妹（新月娥）		榮興
		官寶珠（龍鳳園）	蘇麗華（龍鳳園）	張文聰（新月娥）	黃平妹（新月娥）		龍鳳園

註五十：「中間分數平均法」，指七位評審所評分數，去其最高與最低者後，以剩餘五組分數加以平均。比賽於第四屆開始採「中間分數平均法」。

註五一：名單為臺灣省立新竹社會教育館所提供。

註五二：劇校畢業生空閒時，常至外接受各劇種的武行工作；各劇校生皆有從事此業者，如國光、復興、陸光等。

註五三：雖規定上不允，為免某些劇團人數太少而特別通融；但角色限定在次要演員，主要演員（戲份重的）不准跨臺演出。

註五四：如於第二居戲劇比賽之檢討會議，新竹社教館館長曾提出此看法。

註五五：「百分法」，滿分以一百分計算；「計點法」，即計算至小數點以下。

註五六：如臺灣省立新竹社教館陳股長為澄清劇團疑慮時所說：

現在臺灣區的所有比賽都用「中間平均法」，臺北、高雄都是，實施多年，沒有爭議。

說某人可以影響比賽成績，是不可能的事。省議員在這，他是負責監督政府的，這麼多年來，可能早期有。

我們所有評分分數都是尊重裁判，行政人員不准干預，干預查出是嚴辦；劇團把老觀念套入我們現在，對我們不大公平，以前的錯不該由我們來承擔。

（第五屆客家戲劇比賽、第二次籌備會議，苗栗三義鄉公所，民國八十五年十一月十九日）

註五七：大會原想邀請此次未參與戲劇比賽之「榮興劇團」團長鄭榮興先生為評審，但客家劇團誰也不肯服誰，最後終因戲班主反對而作罷。

註五八：鄭榮興先生於第四臺接受訪問之語。

註五九：名稱上雖有不同，在接廟會酬神之戲時，由於日戲演出要求「正戲」；夜戲時，觀眾愛看熱鬧的戲碼，要演出純粹的採茶戲，除非下鄉「公演」，否則幾乎不可能；為順應民間需求，「榮興」的野臺演出和其它團差不多，屬於「什錦式」的演出，品質也沒有比其它團好。

「榮興」也接閩南庄的戲，到閩南庄就演歌仔戲，野臺經營模式和其它團無二，雖然團主很有心地將團名取作「客家採茶劇團」，在民間 宗教體系下，為了生存，要完全演出純粹的採茶戲簡直是不可能的事。

註六十：劇團對演員演出活戲的事也很頭痛。有老演員因為演慣活戲，對公演時要背劇本、不用手持麥克風、排戲等感到不習慣。有的班主會為此特別排戲；有的班主寧願不用老演員；有的班主苟且，仍保持原狀，連戲都不排，繼續用野臺的情形演出，讓主動舉辦匯演的單位很困擾。

註六一：此節目後來改於第四臺播出，主持人為羅肇錦教授與劉瑞倩小姐。

註六二：公視近來擬籌拍一齣新的客家單元劇——《過年》，長度為九十分鐘，由李喬先生擔任男主角。

註六三：此二家亦為電視臺；中原衛視還與全省簽約，不只於客家庄播放。又：三盛擁有三家傳播公司，分別是「客雅」、「弘益」和「信和」。

註六四：「龍閣」負責人李寶生；「上發」黃義桂；「吉聲」劉家丁；「漢興」邱從容；「客

雅」湯慶添；「嵐雅」為徐雲芳。

「上發」前身為「全成」，老闆夫妻二人原為錄音帶、影帶業者。

桃、竹、苗區的傳播公司當然不只這些；以上所舉為有製作客家電視節目者。

註六五：有些傳播公司還接婚禮、喜宴的錄影。

註六六：客家班只有新竹的「龍鳳園歌劇團」有自己的錄影棚。此棚名為「東方錄影棚」，位於新竹柴橋里，是戲班的排戲場所，同時也供傳播公司前來錄影；「龍鳳園」的老闆識字，所以錄影完後，可幫傳播公司整理出電視字幕。

註六七：如「勝拱樂」就替「龍閣」傳播公司演出一系列的三國故事。

註六八：話雖如此，在客家戲班中，年齡較輕的演員也在三、四十歲上下。傳播公司如請某特定班底演出，在演員年紀上就不大要求；但外調的演員還是要年輕些，如此扮相才不會太難看。

註六九：拍攝過程類似，但簡陋許多。

註七十：如新竹「合冠」傳播公司於「竹塹思想曲」時，受農會委託而拍攝「龍鳳園」演出情形，作為「藝術文化千秋」節目的一部份；又如苗栗「吉元」電視臺於民國八十五年「苗栗藝文日」時，拍攝當日盛況於電視中介紹，其中也包含了「榮興」的客家三腳採茶戲；又如客家戲劇比賽之時，各媒體的爭相採訪；這些行為的出發點，都不是為了要製播客家戲劇節目，而是出於委託或著眼於其新聞性。

第三章 臺灣現存的客家劇團

臺灣現存的客家劇團都以野臺演出爲主，除了少數幾個團能有公演的機會外，其它幾乎都靠野臺演出維生；因此現存的客家劇團，在本質上，屬於野臺戲班。基於此點，首先必須對所謂的「客家劇團」下定義：

長久以來，客家劇團被歸類爲歌仔劇團，而客家戲則被視爲「客家歌仔戲」；不可諱言的，就野臺演出所呈現的，無論是演出形式、內容、身段等，客家戲班和歌仔戲有太多的雷同之處，即便是唱腔，在野臺演出之際，客家戲所表現的，也並不是純然的採茶調，其間摻入流行歌、歌仔調、北管、南管、京劇等的情況和歌仔戲正有異曲同工之妙；若以是否加入採茶調來形成篩選客家戲班的條件，則無從解釋偶摻採茶演出的歌仔戲班，那麼同樣爲「雜」戲的野臺形式，該如何定義所謂的客家劇團呢？

在客家戲界有一個特殊的現象，客家劇團本身認定自己是客家劇團，而其它團也公認是的，無疑就是客家劇團。說來詭異，然而這卻是所有定義客家劇團的方法中最省事的一種，由此步驟確立了一些客家班之後，剩下的就是去查看那些自己認爲是，而別人認爲不是；或是自己認爲不是，而別人認爲是的班了。關於這些現象，以下分別加以說明：

所謂公認和自認的客家戲班，和歌仔戲班的不同之處，首先在於團員的身份。客家戲班的團員，幾乎或大部份是客家人，演出時口白多爲客家話，也能演唱採茶調；歌仔戲班當然也會有客家演員，偶爾加入採茶調也是有的，但畢竟是少數；在人數上，客家演員佔全班人數的半數以上，是客家班的先決條件。

其次在於演出客家戲的比率方面，常至閩南庄演戲，基於生活的考量，大家似乎都能體諒；但幾乎不演客家戲，就自然不被視爲客家戲班了。如「金龍歌劇團」，團上有一半的閩南人，原已挑戰到「客家戲班」的定義，再加上「金龍」所接的戲，多是歌仔戲，到閩南庄演出的機率，大過其它班太多，即使是老闆鄭長庚先生，也分不清自己是什麼班；「雙美人歌劇團」則團員多是客家人，演出以閩南庄多，且多附有康樂隊的表演，有些人視其爲歌舞團，並不把它當作戲班，但它的老闆可不這麼認爲，他對自己的班身爲客家班很有自信。而一向在客家戲界中演出睿嶆絃口碑的「勝拱樂歌劇團」，自民國八十四年與宜蘭「建龍歌劇團」合併後，活動範圍已在宜蘭，雖然客家人也不少，卻不再被當作客家戲界的一份子；相反的，「連月歌劇團」老闆林素月雖是閩南人，不會說客語，演出也說臺語，但因其他演員都是客家人，演出客家戲，老闆的身份，並不妨礙戲界視其爲客家班。

由以上的例子可以發現，看比率認班實在不夠客觀：首先在於各人心中對比率的容忍度不同；再加上長久以來客家劇團被納入歌仔戲的體制內，連執照上的稱呼也是歌仔戲班，許多班主順理成章地認爲客家班稱歌仔戲班也沒有什麼不對；因此要澄清這些劇團的身份，除了必須問其細節，還應要清楚戲班內的成員對歌仔戲班與採茶戲班的劃分標準；正因如此，只問一班的看法便顯得不怎麼可靠，「公認」是一個重要的因素；這種「公認」對學術界來說並不科學，在戲界來說，卻是再簡單不過的道理。

團員的身份可決定「客家戲班」，演出的內容也能提供些許辨識的線索：在日戲的演出方面，客家戲班其實和歌仔戲班相差不大，多是因爲宗教上的要求而演出所謂的「正戲」，除了口白之外，較難以此分別劇種；最清楚的分別是在夜戲，即使會有胡撇仔戲相雜，客家劇團在夜晚唱採茶調的機會比歌仔戲班多，甚至有只唱採茶調貫串全場的。這種情形自然多出現在客家庄，歌仔戲班在客家庄出現的情形少，也不能作這樣子的演出；這種先天語言、聲腔的限制，也是判斷客家劇團的方式之一。此外，在客家庄多加觀察，看看哪些戲班常出現演出，或多或少能看出一些端倪。

第一節　客家劇團的營運概況

目前客家戲班皆分佈於桃園、新竹、苗栗三縣、市，演出範圍也以此三縣、市之客家庄爲主，有時會到高雄、花蓮、屏東等地的客家庄演出；戲路廣的班，也有被邀至閩南庄表演的；日常演出以野臺爲大宗，公演的機會，對戲班來說，是一種特殊的情況，一年幾乎輪不到一次；除幾個特別的劇團外，並不能算是戲班日常營運的一部份。

由於客家戲班的演員多半具有說閩南語的能力，能唱歌仔調、演唱歌仔戲；加以臺灣歌仔戲界的野臺演出，兼唱亂彈、四平、京劇、流行歌等的情形普遍，和客家戲班野臺演出並沒有太大不同，客家戲班到閩南庄的演出並不造成任何障礙。換句話說，客家班具有在客家庄唱採茶戲、到閩南庄唱歌仔戲的能力，而這種能力使得戲路多集中在客家庄的劇團，也能到閩南庄拓展「戲路」（指演出之地域、範圍）。

此種現象並不僅存在於現今的客家戲界，這是自有客家大戲以來，逐漸形成的一個現象；正因爲如此，客家戲劇並沒有明顯地讓人們分辨出其與歌仔戲班不同的地方，被歸類爲「客家歌仔戲」，也是意料中的事了。在這裡可以舉出一個例子：

呂訴上在《臺灣電影戲劇史》中提到採茶戲時說：

> 採茶戲現在是散布在臺灣的新竹、中壢、桃園、平鎮一帶，據傳說距今百年前，由廣東客人帶到臺灣來的一種歌謠戲。是以山歌（民謠）做基礎加上簡單的動作表演，所以具有粵調風格。……唱詞並不呆板，盡可以臨機應變。譬如逢到她們在表演「求乞」場面時，觀衆在捧場，送給他（她）們的東西，假定是手帕，她們就得臨時隨口唱出有關手帕的情歌，以娛觀衆。……音樂多用北管（註一）。
>
> （頁一七三，銀華出版社）

前段所述爲客家三腳小戲，後段所談則近似客家戲班所演之內臺戲。由對採茶戲的描述，可知呂先生多少了解到了採茶戲的獨特性；但呂先生將「音樂多用北管」納入其表演模式中，卻是沒有發現到採茶戲班以此型態演出的現實因素。此點，我們可以在此書的頁二八一至二八二得到驗證。

在提到臺灣歌仔戲團現有名單時，呂先生將幾個客家劇團置於當中，如：「三義園」、「隆發興」、「嘉興社」、「新樂社」、「紫星」、「小美園」、「永光園」、「金龍」、「新興社」、「新榮鳳」、「華勝鳳」、「金興社」（註二）、「連進興」等。

爲了戲路、生活的考量，客家戲班的確時常演出歌仔戲，但他們和純粹的歌仔班仍有所不同。就已成爲大戲階段的客家戲而言，在現實生活中是很難找到什麼純粹的採茶戲班（註三）的；若有採茶戲的演出，也多限於在呂先生所提的區域內：然在這些區域內唱採茶戲的機會雖多，有時應觀衆的要求，摻入其它調子也是常見之事；此不當影響客家劇團的本質。出於無奈的生活因素，劇團所作的調整和觀衆的要求密不可分。客家戲班在客家庄演採茶、在閩南庄演歌仔戲的現象的確存在，但以此認定了客家戲的內涵完全是「客家歌仔戲」；客家劇團的身份是歌仔戲班，似乎又是太過簡單的分法了。

延至今日，客家劇團依舊會到客家庄以外的地區表演。在大多數的劇團都以野臺營生的情況下，「打戲路」（註四）對客家戲班的營運來說，是攸關生計的大事：一個有戲路的班才能留得住演員，也才能繼續生存下去；由劇團的野臺營收來看，收入不外有戲金、扮仙錢和賞金數項。

壹、戲班營收

一、戲金

戲金以棚數計算。「一棚」通常意指一天的演出，也稱作「一臺」，所涵蓋的範圍是兩場戲：通常是日戲和夜戲；一棚戲的戲金平均在三萬至三萬五千元上下，有低至兩萬二、三千元的，也有高至四、五萬元的（註五）。戲班一年接的棚數高低頗爲懸殊，營業狀況差的低至一年二、三十棚；高的卻可達一、二百棚之譜。就整體來講，平均值約爲七十至一百五十棚。

演員所領爲日薪（註六），有演出才有收入。演出當天，戲班班主會將向廟方所領到的戲金發放給團員；由於客家戲班的班主常也參與劇團的演出，隨團出演並向廟方領錢是挺方便的事（註七），故日薪制最爲便利省事。

野臺演出以廟會爲主，然戲班在營運過程中，也有非廟會的婚、喪、喜、慶場；因爲時代的不同，近年的婚場、喜、慶場已不再習慣找戲班演出戲碼，戲班若有此類戲約，所表演的都屬康樂隊性質（要外調年輕小姐），不像從前要演出《大拜壽》等吉祥、團員類戲；喪事場倒還有戲可演，演出內容不外乎《目連救母》、《三藏取經》等；前者爲女性去世時所表演，後者則較不一定。有些戲班還兼喪葬或廟會陣頭的演出。以上演出的收入與一棚戲金相差無幾。

由於請主的不同，另一類戲金來源爲爲傳播公司拍錄影帶，拍攝的所得金額視戲裡角色多寡而定，平均下來，各人所得與野臺廟會演出差不多；公演的演出所得亦視場面、場合而定，價格落差稍大。此二類的演出少有。

二、扮仙錢

客家戲爲三腳採茶小戲發展而來，其中經歷內臺時期；內臺没落，才至外臺的演出。內臺演出大戲，並未有扮仙戲：扮仙戲爲客家戲班到外臺發展後，順應民間需求才添加的。

由於扮仙是另外加入的，費用就得另外計算。客家戲班常演的扮仙戲有：《三仙會》、《小八仙》、《壽仙》（《大八仙》）、《酒仙》（又稱《醉仙》、《醉八仙》）等；《蟠桃會》較少演；《天官賜福》（簡稱《天官》）則是到中、南部才會演出。最常演出的是《三仙》。

扮仙有「公仙」和「私仙」之別。

所謂「公仙」，指廟宇要求劇團演出的扮仙戲碼；「私仙」指的是信徒還願酬神，私下花錢要求扮仙者。在扮仙戲尚未開始之前，請主必須準備「仙禮」（又稱「加官禮」、「加冠禮」）：內容爲「金爆燭禮」。「金」爲金子；「爆」指爆竹；「燭」爲紅蠟燭；「禮」是金錢，以紅包袋裝，上書欲劇團所演出之扮仙戲戲碼。扮仙禮（金），爲班主所得。

以行情而論，《三仙會》約要一千二百至一千六百元；《壽仙》爲二千餘元；《醉仙》和《蟠桃會》要三千六百元。通常「公仙」演完才演「私仙」。同樣的，「私仙」的「仙禮」也要在整個扮仙戲開演前送來，而紅包袋上不但要標明戲碼，也要寫上請主的姓氏、地址，以便戲班在扮完「公仙」後宣佈：

ＸＸＸ，住ＸＸＸＸ，酬神一臺。請準備牲禮，開始上香，扮仙一臺。

扮《三仙會》爲小仙，因價格便宜，是最常演出的扮仙戲；《壽仙》爲其次；如非特別盛大的場合或廟方有人願意出錢，寺廟單位不會刻意點《酒仙》等昂貴的戲，否則易遭人非議；《天官賜福》在客家庄演出機會稀少，到臺中時才有人點，尤其至南屯一帶，寺方幾乎都指明要扮《天官》；至於《蟠桃會》，動用人力多，主角孫悟空也難演得傳神，就算有請主要求，劇團也不一定能演得出來（註八）。

三、賞金

賞金爲請主或觀衆嘉許劇團的一種方式，若註明給某一演員，則歸其所得；無則全歸班主。據某些班主表示：以前的賞金若未註明給誰，通常由演員平分，由於客家戲界景氣日壞，班主常常賠錢，才慢慢演變成現在這個樣子。而演員對此似乎也無異議。

觀衆給予劇團的賞金有時用紅包袋裝上，上書贈金人姓氏，劇團便另裁一紅紙，上著「×××先生（女士）賞金×××元」（也有寫作「賞金一封」，並不寫多少錢的）；有的劇團將錢抽出，直接別在紅紙上；各團作法不一。

收到賞金時，劇團會停止演出，吹一段牌子（有的劇團省略），再致一段感謝詞，並燃放鞭炮，而後才繼續戲劇之演出；按照常態，爐主都會有賞金給劇團；觀眾則不一定。

以下列二段劇團的酬謝語作為參考：

各位觀眾先生，大家午安！這下（現在）藉這一瞬間的時間來報按（這麼）多的先生，分本團按多、按大包的金錢，這下一一來向大眾報告：ㄨㄨㄨ小姐向本團賞金一大封、ㄨㄨㄨ先生向本團賞金一封、ㄨㄨㄨ先生向本團賞金一封、ㄨㄨㄨ先生亦係（是）賞金一封、里長伯ㄨㄨㄨ先生向本團賞金一封；每次來這位（裡），就賞金按大，這次又還更大。

（我）代表團長，在臺前十二萬分的致謝，相信偲裡（我們）的伯公、伯婆（土地公、土地婆）；本宮的真神，聖靈的聖感，在那爐下善男信女在庇佑之下，能納百福、萬事如意、福星高照，分你（給）出外作頭路（工作）一定鴻圖大展；作生理（意）者分你拋磚引玉、鴻圖大展；萬商雲集，賺大錢，閤家平安。謝謝！謝謝大家！（放鞭炮）

（「榮興客家採茶劇團」，民國八十五年十一月十日，日戲：《姑嫂奪帥》，桃園埔心瑞塘里土地廟，曾先枝）

感謝！感謝！感謝這裡廟主的好意（放鞭炮），分賞金新臺幣兩千銀（元），拿到你的發財錢，分你閤家平安，年年晉大官，年年大賺錢。謝謝！謝謝啦！

（「連月歌劇團」，民國八十六年三月十日，夜戲：《蔡官造洛陽橋》，中壢中原大學附近土地廟，余陳美雲）

貳、爭取戲路

因為劇團實行的多是日薪制，演員能演出的天數，成為演員選擇戲班的條件之一：一個戲路寬廣的戲班，演出天數多，演員的收益就高，生活也就不成問題。由於戲班的團員通常都沒有其它的副業，單以演戲維生，若逢一個戲路低的班，生活便過不去；戲班解決此種問題的方式為演員向班主借錢度日，而班主也有義務借錢給團員。也正是因為如此，班主必須承擔戲路好壞的風險：戲路壞，演員無法生活，班主的負擔就重；一個長期戲路不好的班，也留不住演員，演員在還清債務後，便可能「跳槽」離開。因此為了爭取戲路，照顧演員的生活，衍生了下列幾種現象：

一、班長的仲介

所謂「班長」，為劇團的「引戲」人，負責為劇團引介演出的機會。班長的收益為介紹的傭金；在客家戲界來說，以抽成的方式計算，公定的價碼為全部戲金的十分之一，一般稱為「抽頭」。

只要能引介到戲的，就可以籠統地稱作「班長」，其職責為引戲、簽定合約單並收取廟方訂金交與班主（剩下的由班主於演出當天向廟方領）。合約書中交待各項演出事宜；班長所介紹的戲班若不能達到合約書上的要求，對班長的信用、劇團的戲路，都會有不良的影響。班長的身份不定，可粗分爲：

㈠職業班長

職業班長爲以引戲爲生者，這種班長必須和請戲者保持良好的關係，和戲班也要有一定程度的來往；對各戲班的水準及價碼有基本的認知；更重要的是：這類型的班長不能只掌握一、兩個團的狀況，要了解更多團才能適時作調配；也才能順應請主的需求，篩選較合適的團；如果班長請的團離請主要求過遠，對班長本身的信用會有負面影響。

此類班長奔走的區域較廣，對各廟宇有所接觸，也不固定爲哪個團服務（註九）；引介的範圍除了戲班之外，也有陣頭、喪場等。

㈡非職業性班長

非職業的班長，可能是退休或無業的老人，領戲對其來說，只屬於賺外快的性質；也有可能是和廟方交情好的人；更有可能是和劇團關係密切的人，甚或演藝工作者，茲舉數例說明之：

和廟方關係好的方面，可以今「金輝社歌劇團」的老闆彭盛文爲例。彭先生曾任竹東上坪廣惠宮的爐主和主任委員；也有過演藝經驗；加上本身是紅頭道士（註十），對祭典的運作過程熟練。遇到廟方的重要活動，寺廟的管理委員會便會徵求其意見，有時乾脆讓他決定請的戲班，免去班長仲介的過程；因爲對此類事務的熟悉，彭先生偶爾順便幫其它廟介紹，成了臨時的班長。但自接手「金輝社」之後，彭先生已無暇爲班長，而另請人代勞了。

和劇團關係密切者，通常爲劇團內部成員；可以是班主，也可以是演員、文、武場。在班主兼班長方面：譬如「雙美人歌劇團」的老闆蘇雙傳。他以前整過內臺戲班，也擔任過職業班長；自組戲班之後，他認爲引戲是自己的專長，沒理由讓其它班長賺去酬金，所以他班上的戲都是他親自去領的。

演員身兼班長，所引之戲都是領給自己的劇團演出。如此對領戲者而言，不但可多班長錢（註十一）；而戲班多一天戲，自己就多一天的收入，可謂一舉兩得。

此外，和劇團關係密切的人，也可能是劇團成員的親朋好友。此種引戲和地域有關：如劇團團址附近的廟宇或其親友居家附近的寺廟等。親朋好友因爲交情，所引的戲，有時在傭金方面會便宜點。

最特殊的一種仲介狀況，是劇團轉讓棚數予它團。有時班長會接一些戲班無法演出的戲：無法演出可能是因戲金過低或戲班有更好的演出機會，爲了不得罪班長、對請主失去信用，不利往後的合作關係，戲班會將戲約轉讓給其它團，收取介紹費，班主讓戲的對象可能是當日沒有戲的班、私交較好的班或是對其演出水準還算信任的班等；演出水準太差的班對自己戲班的形象會有負面的影響，有些班主對此分外在意，心中有其排列順序。讓戲亦爲引戲的形態之一，且是客家戲界常有的現象；對戲班班主而言，此作法但求沒有損失，談不上有什麼好處，有些戲班即以分班之方式解決。

職業班長也好，非職業的也罷，班長確實爲班主解決了往來奔波的辛苦和麻煩；也對劇團的戲路有拓展之功。因此某些班主雖認爲班長所抽傭金過高，仍對其禮遇有加，保持良好的聯絡；畢竟這種共生的關係，對那些視交際爲畏途的班主來說，是能專心劇務的最好辦法。

二、戲班的宣傳

與其消極性地讓班長引戲，不如讓請主注意到本班，增加戲路，是劇團較能掌控的積極策略。爲了提高劇團的知名度，劇團本身有各種行銷策略，常見的有：

㈠布景

戲班最簡單的宣傳手法，就是將劇團聯絡人的地址、電話（包括行動電話、呼叫器等）寫在布景上，不但一目了然，而且可不斷地再利用，降低成本；一般劇團的作法是將其寫在景片和戲臺前的看板上；而布幕上有時也繪上劇團名稱。

有些劇團老闆相信布景的美不美觀也是宣傳的一部份。布景除繪工外，顏彩的持久度也是考慮要點之一；講究一點的老闆甚至會特別至外地，延請口碑較好的廣告社爲其繪製布景。

㈡宣傳單

在文字的宣傳上，以發名片最爲普遍。爲戲路著想，班主及班長都會印製名片，廣爲發放；演員若常兼班長者，也會在名片上詳載相關資料。其次有發宣傳單和張貼海報者，此二種情形不多，戲班班主多不願爲此破費。有印此類文、圖的劇團，多將其用在公演之場合。

㈢劇末之廣告

劇團在結束一地的演出後，照例會在最後（註十二）致謝詞，並對劇團本身作宣傳，如「新永光歌劇團」於民國八十五年十一月二十九日所說即是：

各位先生，大家幫忙，哪裡移來的凳子，要把它端回去；大家幫忙端，就不會按（如此）麻煩，一個人端要很久的時間。請大家合作、合作。本團係（是）新竹「新永光」，從自在貴地來開演，蒙得大家來到，敝團光榮、敝團光榮，係敝團的光采，承蒙感謝。祝大家萬事如意、萬事如意；男添百福，女納千祥。地方上先生、女士，不嫌本團，要請戲，要多多聯絡。謝謝！

（夜戲：《王文英認親》，頭份斗煥坪大化宮，張有財）

㈣利用傳播媒體

傳播媒體的利用有其條件，能夠以此管道宣傳的劇團屈指可數。團主多利用公演之際、媒體訪問之時順作宣傳（註十三）；有記者訪問團主劇團事時，也為宣傳的時機；偶有開記者會宣傳的。就常態而論，若非傳媒主動來訪，客家劇團的團主並無在報上、電視臺刊登廣告的想法。

在傳播媒體前推銷自己的劇團，應是最能打響知名度、也是宣傳範圍最為廣泛的方法；電子媒體的無遠弗屆，使戲班能不費吹灰之力地宣傳；然而，客家戲劇現今所受的媒體關注程度還低，可利用的知名媒體鮮少。

㈤添香油錢

嚴格說來，添香油錢並不算是宣傳的方式，頂多只能說是為了博取廟方的好感，不致斷了戲路的不得已行為。戲班班主為了演員的生計，常賠錢演出；遇到廟方要求香油錢，亦無法拒絕，難怪有些班主覺得很無奈（註十四）。既是無奈，可想見此舉動，一般班主不會主動為之。

三、競價的花招

客家劇團目前有十幾班，每一班的人數由十一、二人到十七、八人不等；由於人數的不同、戲金的懸殊，造成各種奇特的現象，說來約有數端：

㈠壓低價碼

可壓低價碼的劇團有三種：一種是人數較少的團，另一種是家族性的劇團，還有一種爲公演頻率高的劇團。

在廟宇開的價碼過低時，一般劇團不一定願意接戲；人數少的劇團此時便可接下戲單，再到別團請調一、兩個演員，使場面不致過於冷清，就算是對請主有所交代；在扮仙錢是另外計算、賞金多少能平衡戲班收入的情形之下，亦造就了戲班肯低價接戲之因。然而人手不足，一人身兼數角的情形屢見，對演出自然有不良的影響，雖可接到戲，戲約是否長久，便需視廟方對金錢與演出素質的取捨了。

家族性的劇團以「金興社」和「德泰歌劇團」爲代表。他們能接戲金較低的戲，是因爲劇團收入即爲全家收入，團員不會爲了價碼高低而吵架，故而戲金低一點也可接受，行的是「薄利多銷」的策略；唯一的問題是，此二團的演員都相當年輕，演出火候稍嫌不足，仍有待磨練。

第三種情況出現在特定的劇團身上：班主可能不是有心競價，卻於不自覺中造成戲界的惡性循環。

此種情形爲戲班班主將公演與民間廟會的戲安排在同一天演出所造成。譬如某日廟方所給的戲金過低，戲班便將同一天申請爲公演日期，晚上的夜戲可能便演出公演的戲碼；申請的金額不高，約一、兩萬元，但再加上廟宇所給兩、三萬戲金，當日的收入就有四、五萬之譜。由於打的是公演的招牌，夜晚之戲自然較爲精采，戲班此時會多調武行或加大場面演出，以示負責。

對班主來說，此項作法使戲班不致於賠錢；而且每場公演申請的經費不高，也較易通過審核，亦可以做到爲戲班宣傳的效果，就長期來講，對戲路推廣很有幫助；也能達到文化下鄉的理想。對廟方而言，以兩、三萬元的價錢，就能請到二、三十人演出的戲劇，既經濟又實惠，可謂皆大歡喜。

此種行爲唯一的不良影響爲：就廟方的認知，如果今天可用三萬元請到某劇團大場面的演出，其它劇團應該也能如此，否則價碼應該更低才對。此種認知使其它客家劇團生存空間更加狹隘，戲也愈來愈難領；降價演出不斷地賠錢，爲了演員卻又不能不接；各劇團不免對此現象怨聲載道，大喊不公。因此雖然做者無意，戲界卻視其爲「搶戲」。

由於當今劇團團長多不擅寫計畫書，無法透過管道申請公演，雖想有公演的機會，卻求助無門（戲界的教育程度低）；因此此種現象在短期內恐怕不會消失；在此之前，唯一稍微公平一點的方式是：劇團將公演時間與廟會演出分開，站在同一立足點上收費，或許，能增加劇團間的融洽度也說不一定。

㈡分班演出

爲了搶下戲路，某些班可能一天接了兩場、甚至於三場的戲，在此情形下，就得分班演出，把一團的人數分成兩、三團表演，不足的再向他班請調；分班的現象在「大日子」裡最是常見，有些班甚而分到演員併文、武場不足十人，硬體又不夠，淪落到其中一團只好打軟包的窘態，演出時場面單薄得可憐。

目前客家戲班爲了多賺點錢，不分班的劇團少之又少；有的戲班卻因戲約過少而沒有分班的能力。有能力分班，但至今仍堅持不如此作的團有「金輝社」和「新月娥」二團。

㈢接受不合理的要求

時代變遷，社會風俗轉變，傳統戲曲在野臺的演出逐年失去欣賞的群衆，演出天數也有所縮減：有些廟原本演三天戲的縮成兩天，兩天戲的縮成一天；剩下天數則順應觀衆的要求。而目前的觀衆品味大異，喜看刺激、新奇的畫面，諸如此類的想法反映到寺方，寺廟方面可不接受，但若接受，自然將需求反映在劇團身上；有些廟宇，因主事者年輕，對老規矩不全在意，會向劇團要求不同型態的演出——清涼秀，此種要求不但是暗示劇團脫離常軌地演出，並且對現今戲班的成員來說亦是一種刁難；客家劇團的演員平均年齡在五十歲上下，如何能演出妖冶的脫衣秀？

爲了戲路，團主在請主的叮嚀下，選擇的多半是委曲求全，反正不答應，廟方還是會另請康樂隊來替代，與其得罪寺方，不如戲班也兼康樂隊，多一天賺錢的機會，何樂而不爲？於是，戲班若有年輕的演員，班主則徵求其演出意願，否則，只好花錢另請脫衣女郎大跳豔舞，演出精采的上空秀（註十五），夜戲甭談什麼戲碼，三點式的舞蹈已足以讓滿場的觀衆亢奮不已；此情此景，對那些演戲數十年的老藝人來說，毋寧是尖銳而無奈的諷刺！

花錢請來康樂隊、脫衣舞孃也罷，更有甚者，爲少數家族性的劇團，因團中有幾個十幾、二十歲的女兒，也承包下戲約，讓自己的親生女兒上場寬衣解帶，供人欣賞，「歌劇團」儼然已成「歌舞團」；雖說是爲生活因素，此種作法對客家戲劇來說，卻無疑是一種戕害；讓客家戲劇不僅失去原貌、縮減其演出機會，也改變了其本質。

㈣打軟包

「打軟包」意謂省去較重的硬景（如景片、木板、招牌等）和大件的行頭，直接帶演戲所需的小件行頭，以個人交通工具到演出場合表演的情形，爲客家戲界最近興起的作法。

現今客家劇團除「榮興」有自己的大卡車外，其它劇團都是請人運載；短程（桃、竹、苗區）運費約三千至四千元，到花蓮、高雄、屏東則爲一萬元左右。在支出方面，劇團伙食費一天約要一千元；特殊的燈光、煙火，若是請人搭設者，大約要費三千元；雜物支出約一千元（註十六）；其餘的才爲演出者的薪水。

以上所述原爲必要的支出，爲了節省經費，有三、四個團便將腦筋動到運費上，以「打軟包」的方式到目的地表演。如此非但可節省數千元的運費；演員搭其它團員的便車，也省去搬運和架設大型布景的麻煩；再加上能打軟包的行頭都是小型的、便宜的，用個人手提箱、行李袋攜帶，在大型行頭只帶數件的前題下，可減少昂貴物件的耗損。若是再「陽春」一點的劇團，連燈光也不用太講究，只要有幾盞燈泡，足堪夜戲的照明也就可以了。

「打軟包」的劇團在舞臺、布景、衣著方面的簡陋，頗令其它劇團非議，認爲他們醜化客家劇團的形象，而且不負責任；加上客家戲劇演出多是活戲，戲碼臨時決定，團員打軟包，根本不知要帶哪些行頭才好，以致演出時常有不搭調的妝扮出現；省運費以外，分班演出的劇團因硬體不足，也會有打軟包的狀況，有的戲班以爲只要先決定演出的戲碼，分配好要帶的行頭，打軟包是無可厚非的；然和正規之演出相比，其布景還是多少顯得貧乏。

知道爲人所不齒，這些劇團還是有自己的一番說詞：他們認爲只要戲演得好，布景、燈光只是外物，人們自然會爲戲劇本身所吸引，不需要特別粉飾，頗有「質樸戲劇」（註十七）的味道。這些想法原是見仁見智的，不必評論其是非，問題的癥結只在於：這些劇團本身的技藝、水準，眞如他們自己所說的如此高超，致使觀衆能漠視舞臺的簡陋嗎？這點，恐怕他們還眞得問問觀衆的意見呢！

四、固定的請主

面對戲路不振的困擾，戲班班主對固定廟宇的請戲相對顯得重視；若非固定請戲的廟宇，在班長關係好，有延續戲路的可能時，班主仍會要求演員認眞演出，以爭取長久的合作關係。

在固定請戲的廟宇前演出，劇團在各方面都會較平時講究；爲了使廟方不因每次請同一劇團而招觀衆非議，劇團在連續多年請戲之處會特別賣力地演出。除在演出時避免重複的戲碼，也會增加一些熱鬧的場景或插科打諢的次數；在燈光、音響、衣著上也有刻意加強的傾向：如五光十色的燈管、鑲上亮片的服飾或電子琴和電吉他。演出的曲調也盡量投當地觀衆的喜好，使場面熱絡，務使請主滿意，有再次接戲的機會。

爲了挽留固定的請戲者，有些團會在廟方擲筊時去自我推薦，聲明自己絕不分班演出，對演出水平提出保證，如有多年的合作經驗，廟方通常也會把戲交給此班。

客家劇團每一班多少都會有固定的請主：如「新美蓮歌劇團」在湖口的某土地廟和新竹中崙的三元宮都已連續作了七、八年；「金興社」在新屋一帶也有固定的戲約；「金輝社」在竹東的三山國王廟有合作四年的經驗……等。留住請主心意的訣竅除了演出水準外，團主們多半認為是信用，從各種小細節中就能看出班主的責任感：譬如扮仙時間就不能趕不及（註十八）；道具、服裝也不能隨便或沒有打點好，必須讓廟方了解自己態度，雙方才能合作愉快。

近距離的桃、竹、苗區有戲約，遠處的高雄、屏東、花蓮、臺中等客家庄也不乏固定的請主；閩南區不是沒有，但可能性太低。因為和歌仔劇團相比，客家戲班因路程遠，戲金也較高；若要請客家戲班到閩南庄，除非是想聽聽採茶調或因大日子劇團難請，因此客家劇團雖常至閩南庄演出，固定在某廟宇演戲的情形倒不若在客家庄普遍。

中、南部的客家庄請戲多以電話聯絡，與班主談好價碼。有時是那兒的班長打電話來接洽；有些時候是廟方直接和劇團聯絡。下南部演出因為路途遠，車費昂貴，平均一棚戲要多一、兩萬元班主才能接受。

固定的戲約使團主可以較不用操心小月的營運狀況；但是要有不輟的戲約，還是要把戲演好。把戲演好，有了知名度，一定會有人主動上門來請戲，不應耍太多花招，本末倒置。

劇團競價的結果，使原本不想接戲的班主，為了顧及演員的生計、戲路的延續與請主的良好關係而接戲，只要收入和支出能打平，讓演員有戲演就好；遇到淡季時，一個月接不到幾棚戲，演員生活必發生困難，更不能推掉戲約，就算賠錢也要演出。由於各團競價花招不斷，逐漸形成「劣幣驅逐良幣」的後果，使得正常營運、人數充足的劇團，也被迫要接賠錢的戲，或是分班增加收入，勉強維持劇團。

對這些正常營運的劇團老闆而言，戲界如此的現象實不公平；雖說許多降價的劇團演出水準受到影響，使有些廟宇寧願花錢請好一點的班，但一般說來，請主仍偏向請便宜的劇團。因此這些老闆認爲：客家戲界應定立一項標準，註明人數與價格的關係，才不會讓廟方以低價刁難劇團，此種競價歪風也可及早消弭，讓客家各劇團的營運，早日步上正軌。

第二節　戲班內部的組織架構

客家戲班內部成員以身份之不同，可粗分爲班主及團員，團員中又有前場、後場之別（註十九），此三部份爲戲班的基本架構，缺一不可。

目前客家戲班以一班主主持爲多；也有夫妻共同經營戲班的（註二十）；內臺時期曾有演員以股東分股的方式組成戲班（註二一），這種情形現已未見。

現今客家劇團的班主通常爲男性，女性也有，二者在比例上相差不大（註二二）；戲界一般稱老闆爲「頭家」（註二三），稱班主之妻爲「頭家娘」；喚演員爲「腳司」（腳色意），稱文場爲「文片」、「文邊」，武場作「武片」、「武邊」，其中司鼓者稱「頭手」、「頭手鼓」或「上手」，司鑼者爲「下手」。

客家戲班所用的樂器都差不多，但文、武場對這些樂器的稱呼卻很不一致，頗爲混亂。頭手鼓所司的樂器有單皮鼓（此樂器有指揮作用）、梆子（有高音和低音的不同，隨板之後擊奏）、板、通鼓（亦稱堂鼓或唐鼓）等；下手所司者有大鑼（此大鑼和宜蘭的大鑼不同，宜蘭之大鑼亦稱「銅鑼」，因爲有的戲班有宜蘭的戲約，故也備有這種大銅鑼）、小鑼（又稱響盞，和南管所用的響盞不同，又有人叫其手鑼，人手不夠時便橫放敲擊）、鐃鈸（又稱鑼鈔）、剪鑼（很少用到）等，當戲班有兩面鑼掛著、有一小鑼橫放時，則掛著的兩面鑼稱大、小鑼或文、武鑼，橫放的則稱手鑼或響盞（有些戲班不用武鑼）；融合了西洋樂器，有些戲班的武場還打爵士鼓。

文場的「頭手絃」所司爲椰胡（合乂五度定絃），「下手絃」所司爲胖胡（又稱合絃，合音所用，也有二人皆司椰胡的），到閩南庄時，有的文場以大廣絃（竹筒或林投木製）代替胖胡。嗩吶也爲文場所用，分大、中、小三種型制，亦叫「吹」「噠仔」、「嗩噠」）；電吉他、電子琴、小喇叭（Trumpet）、薩克斯風（Saxophone）等亦爲文場使用；海笛（也有人稱噠仔、小吹，吹嘴比嗩吶薄）、直笛、三絃、二胡（合音用）、洋琴等爲較罕用的樂器。人手不足時，偶爾亦見文、武場都只有一人的局面。

概略說明了客家戲班的組織結構後，下文就其中細節加以說明：文分三大主題，就班主、團員與戲神三部份作介紹。前二者爲戲班內部組織的基本成員；後者則爲戲班組織架構中的形上部份。

壹、班主

現今客家戲班的班主大部份是專職的，但由於戲班的營運也旁及其它相關性的工作，戲班所從事的事務便不只演戲一項，有時還兼康樂隊或陣頭（註二四）等的演出；在此類活動中，班主的存在同樣有著統籌全團的功能。但如果非以劇團爲單位，而爲演員自己依附到某康樂隊或陣頭進行表演時，則戲班班主或演員的差別便無甚意義，都只是臨時的雇員罷了。

班主整班之動機多有不同，除興趣或認爲可以賺錢以外，也有爲發揚客家文化（註二五）而創團者；不管動機爲何，細究各班班主的出身，皆與客家戲劇有段淵源；或許，對熟悉的事物，確實較易建構起創班的藍圖，達成整班的理想。

一、身份

茲按調查所得，將班主身份粗分爲：

㈠表演者整班

表演者有演員及文、武場之別。就演員方面來討論，客家戲班的演員雖多具有文、武場的本領，但只有在人手缺乏時，才會被調度下場演奏，平常仍專司演員之職；專攻文、武場者雖也可以下場充當演員，此種情形終究較為少見，畢竟它們的術業專攻在劇團中仍獲得相當程度的尊重，而熟練度也非可輕易取代。

擁有了相當的演藝經驗及對劇團營運有基礎的認知後，部份表演者便有成立戲班的打算。客家戲班班主因作過演員而興起整班念頭的有：「連月」、「淑裕」、「勝拱樂」、「新永安」、「新美蓮」等團；班主嘗從事文、武場的則有「金興社」、「新月娥」、「金龍」「龍鳳園」、「黃秀滿」（註二六）、「金輝社」、「榮興」等各團；其中「德泰」、（註二七）「新美蓮」、「金興社」、「新月娥」、「榮興」的老闆更與戲劇有深厚的淵源，他們家族的上一輩亦有從事此業者，班主本身即具有豐富的家學傳承。

由於技藝在身，各劇團的老闆又多是專職，隨團出演時，個人自然也就自身擅長的部份進行表演；其中「榮興」的班主因有其它的事業，有空時才能去劇團司鼓（註二八）；「金輝社」的老闆則自幼處理廟中事務迄今，雖也於廣播電臺播客家大戲時期學過文、武場，隨團出現多只是為了監督和欣賞戲劇演出，偶爾亦加入武場陣容，其上臺表演近於玩票性質。

㈡其它

非表演者整班的情況比較複雜，但也較爲罕見。現存客家戲班中非從事表演而整班的班主有「雙美人」及「新永光一、二」等三團：此三人皆不曾受過戲劇表演的訓練，對客家戲劇強烈的喜好，是他們踏入這行業的主因。就因爲這股濃厚的興趣，「雙美人歌劇團」的班主於十五歲時開了「峨嵋戲院」，又於往後邁入班長之途，進而有了自己整班的動作；「新永光一、二」團的團主更因對戲劇的相同愛好而結拜爲姐妹，共入內臺戲院當售票小姐，最後成立了劇團。二人在這段漫長的班主生涯裡，從來沒有出場表演過，也沒有學習演藝的各項技巧；她們純以戲班班主身份自豪，並認爲擁有一個劇團是最能滿足她們戲癮的方式；從十幾歲看戲至今已過五、六十個年頭，眞可說是客家戲劇最忠實的戲迷。

二、整班之花費

班主於整班之時，需要投下不少資金：無論是準備布景、添購行頭或是招收班底，都是一筆可觀的支出；對客家戲班來說，整班所需的花費有：

㈠購買執照

各戲班向所在縣、市公所申請「職業演藝團體登記證」原不需費用，唯現今許多客家劇團所擁有的執照多爲轉讓而得，因此才多了這筆開銷。

客家劇團不自己申辦執照，而向營運狀況不佳或結束營業的劇團購買（或承租），其主因爲：客家戲界的班主教育程度不高，害怕手續的繁複，也擔心無法通過政府單位的審核；購買它團執照只須更改班主姓名或班名（也有不更改者），沒有什麼限制，所有的限制都出在向政府機關登記上（註二九）。

如果可以，還可連帶買下原戲班的舊行頭，並接收原班的人馬，不僅省事，也替原班主解決了脫手或收班的麻煩。

這種班主向另一班主購買牌照的慣例，對雙方面都有好處，照理說，應無收費的必要，不過有些班主還是花了些錢收購。購買執照的價格不定，大體說來，價碼都不會太高。

㈡添置行頭、砌末

要成立一個劇團，演員的行頭是免不了的，行頭是否齊備、光鮮，關係著一團的門面問題；有了行頭以後，自然要有裝載的衣箱和盔頭箱等行頭箱；而刀槍把子、大小道具，多少也要有所準備，才不會顯得戲班寒傖。

因爲怕麻煩和節省經費，有些不講究的戲班主會直接向它團購買舊的行頭、道具，只要不太破爛，可以使用就好；有些班主則要求很高，非全新的行頭不買，對圖案、花紋也有所挑剔。雖是如此，現今的客家劇團在野臺演出時，服裝、道具還是過於老舊；有些班主即使添購了新的行頭，卻只於特殊（或盛大）的場合才穿戴，爲了降低折舊率，寧願將其藏諸深室，此種做法，對野臺的觀衆實在不怎麼公平。

行頭的添購有基本的要求，如大件的蟒（男蟒、女蟒）要有不同色數件；此外，官衣、帔、褶子、八卦衣、靠（甲）、裙、襖、褲、旗軍服等也都要購買（註三十）；盔、冠、巾、帽、髻、髯口、靴、鞋等也是必須的，各類樣式齊全最好，否則也要擇要買入（註三一），由於目前到大陸方便，劇團班主又多一購買的管道；大陸所製行頭便宜（有的臺幣幾百元就能買到），選擇也多，缺點是衣料質料較差，耐久性低，有的繡工又過於簡陋（註三二）。

據某些劇團老闆表示，行頭買了之後，大件的歸戲班管，小件的歸個人管，每個人都有自己的戲籠，裡頭放自己的用品；客家戲班雖用京劇行頭，在使用上，卻沒有嚴格劃分，小生用老生的髯口或配件胡亂使用等現象是時見的；至於刀槍把子，客家劇團似乎不怎麼重視，老闆通常只買數樣草草了事。

有些演員會自己掏腰包去買屬於自己的行頭，原因有：

1. 希望自己在臺上看來顯眼、漂亮；自己專有的戲服會妥善保養，使其保存光鮮、亮麗；如黃秀滿的所有行頭都是自己買的，專屬於她自己。

2.對戲班老闆買的物件不滿意（大小、色澤、式樣等），也會自掏腰包去買。
3.個人習慣：不喜和別人共用一件戲服，覺得不乾淨。
4.有自己的行頭，臨時被調到別班演出時，不用再爲裝扮問題煩心；不用去適應別班的戲服。

砌末方面，最常見的道具是桌椅，每一團都有，但椅子常用坊間的塑膠椅或圓板凳代替，並不是十分講究。其它還有聖旨、文房四寶、馬鞭、令箭、各種旗等；許多可替代性的東西，班主們多不願花錢購買：如杯子，就用紙杯；鏡子，用現代的水銀鏡面充數等。

現今客家劇團至少要有兩款正面軟幕（也有只有一面的），內容通常是金殿內景和山水外景；有的布幕畫的是廳堂或城牆，其它圖案不多（註三三），有好幾面布幕的劇團寥寥可數。

某些劇團老闆對機關走景投下不少心血，有空中飛人或山崩地裂等機械效果，但不一定爲各團所效法。另外，劇團通常裝有景片，有的兩片，有的裝有四片。

現今客家團中行頭、砌末最完備的，應是「榮興客家採茶劇團」；「榮興」因爲常有公演或廟宇重金禮聘的大型戲，對此特爲留意。

㈢燈光、音響

燈光隨劇團的風格不同而有相異的配置。有的劇團只有幾盞昏黃的燈泡；有的卻有五光十色的舞廳燈彩。對某些班來說，幾盞燈泡已敷劇團使用，不夠亮時，可向廟方尋求協助；有的戲班則習慣請人架設線路、燈管，燈光方面也就不勞費心；有的戲班兼演清涼秀，現代化的燈彩是引來觀衆的條件之一，在此方面的投資就要比其它劇團多些。

現代野臺戲的演出，使用麥克風已不是奇事，演員手持麥克風，聲音藉由喇叭、擴音器傳出，遠遠就能聽到戲中的唱詞、對白；因爲演出聲音要響亮，音響設備的支出，也是班主成班之前要先算計好的。而聲音除了音響以外，文、武場所使用的樂器也要估量，有的老闆買了傳統樂器後，視所請的文、武片專長，還會額外購買一些西洋樂器：如爵士鼓、薩克斯風、電吉他、電子琴等。

㈣先金

「先金」又稱「班底錢」或「班底銀」，是劇團老闆無息借貸金錢給團員，使其留班的一種方式。

戲班班主在招收團員時，會先借他一筆錢，並立下契約，明定還錢的方法，此人即成爲戲班的固定團員。借貸金錢的多寡，視演員個人狀況而定：信用好的、急切需要的、技藝高的，借的錢會較多；待團期間，演員若生活發生困難，也能向班主借貸金錢度日。

戲班班主借錢給團員，主要有以下幾點考量：

1.有些團員會以先金的高低來選擇戲班，先金高的班，也較能留住或爭取到好團員。有了好的班底，請主樂於請戲，也能增加本班名氣；名氣高，戲路添廣，是一種良性循環。

2.按照客家戲班的慣例，有向班主借錢而成爲固定團員的，薪水比不固定的外調人員低。譬如：固定的團員一天若有兩千元，不固定的就可能高數百元；而當戲班遇到「大日子」戲金加倍時，不固定的人員戲金也會增倍，而固定團員則無。

借先金對班主的壞處則是：

1.萬一戲班生意不好，成員生活不下去，戲班老闆仍有義務借錢給團員，負擔沉重。

2.有的演員染有吸毒、賭博、簽六合彩等惡習，私生活糜爛，沒錢之時就向戲班老闆借錢，老闆若不借，就藉故遲到、罷工，影響整個戲班的演出；面對「惡霸」員工，老闆在他錢未還清前，又不能趕他走。

3.因爲演員所欠的錢未還清，想收班的老闆便收不了班。若收班，團員可歸咎於班主，認爲是班主自己不做，而不是團員不演。團員在這種狀況下，沒幾人願意還錢，就算想還，也不見得有錢可還。

4. 先金制度多憑良心，強制性不夠，演員不還錢，偷偷跑掉，戲界戲稱作「跑馬拉松」；遇到團員「跑馬拉松」時，班主雖可訴諸法律，但訴訟過程麻煩、冗長，班主年歲已高，實不想官司纏身，再說，團員一時間也不一定還得出錢來。

對團員來說，先金制可得的保障有：

1. 生活過不下去時，可暫向班主借錢度過難關。

2. 對優秀、很多人請調的演員來說，先金使他們在同一天有很多班請調時無法選擇，所以有些演員寧願不和班主借錢；但和班主借錢的演員則認爲：成爲固定的團員，不會只等著別人來請戲，有一頓、沒一頓的；固定團員至少有本班的戲可演。自己所搭戲班沒戲時，若有它班請調，也可以到別班演出。而先金還清後，可以跳槽搭別班演出，進可攻、退可守。

在先金制的實行下，團員所借金錢都在數十萬左右，許多老闆所借出去的錢都超過百萬（註三四），唯一例外的只有「淑裕歌劇團」：班主寧願高價請來角色，也不願花先金的費用。她認爲以團員所領日薪和借出先金所損失的利息相比，以給團員日薪划算，如此也省得金錢上的麻煩，想收班就能收班，不若「新美蓮歌劇團」，老闆想退休、享享清福，卻總是卡在先金問題上，收不了班，還得受團員的氣，實是徒增困擾。

㈤其它

其它的花費與班主的營業眼光有關，如「榮興客家採茶劇團」有本團專屬的卡車和司機，可以節省運費，機動性也高，但卡車的購置，必須有可觀的資本；又如「龍鳳園」有自己的戲棚設備，自己也有搭設舞臺的本事（註三五），可將廟方平時承攬給別人的戲臺工程接手過來，自己的團在此臺演出，也不會有舞臺不合意的情形發生。

另外，行頭、砌末、設備的添置，迫使戲班要挪出空間來擺設這些物件，空間夠的劇團就擺在團址內；不夠的就另外承租房舍來擺放（註三六），房租的開銷也是劇團老闆創班前要考慮到的問題。

由以上的分析，整班所要花費的金錢相當可觀，要成爲班主其實也不大容易；何況這些開銷只是整班初期所做的準備，物件的耗損及重新添購，對一個無論如何節儉的老闆來講，仍是有戲班就得面對的一個問題。

貳、團員

對每一個戲班主來講，固定的團員是很重要的，團員技藝的好壞還不如其待班時間的長久來得可靠；一個一直都待在同一班的演員，和老闆的關係較好，對劇團也比較忠心，能夠配合戲班的調度，在遇到它團來挖角時，也不會輕易就被打動。

戲班老闆希望有固定的團員，相對的，班主對團員的態度也有其作用：班主必須負擔起戲班的調停工作並適時爲團員打氣；對團員苛刻、不和善的老闆，不能長久留住團員是可想而知的。

客家戲班團員的來源複雜，有各種出身，每種不同的背景導致了戲劇上的不同表現，也造就了客家野臺現今的「雜戲」局面：依團員所學劇種、技藝，可區分爲：亂彈、四平、歌仔戲班、採茶班、京班、八音班、南管及賣藥、電臺、康樂隊等，由於第二章已稍作過說明，此處不再贅敘；以下對其入劇界的緣由作探討：

一、入戲界之緣由

㈠票戲

「票戲」又稱作「綁戲」，爲戲班招收童伶的方式；客家戲班目前的演員中，因票戲而入劇團的已所剩無幾，有的多是七十幾歲的老人家。

「票戲」意爲戲班班主與孩童家長訂立契約，言明修習年限，將孩童送入戲班學藝之制度。一般說來，男、女童伶價碼不大相同，女童身價要比男童高些；而那些長相姣好，能成臺柱、名旦的，價碼又較面貌平庸的高。依據契約，雙方有以戲金爲條件者，也有用白米交換的，只要雙方能達成共識即可。

客家戲班票戲的年限通常是三年四個月，多者長達六年，學成後可自由離班；若選擇繼續待在原班，班主所給薪水就要增加，比照出師的演員。

票戲制度在客家內臺戲班極盛時期有相對減少的趨勢，主要原因是內臺業鼎盛、前途看好，自願進入戲班學戲的人口大幅增加，班主比較不用費心招收班底訓練；也因此在目前的客家戲界裡，五、六十歲的演員票戲的情形並沒有像早期的演員那樣地普遍。

票戲的童伶在戲班接受演藝訓練，戲班主會延請師傅教學，教學內容隨各戲班的性質而有所不同：有的班主注重四平；有的注重亂彈；有的則以採茶爲主……，重心不同，延請來的師資便不一樣。現今客家戲界演員票戲所待的班，各種劇種都教的情況很多，票戲時待的是純粹的亂彈、四平班的反而很少。

童伶學戲過程十分辛苦，剛開始學戲，「先生」（註三七）教授的是固定的唱詞、說白，吩囑演員熟記，作爲日後演出「活戲」的基礎。男童入班多先學武戲，充當武行；女童依其特質分配，先由一種角色學起，男、女童伶熟練後可嘗試學習其它行當，通常每個人都學過數種角色，是以客家戲界中雖然有以某一角色出名者，從開始學戲就只專攻某一行當的，卻是並不多見。

戲班與家長簽約後，男、女童伶於票戲時期就歸劇團財產，班主可任意差使；作作雜役、小差、替班主帶小孩的情形是免不了的；在學戲過程中，若有師傅要求過於嚴格或體罰過度而受傷者，班主可不負任何責任。因此會將小孩票戲給戲班的家庭，絕大多數都是家境清寒的；有的家庭因人口過多，無力撫養幼童，也會將孩童票給戲班，如此一來，非但可稍微紓解家中的經濟壓力，孩童也能學習一技之長，日後有謀生的本領。

㈡家族淵源

因家族有人演戲而入戲界討生活的人數衆多，有些是因父母、兄弟姐妹在演戲而進入；有的則是因親戚身在戲界。親人中有從事此業者，於常年耳濡目染之下，往往也學了一身的本事，對戲劇有熟悉和親切感，於是在面臨就業的選擇時，便容易優先考慮到這一行。此類例子俯拾即是，如「黃秀滿歌劇團」中的田秋香、田秋梅兩姐妹，父親田火水是「中明園」的團長；「龍鳳園」的官寶珠和「新月娥」的官寶月，其父親官漢樓也整過戲班；「榮興」的曾先枝向其舅舅魏乾任學過戲，而魏乾任同時是「龍鳳園」演員魏炆燈的父親；「金輝社」的王雲蘭、「金興社」的陳秋子、「新永光」二團的曾承圖……等都是。

在此類例子當中，最顯著的應爲家族性劇團；現今客家戲界有兩個家族性劇團：一是「金興社」，一則是「德泰歌劇團」。此二團爲現今客家戲班中團員平均年齡最輕者，幾乎全家人都在自家戲班中參與演出，其中也包括媳婦、女婿，幾乎所有成員都由自家戲班培養，教予演藝技能。另有「勝拱樂歌劇團」，家中也有不少成員在同一班演戲。

家族性劇團的成立，有一定的利益考量：全家人待同一班，在對外議價時空間較大，能以低價接戲，爭取戲路；而第二代因亦跨入伶界，可能接手戲班，戲班長久經營的機率較大。此類型劇團在過去來講並不稀奇；然在今景氣差、人才凋零的客家戲界來講，不啻是個異數，畢竟野臺戲班長年在外奔波，收入不好，戲界前途未卜，演員通常並不希望子女步上自己後塵。

親屬之外，客家戲班有些演員由於從小家境清苦，爲戲班老闆收養，教其戲劇演出或疤絳梠技能：如「榮興」團員的葉香蘭即爲「勝美園」團主葉國道所收養；又如客家戲界名揚一時的「阿玉旦」，雖有親生兒女，仍然收養了兩位養女，傳承其技藝。收養孩童的好處是：童伶自小培養，根基較穩固，學成後也不用擔心他們會離團，因此戲界中有不少被收養而從事此業的例子。

㈢興趣

喜愛看戲而入戲界演出的藝人，多是於內臺時期進入戲班的。在內臺戲風靡的年代裡，有廣大的觀衆群，人們看著戲臺上的悲歡離合，情緒也隨著起降；當時有不少喜愛看戲的父母，會帶著家中小孩同去欣賞；孩童望見舞臺演員的風光亮麗，臺下群衆的如癡如醉，對演藝生活便產生了幻想，認爲戲班四處演出十分新奇、有趣，而演藝生涯必定絢爛多彩，於是在心裡，對演員一職有了極度的好感；也因此在客家戲班中，由於興趣而自願學戲的人，比票戲者來的多。

生活苦是原因之一；生活苦而又選擇戲劇，就得非有興趣不可了。爲了興趣，有人瞞著家人去看戲，進而獲得家中允許去學戲；甚至還有人是因爲家中農事太苦，離家出走而加入戲班的。至於戲班生活是否眞如當初所想像地如此多姿多采，恐怕也只有他們自己知道了。

二、伶人婚配

票戲也好，興趣或家族淵源也罷，進入戲團之後，伶人之間常有相互婚配的現象，造成這種現象的原因一般爲：

㈠戲班老闆的現實考量

戲班老闆爲了留下臺柱，有許多的方法：有的以重金禮聘；有的借出大筆「先金」；有的班主許諾傳承絕學；有的收爲乾子、女；有的拜作乾爹、娘；有的老闆甚至染有吸毒惡習，並以毒品控制團員；伶人婚配也是辦法之一：將演員許配給本團團員或納爲自己的媳婦、女婿、或招贅，可以增加劇團實力；甚至還有戲班班主將好幾個演員納作小老婆，全家共同演戲的；此二種婚配現象在今客家劇團普遍存在著，但後者常因爭風吃醋導致風波不斷，反而可能有演員走班的情況產生，似乎不是一個很完美的方式。

(二)伶人社會地位的低落

> 社會對於伶人的態度可以分做兩方面來說。一方面是善意的。戲劇終究是一種藝術，社會上所謂上流的人士對於藝術總有幾分愛好，有的並且愛好得很深刻。就在不大懂藝術的人，至多不能沒有娛樂，不能沒有聲色之好。……但同時社會的態度也有一個惡意的方面。這種惡意的態度，不但是很普遍，並且也有很長久的歷史。……倡優並稱，原是一種很古老的習慣，但稱謂上優既列在娼後，事實上優的地位也並不及娼。……伶人不准應科舉考試也是一條舊的禁例（註三八）。……

對戲劇的愛好是一回事，一般人說到「戲子」時，言語間仍帶有輕視的意味，而野臺戲班的演員更被大眾以有色眼光看待；野臺演員應著戲約，四處搬演，常有露宿在外之情事，加以男女混處，更引人非議；而生活習慣不良也是原因之一（註三九）。長久以來的社會價值觀將演員隔絕在外，使其產生互相聯婚的趨勢，如潘光旦所說：

> 伶人的社會地位和別種人才的社會地位有一種很顯著的不同；他一面受人

> 『捧場』，一面卻也受人歧視，歧視的結果，便使他們在社會裡成為一種特殊的階級，在心理和生理兩方面，都呈一種演化論者所稱隔離的現象（*segregation*）。……
>
> 因為隔離的緣故，伶界的人物，便不能不在自己團體以內找尋配偶，終於造成一種所謂『階級的內群婚配』（*class endogamy*）的現象與習慣。內群婚配的結果，當然是把許多所以構成伶才的品性逐漸集中起來，使不至於向團體以外消散（註四十）。

在客家劇團中，夫妻在同班演出的現象也有不少，演員由於在外奔波，夫妻在同一團中，較能互相照應；相對的，夫妻不在同團演出，或其中一人非伶界工作者，情形則較爲尷尬；由於長年累月的相處，日久生情，劇團中便有非夫妻而在一起的情形發生，並且屢見不鮮，戲界對此也大多睜一隻眼、閉一隻眼，見怪不怪；因此緣由而兩人待一班，離班時亦同進退的例子也有，此亦是戲界在隔離現象中，所衍生出來的特殊文化。

現今客家戲班的團員主要分爲演員和文、武場，各司其任務；文、武場以男性居多，演員以女性爲多（註四一）；戲班演員多取有藝名，因此常有兄弟姐妹不同姓之現象。演員中又有「戲先生」、檢場或經紀人之職。其中戲先生負責講解劇情，不一定由誰擔任，能講出完整、足堪演出的架構則可；這些戲碼可以是聽來的，也可以是演過或書上看來的；然戲界的老一輩演員通常識字能力有限，因此只要能看小說、演義的，便常可為說戲先生；故雖在理論上能說戲的人都能為戲先生，劇團一般還是有固定的幾個說戲人；說戲先生的薪水在說戲當天可多一、二百元。

延續傳統戲劇檢場之習，客家戲劇在演出時，也可看見收拾場面的人在舞臺上穿梭，然除了「黃秀滿歌劇團」外，它團並無專聘的檢場；那些在舞臺走動、移動道具的，是身著戲服的演員，誰暫時沒戲，就應劇情需要而搬動場面；有些戲班演出時更不講究，正在演戲的演員可能自己就邊演邊搬，場面混亂。

戲班所說「經紀人」定義不甚明確：有指戲班演員中常領戲者——即班長，這類型班長因常為戲班接戲，故印有名片，名片上職稱即為經紀人；另一類型為替戲班主掌理劇團者，如「新永光」二團的班主平常都不管事，戲班事務一向交給旦角陳玉珍掌管即是；替班主管理戲班的情況還有一種：大日子分班之時，班主無法顧及所有的班，便將其中一團交給某人掌管即是。此人在分班時固定負責此團，便可稱作本團的經紀人。

角色部份，今客家戲班受京劇影響甚大，主要分有生、旦、淨、丑四類。生有小生、老生和武生；旦則有青衣、小旦、老旦、花旦、彩旦（屬丑行）、武旦和苦旦（以所演劇情論）；淨又稱花臉；丑則又稱作三花；另外尚有龍套、旗軍、馬童、院公、武行、梅香（指演丫環的角色）……等稱呼；戲班演員有其專屬行當，但野臺人手不足，每個人多少都能分飾數角。

客家戲班對角色的稱呼大抵止於此，很少有更細的分法（註四二）；客家戲劇的丑角時有一種特殊的裝扮——現代服飾，穿現代服的女丑稱作「三八」，性質類於彩旦，但穿著、打扮大異其趣：其穿著為時裝——尤其是現代禮服，臉頰上塗兩大塊胭紅，嘴角點一顆大痣，男丑也穿得很滑稽，此現象在夜戲中常見，可能是「胡撇仔戲」的遺風。

客家戲界今所面臨的最大問題在於演員年齡層的老化與傳承的困難。後繼無人、老演員又陸續退休，人手的嚴重不足讓客家戲班在演出時，常要互相調動人員來支援它團。戲班班主對此點也頗有共識：戲班沒戲時，演員——包括班主，都可到它團賺點外快，利人利己。

對某些戲班的老班主來說，經營戲班最後所衍生的道義問題是不容置疑的，演員雖然老了，戲班仍要經營下去。對有子嗣奉養的老演員而言，演戲或許是老來的娛樂與興趣：演了多筆外快，不演也省得兒女擔心；對沒有兒女的老演員來講，卻是謀生的必然手段。戲班沒有戲路，別團又不喜請調的高齡演員在身體不適、動作遲緩的狀況下，唯一能供給生活的，就是待了一、二十年的戲班了。也正因如此，幾個想收班的老班主寧願撐著戲班，縱使戲路很少，依然有一場、沒一場的接下戲演，就是希望這些待團數十年的老夥伴們還能有生活的保障；若眞不能演了，也希望能爲其中請到津貼，使他們有基本的生活補助。

參、戲神與禁忌

一、戲神

客家戲班所供奉的神祇爲田都元帥。戲界人士相信，採茶戲和歌仔戲以及四平戲都是由田都元帥一人所發明。有關田都元帥的傳說不一，一般說來，總不離「雷海青」或「雷逢春」、「雷萬春」數名。

傳說田都元帥是唐朝的宮廷樂師，因爲是私生子，被丟棄在田間，天帝派毛蟹吐沫餵養，才得不死；其母後因不捨，又將其於田中抱回撫養。

田都元帥自小口啞、不能言，然精通音律，擅長樂舞，後以樂師入宮演奏，深得唐明皇喜愛，其間並且發明了許多劇種；後奉皇帝命令攻打番邦，戰果輝煌，受封爲田都元帥。

田都元帥天資聰穎，可惜享年甚短，年方十八便不幸夭折；夭折後登入仙籍，所陪祀爲雞、犬；因此現今田都元帥的造形多爲青少年扮像，旁有金雞、玉犬陪祀；又因田都元帥幼時爲毛蟹所救，其神像的額頭或嘴角多繪有蟹形圖案。

田都元帥因爲客家戲班的行業神，戲班在演出時都會將其請入戲班內供奉；田都元帥又稱老爺、相公爺、田都老爺等，據說爲福建、粵東一帶信仰之承傳，分有文、武兩種：文的著眼於田都元帥平常身份是文官，武的則以其征番的傳說形象衍生而成。因爲認爲戲劇演出爲偏向「文」的活動，戲班供奉一般爲文身，又因爲劇團人有「文官不出門」的觀念，祭祀田都元帥文身的戲班，可以不將戲神請出門；但有某些戲班所奉爲武身，武身的田都元帥就要隨團供奉；也有文、武二尊皆祀者。供奉武身者，以爲武的田都元帥較有「力量」，戲班遇到糾紛時，拜武身會比較有效。

野臺戲班原承內臺舊習，演出會迎戲神入團，藉以保佑演出順利、藝人平安，但由於目前野台演出，後臺空間狹小，人員進進出出，演員更衣、睡覺都在同處，將戲神置於後臺，未免流於不敬；班主遂改變作風，將戲神暫供於演出地的廟宇內安置。現今有些劇團更因演出清涼秀、脫衣舞，認爲妨害風俗，對田都元帥（武身）不恭，演出時已不迎田都元帥入團，爲的就是不讓戲神見到此種畫面。

客家戲班於農曆六月十二日（有的戲班是十一日，和四平戲班相同）慶祝田都元帥聖誕，慶祝戲神誕辰通常沒有特別的儀式。六月十二日，戲班若沒有請主請戲，班主會在自家家中準備牲禮，祭拜戲神，但不會強迫演員參與（註四三）；對客家戲班來說，離田都元帥聖誕最近的一個請戲日，即爲慶祝田都元帥誕辰的日子：舉例來說，如某劇團於農曆六月二十四日關帝君聖誕時，受邀到某廟宇演出，戲班班主便可能於此日將戲神請出，暫祀於廟中，率全班祭拜戲神，當日拜過戲神之後，班主會請全團人員吃飯，作爲當日的慶祝。根據劇團的規矩，班主每年有兩個日子要請團員吃飯：一是在年尾謝館時辦的尾牙，一便是田都元帥的生日；此二日同時也代表劇團半年度工作的告一段落，此時戲班若有重大調度（如有人想要離團或班主有新的人事調動……等），必須當面告知。

另外，客家戲班在年尾結束劇務時，有所謂的「封箱」，而年初開始營業時，又有所謂的「開箱」（註四四）；講究一點的戲班老闆，於此時也要記得祭拜戲神。不過現今客家戲界已免去此俗，以給封、開箱者一個紅包代替。

客家戲班祭祀戲神，情況較爲特殊的是「榮興客家採茶劇團」和「淑裕歌劇團」。

「榮興客家採茶劇團」所祀之神有田都元帥、西秦王爺和魯國相公。西秦王爺傳說爲唐明皇（亦有傳作唐玄宗者），聖誕爲農曆六月二十四日；魯國相公相傳爲戰國人，原名邵成子（另一說法爲周文王人，本名魯成子），誕辰爲農曆正月十六日。三神皆祀與團主本人的學藝背景很有關係：一般而言，客家八音演奏者除八音外，也學西皮、福路，是以除八音之祖師爺魯國公外，還拜田都元帥與西秦王爺；加以鄭團長本人曾師事北管大師邱火榮，有北管福路派的背景，故亦供奉西秦王爺；供奉西秦王爺者，於劇團外出演戲多日時會供出戲神，如「榮興」曾於三義作醮連演七天時請出西秦王爺，置於廟之頂層，與釋迦一同供奉。「淑裕歌劇團」所祀之神與行業無關，為據算命建議所請，其所祭祀之神為三王公。

戲神的存在具有加強劇團內部凝結力的效果，而神祇所代表的庇祐力又是安定劇團的要素；相對的，神祇所擁有的權力是神聖而不容侵犯的。為劇團內部的和諧、戲劇演出的順利，劇團自然而然便發展出各種禁忌與規矩：有的肇因於對神祇的畏敬；有些出於規範性的要求；此種禁忌現象類似一種「口傳法律」，部份甚可成為劇團管理的條文；戲班人員一般都相信觸犯禁忌會有禍患加身，不敢造次。

客家戲班因演員出自各種劇種，雖主要禁忌偏向信仰田都元帥一系，也有信仰西秦王爺者所持有的禁忌；戲班由於共同相處，各劇種演員所有的禁忌為其它戲班成員所得知是很合理的，其相互模仿或尊重也是可預期的。亂彈班演員進入信仰田都元帥的體系裡，自然會遵守其規則；而一個童伶也會因戲班請來的不同劇種的師傳，而吸收不同的禁忌觀，長久下來，造成了客家戲班的成員並不十分清楚某些禁忌的緣由，產生了將各類傳說溷雜在一起的結果。

二、禁忌

客家戲班的規矩與禁忌有：

1.不能說「蛇」字，以「溜公」或「溜」替代，因爲他們相信：戲神田都元帥曾爲蛇所傷，說「蛇」會使戲班大亂。事實上，被蛇所傷應爲西秦王爺的傳說。此種禁忌四平班底的演員很清楚，因此並不刻意避諱，有些不明此傳說的客家戲班成員，依然持此看法；據說江湖賣藥出身的演員也忌諱說此字。

2.坐在臺上的成員，不論演出或休息，腳都不能亂踢、亂晃，會踢到「蛇」，對戲班不好。此說法爲承續上說發展而來。

3.田都元帥因爲毛蟹所救，戲班人員不能食用螃蟹。

4.在戲劇未開演時，文、武場樂器不能任意敲打，尤其不可隨意敲打鼓介。

5.鼓槌不可交叉槌打。

6.不可觸摸演戲所用的假人頭（俗稱「菜頭」）的頸子，否則會聲啞。

7.加官面具拿在手中時不能發出聲音，否則演員會失聲。

8.若逢新廟落成，第一次請戲，必須先潔淨戲臺——跳鐘馗，跳鐘馗時全團人員不能說話。

9.飾演皇帝的角色不能亂拍驚堂木。

10.上戲妝前要先穿上鞋子。
11.不可玩弄喜神（道具娃娃）。
12.不可玩弄關刀。
13.不能住坐南朝北的房子。
14.戲碼演完後，戲班收臺時，要將舞臺木板掀起一塊，等拆臺的人來處理；此舉動的意義爲：宣告劇團演戲行爲於一地之結束。
15.在某些場合（如有外人在場），有不想讓別人知道的事，用「内行話」交談。

由上觀之，禁忌與規矩的產生與不安全感很有關係：不安全感來自不可知的神力，此神力之來源爲神祇、爲物、也可能爲事；更害怕失去演員最基本的謀生工具——嗓子，基於相同出發點而延生出來不同的禁制行爲雖看似不同，其所代表的卻正是伶界内心的隱憂與對演藝事業順遂的期望。

第三節　目前所存的客家劇團簡介

目前還保有執照的客家戲班有二十多個，仍在活動的卻只有十幾團，以班主的身份來界定劇團的所在地：就桃園區而言，在中壢市的有「連月」、「淑裕」、「德泰」；平鎮市的有「新月娥」、「金興社」等班；新竹地區在新竹市的有「龍鳳園」和「黃秀滿」兩團；新竹縣的則有竹北市的「新永光二團」以及竹東的「新永光一團」、「金輝社」和「雙美人」各團；苗栗地區有頭份鎮的「新永安」，苗栗市的「新美蓮」與「榮興」等；「勝拱樂」、「金龍」處於定義模糊的中間地帶，一般已視爲歌仔戲班，然而爲了慎重起見，仍將其列入說明。至於如「新興歌劇團」（註四五）、「新鳳」（註四六）等活動力較低的團，筆者因無暇深查其演出狀況，遺珠之憾不免，只能留待日後再加以調查，並作全面的探討。

根據以上的說明，可以知道客家劇團都在桃園、新竹、苗栗三縣、市，並且多在客家庄內：桃園縣的集中在中壢與平鎮兩地，桃園市區反而没有；而新竹以竹東鎮所存的團較多。其它縣、市經調查後發現並未有客家戲班存在，唯一曾經有過的是花蓮，據說也是桃、竹、苗的客家班演員嫁到花蓮才組成的，然而在無人傳承的情況下，營業没多久就關閉，賣到宜蘭了（註四七）；在花蓮縣政府方面，並没有此類劇團的相關登記資料，也就無從訪查起。本文在此，但以桃、竹、苗各縣、市的客家劇團作一簡單的介紹。

壹、桃園區

一、中壢市

㈠連月歌劇團

班主林素月，原籍高雄縣，民國二十五年生。十二歲開始學戲，其大哥為雲林麥寮「拱華園」團主，故與之學歌仔戲；專攻小生，亦學花旦。後又至全省演出內臺戲。

民國五十五年遷居中壢，於七十二年受其夫邱日助鼓勵，組「連月歌劇團」。「連月歌劇團」整班初期戲路甚廣，每年約有一半日子在作戲。目前戲路大不如前，大約一年只剩六、七十棚戲可作。初無固定之團員，現則有七、八位團員是固定的，演員多為客家人。團主本身不諳客語，演出多唱歌仔調，並以臺語說白。

全團人數約有十六位。文場二人，武場二人。固定的文場有：陳火亮、邱日助；武場有莊福龍、詹榮溪。其中邱日助為班主林素月之夫，因為是黑頭道士，也兼營牽亡等法事；二人都無高中學歷，其執照登記為女兒朱秋霞之名。

「連月」戲路以客家庄為主，但也至閩南庄演出，目前演出機會多在中壢；自去年因人手之時常調動不足，而與苗栗縣頭份鎮之「新永安歌劇團」（註四八）固定借調演員，二者戲路本不多，誰接到戲，另一團便調去幫忙，因此最近「連月」

於頭份之戲路已有所增加；花蓮、高雄、金門偶爾也有戲可接。

「連月」一棚戲戲金約在三萬元上下，演員一天平均工資一千八百元。常演的戲碼有：《薛仁貴征東》、《薛仁貴征西》、《五虎平南》、《五虎平西》、《薛丁山征西》等。日戲以北管、四平、京劇等正戲爲主，演兩個小時；夜戲則以採茶調、歌仔調、流行歌、四平等摻雜演出，惟幾不加入北管，演出時間爲兩個半小時。

團中固定演員有余陳美雲妹、阿茶姨（藝名）、張日妹等，皆五十歲以上；團中較年輕的演員因兼康樂隊，「連月」本身也接此類演出，但因團內年輕演員不夠，必須調人演出。

「連月」所祀田都元帥爲文身。

㈡**淑裕歌劇團**

「淑裕歌劇團」是以班主名來命名的。班主徐淑裕，民國三十二年八月十七日生，育有一子一女：其子正當道士學徒，年十九，國中畢業，對戲界了解不深；其女與其夫皆非戲界中人。

「淑裕歌劇團」成立於民國八十三年，是目前最新的客家劇團，雖是如此，仍延用龜山林文生「新明藝聲」（註四九）之牌照而未更改。班主擬托「臺灣省客家採茶戲劇發展協會」理事長李永乾爲其更改戲班名稱及執照上班主姓名，然因本身學歷只有國小畢業而十分擔心無法通過，目前審核結果尚未可知。

徐淑裕，竹東瑞豐人。從小喜愛看戲，但從未拜師學藝；於十幾歲時常去看竹東「新永光歌劇團」教徒弟，並且在旁比劃，偶爾與其徒弟對打刀槍，邊看邊學。其後嫁予蕭松貴，因蕭松貴爲竹東「新永光歌劇團」之文場樂師，遂搭「新永光歌劇團」演出；劇團演出之餘，且學作喪事場，有時也作「孝女」之演出，並沒有作過其它非藝界的工作，在劇界的綽號是「馬場」。

蕭松貴先生其後不幸因病去逝，徐女士嫁與中壢開遊覽車爲業之呂理鏗先生。其間曾搭多班演出，如：「新永光歌劇團一團」、「新永光歌劇團二團」、「德泰歌劇團」、「新美蓮歌劇團」、「正新興歌劇團」（註五十）、「金輝社歌劇團」、「雙美人歌劇團」等團，因在「雙美人歌劇團」中替班主管理劇務，而對戲班內部運作情形有所了解，起了自己興班之念。

民國八十三年年底，徐女士花了十五萬向「新明藝聲」購買牌照、戲籠；其中牌照約一萬元，其它則爲戲服、行當之費用。組「淑裕歌劇團」，據班主表示，有一半是爲了興趣、好奇，一半是爲了賺錢。

因爲是新團，初期還處於賠錢的階段，一年接的戲只有三十幾棚。但班主認爲錢少的戲不能接：其一是相信自己的團有一定的水準；二是因此班演員並不固定，以調來的居多，調的演員要比較多錢；三則是徐女士不打算循別班模式，借錢給團員，免得到時自己想收班，而演員又還不出錢，陷入了無法收班的困境，且浪費利息錢。此團的固定演員既沒有向班主借錢，薪資自然也較別團高；四則認爲自己兒子十幾歲、女兒業已長大，無需自己操心；先生也會賺錢養自己，平常在家休息也很好，沒理由辛苦作戲還要賠錢。

本班戲路以班長引介爲主，初期知名度過低，班長佣金高達四分之一；迄今戲路漸趨穩定，班長抽成較爲合理，也有固定請其演戲的廟宇。一場戲大約可領三萬五、六千元的戲金；大日一天則有五萬元。在支出方面，電源裝配要三千元，燈光要三千元；固定的演員一棚戲兩千元，不固定的則由兩千至兩千五百元不等；文場價碼較武場高。

本班團員演出時，併文、武場最少調十二人，最多調有十四人，特殊的大場面才會調到十五、六人。班主徐女士演粗角居多，由於未曾正式拜師學藝，徐女士笑稱自己不會作戲，「演得很爛」，十分謙虛。其乾兒子爲苗栗「榮興客家採茶劇團」演員陳日春（註五一）之子，爲復興劇校學生，扮相俊秀，演小生極好，演小旦亦佳；有時還可充當武行演出，對此劇團助益甚多。

本團演出地點多在中壢、竹東，因此二處班長較穩之緣故；也有遠赴瑞芳、高雄、花蓮演戲之經驗。高雄是閩南人請，花蓮是客家人請；在客家庄演出說客語，閩南庄則說閩語。

較常爲「淑裕」演戲的演員有：葉玉妹、余德芳（新竹「龍鳳園歌劇團」的演員）、林三妹等。葉玉妹爲「新興社」老闆之女，藝名「小金玉」，飾演苦旦；余德芳則常爲本團說戲。本班常演劇目有：《血海深仇》、《海公案》、《雙姻緣》、《鴛鴦樓》、《觀音收楊柳枝》等。日戲以正戲爲主，夜戲則唱採茶、四平、歌仔、流行歌等。

除了劇團的營運之外，徐女士也兼營「孝女白瓊」、「五子哭墓」等「事業」，但多只是領來交給其兄徐海堂作（因其兄從事此行）；親自下場去演，雖然一天有四、五千元的收入，但太過辛苦，人手不足才會考慮幫忙；若有《目蓮救母》、《三藏取經》之喪事戲，則多當班長之角色而很少演出。閒暇之時也會被別班請去幫忙，最常幫的團是「德泰歌劇團」，其次是「新永光一、二」團。

「淑裕歌劇團」拜的神和其它班不同，是三王公。因爲徐女士認爲田都元帥是戲班的神，家裡請了一尊戲神，萬一以後不演戲了，就不適合一直拜下去，應拜一尊可長久供奉的神，經算命建議，拜三王公。

徐女士與其夫呂先生目前皆是「臺灣省客家採茶戲劇發展協會」之會員。

㈢勝拱樂歌劇團

「勝拱樂歌劇團」，團主彭勝雄，民國三十三年生，桃園楊梅人。幼時曾入「勝美園」學採茶、京劇；後又入「宜人京班」，在此所學以京劇爲主。

民國六十三年，「新拱樂歌劇團」（註五二）將團及戲籠賣與彭，彭把其名改爲「勝拱樂歌劇團」，正式劇團之營運。

「勝拱樂」初期的活動範圍於臺南，多演唱歌仔戲和京劇，演出以全本的《三國演義》爲主，演出相當受到歡迎。民國七十三年，「勝拱樂」遷至中壢營生，演出範圍以桃、竹、苗居多，有時仍會下南部演出。

「勝拱樂」的日戲演出以京劇爲主軸，喜演擅長之三國故事。相較於其它劇團之枯燥，「勝拱樂」偏好在日戲營造熱鬧的氣氛，加入了許多武戲與翻筋斗的場面，如此作法深得觀衆喜愛；夜戲則多演採茶戲，亦唱歌仔戲。

「勝拱樂」於民國八十二年，受龍潭「龍閣」傳播公司之邀，錄製了一系列之《封神榜》故事，後因口碑良好，又續錄了《三國演義》，這些戲碼僅供電視播放，不對外販賣；也曾爲中壢「吉聲」影視公司錄製過影片於坊間販售。

彭先生對自己戲班所錄製的影帶感到信心十足，認爲是客家團中影帶品質最好的。錄製一齣戲約有三萬元之收入。

「勝拱樂歌劇團」平均一棚戲的收入是三萬五千元，演員平均收入有兩千元；也曾有過一棚七萬元的收入（非大日）；最多的一次是晚上一場二小時之公演，有十五萬之譜，不過這樣的機會是極少的，也只遇過一次。

自遷至中壢演出，「勝拱樂」初期之戲路還算不錯，但閩南庄之扮仙時間與客家庄不同；客家庄幾乎都辦早仙，閩南庄則在下午扮仙。「勝」團因常無法赴及早仙時間而延誤了扮仙時辰，造成請主的不信任，戲路大為減少，再加上團員的流失，只得於八十四年與宜蘭同樣面臨演員不足的「建龍歌劇團」（註五三）合併，轉往宜蘭發展，演唱歌仔戲，已鮮少在客家庄演出。故「勝拱樂」原本所剩班底雖大部份是客家人，卻很少演客家戲；今客家戲界多已視其為閩南班，認為此班已經變質。

團主擅長扮演的角色為關公，其妻陳伴為武旦，團中尚有陳玉子、黃健銘、林小天等演員，演員年輕，年紀在三十歲上下。黃健銘為團主最小的兒子，復興劇校肄業，於學校專攻武場及武行，平常在團中充當武行，有機會便找復興劇校的同學幫忙，支撐起全團之翻滾場面；林小天專攻小旦，為黃之阿姨；據黃所說，其母並不在此團演，現於高雄搭班演歌仔戲。文場之廖初男先生，出身雲林麥寮「拱樂社」（註五四），以前待過內臺的話劇班，在「建龍」作了八年。武場二人，湯慶煌亦是「建龍」班底；另一人林金龍，十幾歲開始學戲，曾入「竹勝園」，已有三、四十年的演出經驗，為「勝拱樂」之固定團員。

本班曾於民國七十二年獲得「臺灣省地方戲劇比賽」北區的優勝；在客家戲劇比賽中亦有良好的成績：為第一屆的甲等團體暨舞臺技術獎得主；第二、三屆比賽的甲等團隊；演員李蘭香為麥寮「拱樂社」戲劇學校畢業，曾參與「榮興客家採茶劇團」《婆媳風雲》的演出，於第三屆「臺灣省客家戲劇比賽」得最佳生角獎。

「勝拱樂」所拜戲神爲田都元帥。

(四)德泰歌劇團

「德泰歌劇團」，原是苗栗張日成和曾姓友人合組的班；張組班後，分成一、二兩團；後因臥病在床，將劇團交與其弟張有財管理，當時專接野臺戲。

張有財，苗栗人，民國二十七年十一月十五日生。初學四平、採茶，後入「東社班」，稍學過亂彈。學過老生、小丑等，以丑著稱。學成搭過各團。二十多歲時也作過電臺廣播員，十多年前，因兄生病，接手「德泰歌劇團」，然因客家戲界的不景氣、打戲路的麻煩，以及自己小孩都長大了，會養自己，不需工作也能過日子等諸項因素，於民國七十九（八？）年賣掉戲班，把演戲當作興趣；現搭新竹「新永光歌劇團二團」，爲團中要角。也常於苗栗「榮興客家採茶劇團」公演時幫忙，任丑角。

「德泰歌劇團」自張有財手中轉讓後，班主爲李國雄（民國三十一年生），李先生不幸於民國八十六年三月九日於演完包拯後中風去世，其團目前由次子李正光掌管。

自購團後，戲班執照一直延用原班主的姓名，去年才正式遷回本籍，以剛當完兵回來的二子李正光爲班主名；筆者當時訪問李國雄先生，他說他覺得「德泰」這個名字很不錯，滿吉祥的，打算要一直使用下去，現在還年輕，等兒子以後更熟悉劇團事務，再將劇團傳給他；不料數月後即聞其過世之噩耗，實令人錯愕與惋惜。

李國雄先生自國小畢業後曾嘗試過數項工作：到爆竹工廠製作鞭炮、當理髮學徒、學拍照，每一項工作卻都無法適應；由於他從小喜愛看戲，母親臨機一動，便建議他到戲班學戲，自十四歲起，正式邁入他的演藝生涯。

學戲時搭楊梅的「勝美園」，自武行學起，京劇、歌仔、採茶，什麼都學，但所學都是前場；對文、武場不甚熟悉。師事趙福奎、王雲亭（趙福奎的乾兒子）、張來順、王永生等人，並隨班出演內臺戲；離開「勝美園」後到各班搭臺演出；也於臺灣電視臺演過戲，並曾入電影圈作武行兩、三年（十九至二十一歲）；二十六歲時與「金興社」老闆徐金舉的次女徐秋子結婚。

結婚後生有二男三女（李正雄、李正光、李美琴、李美君、李小平），都在「德泰」演戲；其中次子李正光爲光啓高中畢業，擅漫畫，現轉往電視、電影圈發展，偶於臺視「中國民間故事」演出，戲班有戲會回來幫忙。自李先生去世後，暫時接起戲班；女兒並兼康樂隊；除了劇團的演出外，李與其妻有時也包喪事場，作「孝女」或「五子哭墓」，全家也作「陣頭」型態的演出。

「德泰」歷屆客家戲劇皆有參加，於第一、二、四屆獲得甲等團體獎；第三屆得優等團隊獎和最佳舞臺技術獎；第五屆則得甲等團體及最佳舞臺技術獎。

自李正光先生接下劇團後，新人新氣象，對劇團的改造花了一番苦心；因爲有在電視臺演戲的經驗，故亦將其應用在劇團上，今劇團野臺演出的行頭已有所改進，如頭套幾乎全數更換，換成較精緻與複雜的。

「德泰」演員十八人，分二團演出，一團九人，分別再從別班請調三人，以十二人出臺演戲；若非大日，則共同演出，人數較多。演員有江福榮、賴紀康、吳漢初、江玉玲、張來粉、戴菊英等人；賴紀康爲李國雄先生女婿，劇校畢業，綽號爲「小六」；江福榮，住臺北，是導演兼經紀人。文、武場各有二人，其中文場彭延和從小學戲，十四歲就入電臺拉絃，所搭過的劇團有：「金輝社」（指內壢林金輝所整時期）、「連進興」、「小榮鳳」、「大榮鳳」、「竹勝園」、「勝春園」、「華美園」、「中明園」、「新樂社」、「小美園」、「明興社」等。

本班的戲金由三萬至三萬六千元，演員收入一天不超過兩千元。以桃、竹、苗三縣、市演出次數高；嘉義、高雄、花蓮吉安、慶豐、宜蘭、臺中、彰化等地偶有戲約。日戲有正戲的要求，故多演京劇，班主於此時段尤喜演關公或佛祖角色；夜戲唱採茶、歌仔爲主，有時應觀衆、請主要求，唱「胡撇仔」。常演的戲碼有：《斬華雲》（又稱《戰太平》或《陳友諒打天下》）、《楊排風掛帥》、《活埋賢妻》（又稱《顏世昌殺妻》）、《過五關》、《斬太保》、《蘇英掛帥》、《孔明下山》、《穆桂英》、《包公遊地府》、《狸貓換太子》、《古城會》、《福德正神送黃金》等。

演「胡撇仔」時格外講究聲光效果，不時摻入「空中飛人」、「變景」等特技，「胡撇仔」常演戲齣有：《門扇板》、《怪女復仇記》、《恩將仇報》等。

「德泰」文、武田都元帥都供奉。

二、平鎮市

(一)金興社歌劇團

「金興社歌劇團」，是現今仍在活動的客家戲班中，歷史最久的一團（已有五十幾年）。創始人徐金舉，於「大榮鳳」學戲，後購下此團，於民國五十年，更作今名；此班專於內臺班演出，本爲四平班，後又轉向兼演採茶，今在外臺，已是採茶戲班。徐金舉去世後，由其妻掌管戲班；現戲班班主爲其子徐先亮。

班主徐先亮表示：本想將此團授與兒女，但他們的意願都不高，只得自己繼續作下去，反正自己也還算年輕。經營此班，完全是爲了不想將祖業失傳，把「金興社」「敗在自己手裡」，偏偏當前戲界生存不易，戲班只能勉強支持，看能作多久，就算多久，以慰父親在天之靈。

「金興社」團內約有十五人，文、武場共三人。劇團成員大部份是「自家人」：女兒、兒子、媳婦。年齡層低，和「德泰歌劇團」的情形差不多，多在二十歲上下。全家因都無高中學歷，牌照上登記徐先亮弟弟徐生雲之名。

此班團員自小由班主培養，全班能文能武，是少數不用調武行演出的班；無論生、旦、丑，班主有自信隨便叫一個孩子上臺就能表演；兒子除翻滾之外，文、武場也學，架勢十足。

現「金興社」的文場是徐先亮；武場徐芳強（十七歲）、徐芳彬（二十多歲）；演員有徐張金蘭（徐先亮妻）、徐夏子、徐玉燕、徐玉貞、林三郎、張玉敏、羅惠娟等。

日戲以唱四平爲主，出場引子多用京調；夜戲有採茶、歌仔、流行歌等。常演戲齣有：《觀音收大鵬鳥》、《曹國舅得道》、《眞假皇后》、《九江口》等。以前演戲範圍常排在臺中、花蓮，現在桃、竹、苗區；以苗栗、新屋最密集。

一年有一半日子在演戲；「金興社」的戲金由兩萬至三萬不等，以三萬爲最高，算是戲金很低的一個班。班上成員都是「自家人」，不會爲戲金高低爭吵，此種作法主要是爲了以低價戲金爭取戲路。班長並不固定，固定的有一，叫黃永寶。

此班參加過民國七十七年「臺灣省地方戲劇比賽」「歌仔戲組」得北區甲等；第二屆「客家戲劇比賽」甲等，小旦張玉敏並得特別獎。

「金興社」供奉爲田都元帥。

(二)新月娥歌劇團

「新月娥歌劇團」，本稱「小月娥」；原班主陳月娥，本名陳玉子，民國三十年生。父陳油蛙，母黃甜妹，皆四平班「小榮鳳」出身，妹陳接枝亦學戲。「小月娥」創於民國五十年，演過內、外臺，班主學過四平、京劇、歌仔、採茶等，各種劇目都能夠演。京劇和採茶是本班最常演的類別，本班戲籠及團員後轉與平鎮的范姜新堯。

范姜新堯，民國二十七年生，原在「小月娥」當鼓師，買下本團後，又購入新竹李永乾之「新承光歌劇團」執照，改名作「新月娥」，執照登記爲范姜秀珍之名。范出自演藝世家：父范姜文賢整過「錦華軒傀儡班」（專爲祭煞演出），且精亂彈、八音；二哥范姜新鑫整過「新中興掌中劇團」及「藝光歌劇團」；四哥范姜新熹整過「新拱樂歌劇團」；范姜新堯本身自幼隨父學亂彈、八音，後待採茶、四平班，惟本人不參加戲劇演出，任司鼓。

「新月娥」在客家戲班而言，屬於運作較正常的班，演員人數充足，不需於演出四處調人（公演等特殊場合例外）；本班也是少數在大日子不分班的劇團之一，演出有其堅持。目前一年有一半左右的日子在演戲，戲金介於三萬到三萬五千元之間。

本團演員素質不錯，於各屆客家戲劇比賽中都有很好的表現：「新月娥」曾得過第一屆比賽的甲等團體獎，第二、四、五屆之優勝團體獎，以及第四屆的最佳舞臺技術獎和第五屆的最佳文、武場獎。

「新月娥」的固定團員在客家戲界中多獲認同。導演張文聰（民國三十一年生），「宜人京班」出身，得過第一、五屆「客家戲劇比賽」之導演獎，也得過第五屆的最佳淨角獎，與陳秋玉（民國二十九年生）是夫妻。陳秋玉的旦角在此業中頗具盛名，是三腳採茶戲班出身的，曾待「勝春園」，十八歲即爲女主角，得過第二屆「客家戲劇比賽」的最佳旦角獎。

林黃平妹飾演三花，是客家戲界中以丑著稱者，得過第四、五屆「客家戲劇比賽」的最佳丑角獎，和「新永光」二團張有財的丑齊名；古禮達與陳月娥之父陳油蛙，是「小榮鳳」的師兄弟（古爲師兄），演藝經驗豐富，曾經獲得第二屆「客家戲劇比賽」的最佳淨角獎；陳接枝則是陳月娥之姐，演小生。

演員另有田桂英、何玉水、官寶月、陳玉美、田銀妹（民國四十三年生）、賴海銀等人，本班演員常被借調至「榮興」幫忙者有：陳秋玉、張文聰、賴海銀等。

㈢金龍歌劇團

班主鄭長庚，民國二十五年生。十一歲與其父鄭來福學武場；十三歲時搭臺演出。有五個小孩，學歷最高的讀到大學；老四鄭玉釧，年三十，通鑼鈔，亦作武場，演員不足可下場串演。班主有將團交其接手的打算，但劇團生活不安定，是否要接下戲班，其子尚在考慮當中。

鄭長庚於民國五十九年整「正新興歌劇團」，後牌照賣與賴阿富，但執照名目未變，是自己的名字。民國七十七年，受友人之鼓勵，再整「金龍歌劇團」，此團執照已賣，比賽或要使用時，則借「正新興」牌照。

「金龍歌劇團」至閩南庄唱歌仔，客家庄唱採茶。班主以戲路漸向閩南庄發展，請了許多閩南演員演出，以歌仔戲為主。故整班初期本還類客家班，今似歌仔班，客家戲界亦多稱其閩南班。

班上一半客人，一半閩人，並兼營康樂隊。

歌仔戲價碼一向較客家戲為低，此班一棚戲金約為兩萬五至兩萬七、八；演員一日所得僅一千五百元到一千八百元，此因歌仔戲的演員價碼較低之故。本團人數約有十六、七人，其中徐蘭為班主之妻。

班主通常為頭手鼓，鄭玉釧為下手；若逢兒子未到，則視所請之人員作調配；文場有范姜新蘭（「新月娥」班主范姜新熹的堂弟）、曾現義二人，有時演員劉盛龍亦充文場。

此班於第五屆「客家戲劇比賽」以「正新興」的名義參與，得中等團體獎。據班主表示，他並不喜歡參加客家戲劇比賽，班上客家人只有一半，比賽要調人演出；歌仔戲比賽都會參與，因為牌照要蓋章，不去不行。

平均一年有七十天在演戲，所奉戲神爲田都元帥。

貳、新竹區

一、新竹市

㈠龍鳳園歌劇團

「龍鳳園歌劇團」團主李永乾先生，同時也是「臺灣省客家採茶戲劇發展協會」理事長，主要以劇團維生，其手上有「龍鳳園」及「黃秀滿歌劇團」兩團；其它非職業的頭銜甚多，如「臺灣省歌仔戲劇協會」理事、「臺灣省歌仔戲劇發展委員會」主任委員、新竹市「東方錄影棚」董事長、新竹事演員工會理事、新竹市區黨部委員、新竹市東區民衆服務站理事、新竹市「微笑協會」顧問、新竹市「警察之友會」青草湖站總幹事、新竹市青草湖義勇警察顧問、新竹市二十八區分部書記、新竹市李氏宗親會理事、新竹縣李氏宗親會理事、新竹縣寶山鄉李氏宗親會常務理事、「永鴻綜藝團」負責人、「客屬會」新竹市分會會員、臺灣省警牧時報特派記者等。

李永乾，民國四十一年十月七日生，新竹縣寶山鄉三峰村人，爲農家子弟。從念三峰國小五年級起，就喜歡上了客家戲劇；放學的時候，他總是提著收音機到山上，一邊割草餵牛，一邊收聽廣播節目中傳來的客家採茶戲，而這些音符、劇情，也就成了他童年時的美好回憶。

小學畢業後，家庭的貧窮使他繼續忙於農事，不敢要求升學；民國五十八年，二哥行走江湖賣藥，爲了生計與興趣，李先生便跟著哥哥學習跑江湖的技巧：不單學了文、武場的各項樂器，採茶大戲及三腳採茶戲也學了不少，受教於楊禮章先生（現在「金輝社」），更是獲益匪淺，非但學習很多戲劇經，亦學會了跑江湖賣藥的門道。

民國六十年，入「牛車順歌劇團」演內臺戲，不巧正值內臺沒落時期，此團經營不久便宣告散團；李先生只好重回江湖賣藥，直至民國六十一年入伍爲止。

二十三歲時退役，回家幫忙農耕；於次年五月，「牛車順歌劇團」改作外臺戲，班名易爲「居順歌劇團」，由於之前的交情，李先生便入團擔任樂師，幫「牛車順」的忙。

民國六十五年，入廣播電臺任廣告員，藝名「李劍鴻」，因爲打響了名氣，有不少電臺前來邀約，又陸續爲數個電臺主持廣播節目。

民國六十七年，購下「居順歌劇團」一團的行頭，又買進苗栗「新承光歌劇團」的演藝登記證，布景則繪「新『成』光」之名，正式開始營運；到了第二年，因戲路寬廣，便又增設一團，取名「李劍鴻歌劇團」。

除了劇團的生意外，李先生並開過沙發行；中間也接婚喪喜慶場的棚架搭設；並作過建築包商八年；白天去工地，晚上到劇團協助，生活過得相當忙碌。

後來李先生將「新承光歌劇團」的執照賣給中壢的范姜新堯，范將其改名爲「新月娥」；之後李先生又將「李劍鴻歌劇團」改名作「龍鳳園歌劇團」，現在「龍鳳園」演出時，較舊的景片上，還可以看見「李劍鴻歌劇團」數字呢！

民國八十二年，新竹的「秀美樂歌劇團」（註五五）經營不善，爲李先生所買下，讓太太藍香妹領班；此團接的戲少，知名度稍差，李便於去年（民國八十六年）初，將執照賣給觀音鄉的「新鳳歌劇團」；「秀美樂」的團員則成爲「臺灣省客家採茶戲劇發展協會」編制內的人員，加上前年八月初甫買下的「黃秀滿歌劇團」執照，現今李先生共有「黃秀滿」及「龍鳳園」兩團；除劇團的營運外，李先生有時亦參與戲班演出和八音喪場的演奏，李先生說，他學八音已有二十餘年的歷史。

由於深感客家戲劇的沒落與流失，充滿文化使命感的李先生於前年力爭，成立了「臺灣省客家採茶戲劇發展協進會」，並結束了手邊所有的工作，致力於劇團的演出與客家戲劇的推廣。爲了人才之培育及戲劇的提昇，自費建了一座「東方錄影棚」：「東方錄影棚」位於新竹市柴橋里，爲一鐵皮建築，佔地約有兩百坪。有存放戲籠、行頭之處；有文、武場教學專用的房間及演員休息室；棚中尚有戲臺，供錄影及教學所用；棚內空間也供劇團公演排戲使用；所有費用支出全是李先生自掏腰包支付的。李先生說，自結束所有工作、發揚客家戲劇以來，他已賣掉一塊土地，而這兩年，劇團全年的盈餘，也不過才十幾萬而已，不過他很明白：這是爲文化貢獻所必須付出的「代價」。其發揚客家戲劇的苦心，由此可見一斑。

「龍鳳園歌劇團」成員約有十五、六人。武場林雲錦、鄭明堂（以前嘗在「勝美園」學戲）；文場爲劉麟富、鍾金麟、馮新旺等；李先生有空時，亦會來回自己的兩個團，擔任文場；導演呂芳富是歌仔戲班的演員，但在此團有戲時，會來團內說戲。

演員有余德芳、劉秋蘭、魏炆燈、官寶珠、蘇麗華、林梅容、李玉瀅、吳龍泉、陳麗等；其中劉秋蘭能演三腳採茶戲；而李玉瀅爲班主李永乾的女兒；官寶珠與蘇麗華（爲康樂隊藝人，但常來此班演戲）並於第五屆「客家戲劇比賽」分別得最佳旦角與最佳生角獎。

「龍鳳園」演出以桃、竹、苗爲主，宜蘭、花蓮也都演過；一棚戲戲金三萬五千元上下，在遠地的戲金差不多要四萬五千元；本團有時也兼喪事場。

「龍鳳園歌劇團」曾受「龍全」文化傳播公司之邀，錄製客家大戲影帶於第四臺播放；新竹「合冠」傳播公司也於「竹塹思想曲」中訪問過本團。

本班常演的戲碼有《眞假皇后》、《楊宗保招親》、《梁紅玉擂鼓退金兵》、

《西岐風雲》、《貞婦義僕》、《深宮怨》、《三母救主》、《包公雙釘案》、《女俠胭脂虎》、《遊白樓》、《一門三魁》、《海公奇案》、《蘇英掛帥》、《李旗哭靈》、《趙雲下山》、《觀音收大鵬鳥》等。

本團曾得過的獎有：

民國六十九年，「臺灣省地方戲劇比賽」「歌仔戲組」北區甲等（當時團名仍爲「李劍鴻歌劇團」）。

民國七十七年，「臺灣省地方戲劇比賽」「歌仔戲組」北區甲等。

民國八十二年，「臺灣省客家戲劇比賽」甲等及最佳舞臺技術獎。

民國八十三年，「臺灣省客家戲劇比賽」甲等獎。

民國八十四年，「臺灣省客家戲劇比賽」甲等獎。

民國八十五年，「臺灣省客家戲劇比賽」「客家戲劇比賽」優等團體獎、最佳劇本創作獎。

民國八十五年，「臺灣省地方戲劇比賽」「歌仔戲組」北區甲等。

本班所供奉的戲神是田都元帥，文、武皆祀。

㈡黃秀滿歌劇團

「黃秀滿歌劇團」，成立約有十年；因爲沒有結婚，黃秀滿女士認養了弟弟的兒子黃泰乾，執照上登記的也是他的名字，此班於民國八十五年八月初，賣給新竹市的李永乾先生（「龍鳳園歌劇團」團主）。

賣給李之後，團主爲李永乾，團務管理、工作調配、業務及接戲等事，李先生會加以處理，不用黃女士親自負責，黃只要演戲及領團就可以了；也就是因爲業務、人際方面過於麻煩，喜好演戲的黃女士才決定賣團的。目前的局面可省了接戲、交際的困擾，又可以專心演戲，是一個兩全其美的法子。

雖然目前實際上的團主已是李先生，執照登記卻尚未改變，黃女士對團隊的演出，也有完全的統籌權；而戲界還是認爲此團沒有什麼改變，然本文以班主的身份來界定劇團，因已賣給李先生，故將其列爲新竹地區的歌劇團，以方便文章的進行。

黃秀滿，民國二十七年生，是採茶戲界名伶「阿玉旦」的女兒。「阿玉旦」本名黃楊玉妹，民國前六年生，桃園觀音人。十六歲時入「阿神伯」的內臺班演戲，從三腳採茶小戲演到大戲。十八歲時，「阿玉旦」以一齣《拉尿嬤》出了名，慢慢地在客家庄打開了知名度；二十歲時，嫁給文場的黃鼎富。

「阿玉旦」名聲極大時，還曾和當時著名的丑角梁阿才（苗栗縣南庄鄉人）同赴日本灌唱片，在當時的客家戲界來說，是無人不曉的人物；即便非是戲界，現今年五十歲以上的客家人，凡是有看過客家戲的，對「阿玉旦」的名聲也多有耳聞，可見「阿玉旦」當時有多麼紅了！

黃秀滿十歲從母學戲，母親並買了兩個養女，一起學戲；黃在二十六歲時，其母中風，五年後因胃病去世。

黃女士十歲便隨其母搭過「中明園」、「泰山」團（此班爲新竹閩南班，分有一、二班）、「勝春園」、「新永光」、「新勝園」等劇團，並曾於「榮興」草創初期去幫忙，幫了兩年多；後來因外臺戲訂單多（當時「榮興」尚未走外臺路線），而自組「黃秀滿歌劇團」，由鄭榮興先生爲其申請執照，因此現在戲籠上，還有「榮興」的字樣。

黃秀滿女士在二十八歲至三十二歲之間，並於新竹臺聲電臺唱廣播戲，當時因爲自己是內臺出身的，對非封閉式且觀衆走來走去的外臺並不習慣，演電臺是比較好的選擇；黃女士說，當時電臺請她的價碼很高，一個月兩千元，中間穿插賣藥廣告可得外快四百元，那時一斤豬肉也才八元而已！

黃女士所演本是旦角，在電臺演戲期間，導演認爲其聲音渾厚，可唱生角，從此黃女士改唱生角；黃秀滿女士本人並得過第二屆「客家戲劇比賽」的最佳生角獎及第三屆的最佳導演獎。

在這當中，不時有戲班請黃女士出場演外臺戲，三十二歲那年，她便出來外臺表演，由一天三百元演到一天八百元，算是最高的價碼；如今團賣給了李永乾，一般主角一天是兩千元，黃女士則有三千元，仍算是高價位的演員。

一年能領的棚數不一定，大約有一半的時間會有戲可以作，有時連十二月也能接到十幾棚戲——十二月是淡季，有的戲班只能接到一、兩天戲而已。平常一棚戲金是三萬五千元，大日子則爲六萬左右；常演的戲碼很多：《薛平貴征東》、《狄青征南》等故事自然也常演。黃女士說，記在腦中的戲碼有四十齣以上，想到什麼就作什麼，臨時講戲就可以了。

黃女士本人除了演戲之外，也曾在臺北教過客家民謠班；最近又應「臺灣省客家採茶戲劇發展協進會」之邀，在「東方錄影棚」教學，教授身段及唱腔。

「黃秀滿歌劇團」中的成員有十三人左右，除文、武場和檢場外，演員都是女的，黃解釋說是男演員不好找的緣故。演員主角一天薪水是兩千元，配角一千七百元，現今演員有田秋梅、田秋香、江碧珍、劉完妹、徐義妹、許春楣、洪金月、劉秀鳳、曾玉梅、鄒秀娥、黃桂香等。

在這些演員當中，田秋梅、田秋香是苗栗「中明園」班主田火水的女兒，二人近來已退出此班，正考慮未來的去向；江碧珍多飾苦旦，對文場亦十分內行，曾搭過「三義園」，並在「三義園」期間得過第七屆「臺灣省地方戲劇比賽」「客家班」組最佳女主角獎，其弟爲「榮興客家採茶劇團」的王慶芳。

劉完妹，曾整「金玉梅」班，「金玉梅」原是中壢的內臺四平班，後爲劉完妹購下；劉完妹本身出自後龍「東社班」，爲亂彈底，是東社的平埔族人；在「東社班」作了十幾年，一直到嫁到三重後才離開，並自中壢購下「金玉梅」。

購下「金玉梅」後，什麼都演，但以亂彈爲主，而後自己學了四平和採茶戲，又學了閩語和客語，所以不知其出身班底的人，總以爲「金玉梅」是採茶班；後來因爲劉女士的先生去世，兒子又於高速公路上發生車禍身亡，沒有人能幫助掌管戲班，劉女士只好於民國七十八、七十九年左右，將「金玉梅」賣給竹東的蘇雙傳（變成「雙美人歌劇團」），而自己搭別人的外臺班演出。

徐義妹，民國八年生，十二歲開始學戲，票（綁戲）給「明興社」（新竹內臺班）三年四個月，還沒出師，「明興社」就結束了營業，徐女士也就離開了。徐女士待過很多班：在「勝春園」和「新永光」時和「阿玉旦」在同班；也和阿生丑（註五六）及梁阿財同班演出過；以前主要是演內臺的，也待過歌仔戲班；黃秀滿整班之後前來幫忙。

徐女士現年八十歲，是目前客家戲界仍有演出的演員中，年齡最大的；她的嗓音高亢，演出時偏好唱「曲」（北管、四平等）。

劉秀鳳是元培醫專的學生，因爲喜愛戲劇，參加了黃秀滿女士在「臺灣省客家採茶戲劇發展協進會」的傳承班，平常也在協進會幫助處理事務，現在「黃秀滿歌劇團」中擔任龍套，還在學戲的階段。

曾玉梅是文場黃成忠之妻，「小美園」出身，本於「龍鳳園」演戲，最近才調到本班；黃桂香擅演丑角，是黃秀滿的弟媳，本在此團，後因作生意而退出，有空時仍接受本團之請調；鄒秀娥原來從事「孝女」表演，也是初入本班的演員。

檢場陳仁春並不是戲界中人，黃女士看他孤苦無依，十分可憐，便讓他住團，給他一個月六千元的薪水，供他吃，住，處理一些雜事。

文、武場共有三人。文場黃成忠，新竹人，原在子弟班學八音，練習拉絃及吹嗐仔；後來學老式採茶；其後又入「新榮鳳」待了三年，在「金興社」工作十一年，其中亦待過「連進興」、「勝美園」、「永光」、「隆發興」、「小美園」等戲班，專司後場；黃秀滿整班後就一直在此。武場有呂坤生及蘇鳳英。蘇鳳英是黃秀滿的表姐，負責燈光、音響和武場；之前開計程車，後來在臺北開永和五路的公車；民國七十六年，才下中壢來幫忙。

「黃秀滿歌劇團」於在第一屆「客家戲劇比賽」中獲得中等團體獎；第二屆得到優等團體獎及最佳文、武場獎；因爲黃女士的班演出陣容相當不錯，苗栗頭屋的「嵐雅」傳播公司邀其錄製了一批錄影帶，有《才人無貌，爛扇多風》、《乞米養狀元》、《小媳婦未來，不知大媳婦好》、《賢女勸夫》、《梁山伯與祝英臺》等，其中《乞米養狀元》是很早就有的戲碼，是苗栗一個賣藥的謝新霖所寫（註五七），「榮興」劇團也曾在公演時演過；至於《小媳婦未來，不知大媳婦好》，一般戲班演這場戲時，主角是小生，而因黃秀滿演時改爲傻子，增加「笑」果，現今許多班也就將主角改換爲傻子了；《賢女勸夫》算是三腳採茶的一種，通常用於說唱，在數十年前就有唱片灌製過此文內容，「阿玉旦」的上一輩師父也有教過，黃女士目前家中還存有手抄本。和一般劇團演出不同的地方是：它還多了七、八首歌；《梁山伯與祝英臺》也是很早的戲，目前有一位謝美妹女士，還和「阿玉旦」對戲時演過山伯，她的很多戲都是「阿玉旦」教的，今已從「新永光」退休。

黃秀滿女士供奉的是田都元帥。

二、新竹縣

㈠新永光歌劇團一團

「新永光歌劇團一團」，班主徐蘭妹。

徐於民國五十一年整「新永光歌劇團一團」，迄今已三十餘年。徐自小喜愛觀賞客家戲劇，由於經常去看戲而和有相同愛好的張黃長妹相識，兩人後來還去內臺戲院作售票小姐，相處日久，感情深厚，便結拜爲姐妹。

徐女士本身並不是演員，看戲兩、三年之後，便和張黃長妹商議組班的計畫，組成了「新永光歌劇團」。在當時「新永光歌劇團」名「玉美園」，是一個苗栗班，演員們組成股東，賺的錢平分，但整沒多久，就決定賣班了；「新永光歌劇團二團」的團主「黃秋蘭」（藝名），其時正在此戲班擔任煮飯的工作，和徐女士商議後，遂頂下這一班，改作「新永光」。整團時，拿的是新竹市的執照，執照上登記自己的名字，今團址位於新竹縣。整班數年，生意很好，才又分成兩班演出，團分「一團」、「二團」，由徐女士帶領「一團」；張黃長妹女士擔任「二團」的班主。雖然在執照上的安排如此，不過由於黃女士年紀稍長緣故，客家戲界一般稱張黃長妹女士的團作「一團」，而稱徐女士的爲「二團」。

「新永光」草創初期，戲路非常廣，檔期排得很滿，一年可以接三百三、四十棚戲，連當初的市公所都邀請他們去表演，光是客家庄的戲就無班能及，是一個非常有名的團體。但近年來團員年事漸高，媒體充斥，再加上許多好演員被挖角，此班生意已大不如前；現在平均一年只有七、八十棚的戲可以作，生意清淡；以前有一陣子也曾經爲龍潭「龍閣」傳播公司所邀，製作了一些錄影帶於電視臺播出，這種演出機會最近也沒有了。

「新永光一團」的戲金，好時一日有三萬五千元；有別班來拼戲時，能接受的限度是兩萬八千元，再低可就非賠不可了！至於屏東、花蓮，因爲運費的關係，價碼當然會高些，然而這些地方的戲是很少的，「新」團的活動範圍還是集中在桃、竹、苗三縣、市。

徐女士表示，她的團原有幾個好演員，如：葉香蘭（今在「榮興」）、王慶芳（本去「德泰」、今在「榮興」）、黃天敏（今在「榮興」）、黃秀滿（自組「黃秀滿歌劇團」）等，可惜都已經離團了；有的演員去世了；有的年紀太大回家休息，不演了；現在「新」團的團員有十四人：文場有李育欽、張明發；武場是蔡文灶、葉在鈿；現存的演員最少的在本團也待了十年以上，其中張劉雪子還待了三十多年；另外如張新興、林玉騰等也在本班；本班團員年歲頗高，連年紀最輕的徐秋香，也已達五十五歲之高齡。

本班演出的戲齣很多，有：《吳漢殺妻》、《劉秀復興》、《斬太保》、《彭公案》、《莊子戲妻》等，以前講戲的是葉香蘭，如果遇到「臺灣省客家戲劇比賽」等重要場合，會請張有財（「新永光二團」演員）來講，平常則以林玉騰爲講戲先生。

因爲劇團的長年奔波，徐女士並沒有結婚，她認養了妹妹的兒子，現在有兩個孫子，平常家裡靠耕田維生，生活上沒有困難，但戲班裡的其它老演員可就不一定了；有家庭而兒女願意奉養的自然很好，有的演員身體欠安又無家室，戲班戲路又少，生活過不下去，令人心酸。徐女士說她最近在幫以前搭她班的謝美妹女士申請政府補助，其它演員有困難她也要極力幫忙，不忍之情，溢於言表。

本班參加客家戲劇比賽，於一、二屆得過甲等團體獎；第三屆得優等團體獎，第五屆得到的是甲等團體獎。

徐女士家中供奉田都元帥。

(二)新永光歌劇團二團

「新永光歌劇團二團」，位在竹北市，班主張黃長妹（藝名「黃秋蘭」），年七十六，是現在僅存的客家戲班中，班主年紀最長者，與「新永光一團」團主徐蘭妹是結拜姐妹。

同樣都整戲班，黃女士的重點在於看戲，所以她的團務幾乎全交給團員陳玉珍處理；陳玉珍算是本班的經理，負責領班，偶而亦領戲。班主黃女士則隨團出去，通常在後臺休息、聽戲，不大過問劇團內部的事情。粗計「新永光二團」團員約十五、六人，平常人數維持一定水準，只有分班時才會找人幫忙。班主回憶起一、二十年前的盛況：從前戲接得很多，而且常去臺北演出，一年有兩、三百臺的戲約，著名的「阿玉旦」和她的女兒黃秀滿就待過這班，而班主還認「阿玉旦」作乾媽，那時演的是內臺戲；現在一年頂多作一百二十棚戲，大月還有十四、五棚戲可接；小月，尤其是舊曆四至六月，至多才兩、三棚戲，有時還根本沒有戲可以演。戲班目前雖然全省也都有戲約，但機會鮮少，多數的戲是在桃、竹、苗區演出，和以前的情況實在很不相同。

班上的團員全部是客家人，演出的戲碼不一定，一般敷演漢、唐、宋、元、明之演義，常演的戲齣有：《薛平貴征東》、《三國演義》、《郭子儀征西》、《隋唐演義》、《孫龐演義》等，大抵要看請戲人的要求，或者是否有觀衆點戲。

「新」團的戲金由兩萬五千元到三萬元不等，戲金高時可達三萬五千元。演員收入從一千八到兩千多都有，平均收入是一千九百元，主角和配角的價碼相差約二百元。此班的演員年紀雖大，角色卻相當平均，老生、丑、旦的水準很整齊，只是演員年事益高，新人不進，團主也沒有把握戲班能撐多久，或許就作到演員都演不下去爲止吧！

本團得過「客家戲劇比賽」第二、三、四屆的甲等團體獎。在團員陣容方面，文場有二人，武場也是。演員陳玉珍，三灣人，在團中是較年輕的，爲本班的女主角；其它有曾承圖、張有財等。曾的戲演得不錯，專司老生，是有名的內臺丑角曾新財的兒子；張有財則是現今客家戲界最有名的丑角，於第一屆「客家戲劇比賽」得到最佳配角獎；第二、三屆得最佳丑角獎，他說，因爲連續拿過三屆的丑角獎，於第四屆和第五屆都不演丑角，將機會讓給別人；其嗓音清亮，舞臺應變能力良好，是一位不可多得的表演人才。他年輕時整過「德泰歌劇團」，現已賣至中壢。田都元帥也是此班供奉的戲神。

㈢金輝社歌劇團

「金輝社歌劇團」原是桃園內壢林金輝所整的客家外臺班，有二、三十年的歷史，於五年前賣予竹東的彭盛文；彭先生說他買這個執照花了三萬六千元，執照上登記的是原班主的姓名，屬於桃園縣，他一直未過戶下來；「客家戲劇比賽」的時候，他以自己名字和新竹縣的團址報名，也沒受到什麼質疑。他認爲接手此班，是衆所皆知之事；何況對戲班來說，桃、竹、苗也沒什麼區別，他並不急著去辦理這一切手續。

彭盛文，民國三十三年生，育有一子一女。兒子在當兵；女兒已出嫁；其妻於民國七十三年因腎臟炎去世，家裡並沒有人往戲界發展。因爲自己並沒有高中學歷，他打算以後更改執照時，要用兒子的姓名。

除了「金輝社」班主外，彭先生同時也是竹東上坪廣惠宮的主任委員。從十幾歲起，彭先生就在廟中管理寺裡的事務，舉凡打掃、看廟、看對聯、安牌、安神位、看時辰等，皆要一手包辦；遇到建醮、大拜拜等大型活動，更要分配好各人職責。其間他也作過爐主；和主任委員比起來，他認爲爐主是一個輕鬆的工作。

彭先生是天師派的紅頭道士，屬於文道士。平時他會將戲班的行程排好，挑出剩餘的時間爲人算命、辦法會，他說這是一種功德；對婚喪喜慶的各項儀式他也很在行，從二十一歲起，所承辦的喪場不下兩百場，可以說是經驗老到。

二十四歲時，彭先生整過內臺戲院，屬於露天性質。同時他也當班長，爲各班仲介、尋求戲源；若逢電臺演客家戲，也到電臺當武場。這幾項工作，倒是數十年前的往事了。前兩項自內臺戲院的紛紛關閉和電臺的風光不再，就已斷了戲路來源。而後又經營此班，班長職務無暇顧及，慢慢地就放棄了。

二十八歲時當選里長，之後又連續作了十八年，策畫過許多康樂節目，也因此在地方集會所舞臺上，常可看到山歌班的演出，也不時能聽到客家戲的鑼鼓喧天。

買下「金輝社歌劇團」，照彭先生的說法，是因爲對客家文化的使命感，否則何必笨到花數百萬去添置新行頭、到高雄旗山請人畫新布景、買好音響？他希望在廟前還會有人看看臺上演的客家戲，可惜局勢日壞，著實有心無力。

因爲對演出水平有期望，「金輝社」的野臺演出的確較爲講究，本班的布景，繪工精緻，是客家團中最精美的（以野臺而言），這次「客家戲劇比賽」，還借給「新月娥」充場面；燈光的搭配，也稍花心思；在演出方面，老闆堅持絕不分班，雖然他也知道一班十幾人分成兩、三班會賺錢，但他還是不願意降低演出素質。而每次他都會隨團演出，一方面可充當武場，一方面領了戲金，要發給演員；他說每次的演出，他一定會到，幫助搭布景、看看扮仙戲是否趕上、安排演員吃飯……等，各類瑣事都要打點，好讓演員心無旁騖，專心表演。最重要的是：老闆到場，演員就不會放肆，隨便亂演，可達到監督的效果，不致壞了戲班名聲，對請主也好有個交代。

「金輝社」一棚戲的戲金，大概以三萬三千到三萬六千元的價碼最常見，演員的工資如下：生兩千五百元；旦兩千兩百元；其它配角一千八百到兩千元；文、武場是一千八百元到兩千兩百元。

本班人數十多個。文場兩個：李文珍、劉麗華（彈電子琴）；武場：頭手是何木山，下手李慶詮，是文場劉麗華的公公；班主偶會客串武場，三個武場共同演出。固定的演員有十人。溫三郎是戲先生，也要調動演員、掌理人事，總務亦是他在處理；小旦徐春香，以前待「金龍歌劇團」；小生唱腔很好，是客家戲界知名的小生，叫王雲蘭。王雲蘭以前待過「小美園」、「新榮鳳」（註五八）、「金興社」等班；楊禮章，七十多歲，演粗角，三腳採茶戲班出身，以前老師是阿生丑。

團主說當初他買班時，團員有二十幾位：有的是來學戲的，學成後就走班了；有的去世了，現在僅剩十五人。活動地區在桃、竹、苗，但基隆、金山、澳底、頭城、宜蘭等地都去過，彭先生說，在宜蘭演扮仙戲時，一定要用到大鑼，並且要兩支嗩吶吹奏；南部的戲此班很少有。一年約有一百五十天的戲，戲碼不一定，如果廟方沒有特殊要求，以演演義爲主。

本班參與過第三屆「客家戲劇比賽」，得甲等。

「金輝社」文、武田都元帥都拜。

㈣雙美人歌劇團

一般認定已不再演戲的「雙美人歌劇團」，老闆蘇雙傳，今年六十一歲。他對目前客家戲界認爲他不是客家戲班、並且戲團也不存的說法感到憤慨：他說他的班的確在閩南庄演戲演的比較多，所以大部份的戲班沒在客家庄遇見他的團；再加上他本人不喜歡和其他團交際，才會造成別人的誤解。其實他在客家庄的戲，和劇團營運很差的戲班比起來，可能還多得多呢！

根據蘇先生的說法，他並不是演戲出身的。小時因家境富裕，喜歡整天往戲園跑（當時是內臺戲時期，看戲是要買票的），家裡看他熱衷戲劇，便於他十五歲那年，賣掉一甲田，整了「峨嵋」戲院，讓他作戲園主，可惜因爲經營不善，賠了很多錢，後來改作建築。不過太太倒是對戲劇較了解，是一位演員。

「雙美人歌劇團」是蘇先生於二十幾年前向劉完妹買的，當時戲班名稱叫「金玉梅」，現在的名稱是他接手後改的；後來蘇先生又陸續買了幾班牌照，所以現在他的手下一共有五個團，分別是：「三花興」、「三武興」、「三歌興」、「雙美蘭」、「雙美人」，他認爲這五班都是客家班。五團人數加來有六十幾人，其中包括他的女兒、媳婦。此外，他還有一個歌舞團，名字也叫作「雙美人」。

蘇先生一年有兩百三十幾棚的戲可以接，遇到大日子，還要分三班出去演；每棚戲的戲金大抵有三萬元，演員收入從一千七百到兩千五百元不等。和別班不同的是：蘇先生以前當過內臺戲院的老闆，對接戲很有概念，所以他都自己接戲、簽約，不會讓班長賺介紹費，「我是頭悅」，他說。

因爲覺得武的田都元帥比較有力量，所以蘇先生拜的是武身。

參、苗栗區

一、苗栗市

㈠榮興客家採茶劇團

「榮興客家採茶劇團」，團主鄭榮興，苗栗人，民國四十二年生。出身於音樂世家的鄭先生，自幼即跟隨祖父陳慶松學習八音，於祖傳的「陳家八音團」中，學得了一身的傳統樂器演奏本領。

由於家庭環境的因素，鄭先生半工半讀地完成了學校的課業；在工作的選擇上，以熟悉的音樂爲考量，不但曾於「陳家八音團」中隨祖父演出，也搭過許多的劇團：如「小美園」、「金興社」、「小月娥」、「永昌」等，並嘗於廣播電臺演出客家戲；再加上師事北管大師邱火榮，累積了不少的後場演出經驗。

在學歷方面，鄭團長民國六十二年考上東吳大學音樂系，主修理論作曲；六十五年轉入文化大學國樂組；民國七十三年畢業於國立師範大學音樂研究所；民國七十七年則獲得法國第三大學東方語言學院民族音樂學第三階段博士班文憑。

鄭先生於民國七十三年起開始接任「陳家八音團」（此團於民國七十六年得薪傳獎）；於民國七十六年起任「榮興客家採茶劇團」團長（該團於民國八十一年獲薪傳獎）；民國八十三年起擔任國立復興劇藝學校綜藝團團長兼歌仔戲科主任；更

於今年擔任復興劇校校長；其間曾兼任於臺灣各大專院校講授音樂課程，如文化大學、臺灣藝術學院國樂組、私立華崗藝術學校國樂科、私立實踐設計管理學院國樂科、國立臺灣師範大學音樂學系等，於民國八十三年正式升等爲副教授。

一者因爲祖母鄭美妹女士以前是客家採茶戲班的演員，二來因爲自己以前也搭過客家劇團，又適逢曾師水義推廣民間劇場，鄭先生便興起創立劇團的念頭，故而成立了「榮興客家採茶劇團」。創立初期，重點在於客家戲的推廣，並沒有演外臺戲的打算；因爲許多好友、前輩的幫忙，「榮興」漸漸打響了名號，外臺邀約接踵而至，於是開始也往外臺發展。

「榮興客家採茶劇團」，是現今所有客家劇團中，演出棚數最多的班。除了野臺戲之外，申請的公演也不在少數，和其它劇團專以野臺營生的模式稍有不同。演出地域也以桃、竹、苗爲中心，但外地請戲的也有不少；較常出演的外縣市有：臺北、臺東、花蓮、臺中、屏東等；戲金由兩萬多元到五萬多不等，通常以三萬到四萬多最爲常見，是客家劇團中戲金較高的團，演員酬勞也較其它團稍高。本劇團亦有錄音帶出版，錄影帶雖有，多不出售。

本劇團常演的戲碼有：《借荊州》、《三娘教子》、《馬三才嫁阿母》、《古城會》、《送京娘》、《觀音收大鵬》、《萬箭火輪陣》、《趙匡胤夫妻會》、《李旦失揚州》、《三國戰》、《斬太保》、《斬郡主》、《狀元樓》、《過五關》、《取長沙》、《司馬再興復國》、《五龍陣》、《孫臏下天臺》等；最常演出的扮仙戲是《三仙會》及《壽仙》；常演的公演戲碼有《三娘教子》、《孝子不記恨》、《鐵弓緣》、《婆媳風雲》、《王文英認親》、《眞假狀元》等，以及三腳採茶戲之小戲戲碼。

班上固定的團員有十幾位（因特殊場面而請來的「陳家八音團」團員不算入內）。文場有詹招發（兼司機）、巫森雄（民國三十三年生）；武場有頭手鍾燕飛及下手鄭水火。鍾先生，民國二十二年生，十三歲入楊梅「勝美園」學戲，十四歲時學打鼓，老生、花臉、丑角也都能演，亦待過新竹「隆發興」；鄭水火先生，民國十八年生，是團主鄭榮興先生的父親，曾參加「承光」、「泰鵬」、「新勝園」、「小美園」、「隆發興」等團，擔任後場。

演員有劉玉鶯、傅明乃（民國三十八年生）、黃鳳珍、曾先枝、賴海銀、張雪英、吳勉（民國三十年生）、古蘭妹、黃天敏（民國二十三年生）、劉金英（民國二十八年生）、王慶芳、賴宜和等。雖然也只有十數位，在客家團來說，算是人數多的團。

「榮興客家採茶劇團」曾舉辦過許多大型的演出活動，在臺北市立社教館、國家戲劇院，都曾有過大型戲碼上演，是現今客家戲班裡，知名度最高的團。

參加「臺灣省客家戲劇比賽」迭有佳績：得過第一屆的優勝團體獎及最佳文、

武場獎；第三屆的最佳文、武場獎；第四屆的優勝團體獎、最佳劇本創作獎及最佳文、武場等各項大獎。

黃天敏，曾為「新永光」、「金龍」、「大中華」等團說戲先生；亦曾於桃園天聲、新竹先聲、中廣苗栗臺等廣播電臺擔任客家大戲編導。

吳勉，自小於「永光劇團」學戲，曾入「新勝園」，專攻旦角，與先生組過「德泰歌劇團」。

演員曾先枝，民國二十一年生，龍潭烏樹林人，與賴海銀（民國二十九年生）為夫妻。賴女士為屏東人，因喜愛看戲與曾先生相識，進而結成連理，婚後隨曾先生於各團演出，待過「勝春園」、「永昌」等團，現為「新月娥」團員，但「榮興」有公演或野臺戲時也來幫忙；夫妻二人也同跑江湖賣藥，因長期合作演出，演起三腳採茶戲來，默契十足。

曾先生十六歲與舅舅魏乾任（註五九）學戲，曾於「竹勝園」、「勝拱樂」、「錦上花」（註六十）、「居順」、「小美園」等各歌劇團幫過忙；於四十二歲那年與竹東的許秀榮（註六一）合作成立過「永昌歌劇團」（此班於曾先生五十六歲時賣掉），劇團生意不好時曾和「小美園」合班，誰接到戲單就掛誰的布景演出；結束戲班營業後，到「小月娥」幫忙演出。近年亦為臺北市「客家戲曲」研習班之教師。

不演戲的時間，曾先生以跑江湖賣藥討生活，事實上，演戲只能算是他的副業（註六二）；因為跑江湖的經驗豐富，對語言、說辭的運用頗有一番心得，入「榮興」以後，自然擔任起編劇的工作，是客家戲界中難得的改編人才，然尚未有眞正的創作出現（註六三）。

曾先枝先生曾於第四屆「臺灣省客家戲劇比賽」中，得到最佳導演獎。

劉玉鶯與王慶芳（民國二十八年生）皆亂彈底。劉為著名薪傳獎藝師邱火榮的妹妹，本在宜蘭「建龍歌劇團」搭臺演出；王慶芳則出自後龍東社的「再復興」劇團，於此所學甚多。曾於待「德泰歌劇團」期間，得過第三、四屆「客家戲劇比賽」的最佳淨角獎，在「德泰」也任戲劇指導；今在「榮興」，多飾淨角。

傅明乃，自幼隨其父傅技學藝，原攻小旦，後轉小生；與謝俊男為夫妻，本待宜蘭「建龍歌劇團」及「漢陽歌劇團」，後又改搭「勝拱樂」、「新永光」、「金興社」等團；謝離「金興社」後有另外的工作，若有人請調演戲，會去幫忙，在「榮興」演出也是如此。

古蘭妹，專攻旦角，藝名「葉香蘭」，其養父為「勝美園」的葉國道先生。曾於中廣苗栗臺之客家戲劇節目演出，在搭新竹「新永光」一團時，曾得第一屆「客家戲劇比賽」最佳主角獎、第二屆的最佳導演獎；於「榮興」時得過第四屆「客家戲劇比賽」的最佳旦角獎。

黃鳳珍曾搭「金龍歌劇團」，也在苗栗中華電臺錄過廣播劇；以丑名，但得過第四屆「客家戲劇比賽」之最佳生角獎；演員張雪英，民國四十一年生，專攻花旦，嗓音特佳，唱起客家調來，別有韻味，搭過「文化歌劇團」、「隆發興劇團」、苗栗電臺劇團等，並為「文化歌劇團」最後一批綁戲的學徒；亦擔任過新竹縣、苗栗縣「客家歌謠」研習班及竹北博愛國小「採茶戲」研習班教師（此研習班現已解散），為「榮興」目前最年輕的團員。

為了客家戲曲的傳承與發展，「榮興」劇團於苗栗後龍鎮豐富里成立了「客家戲曲學苑」，預備各類活動之推廣，所有計畫正在醞釀之中，相信不久便會有成果出現。

「榮興」所拜有田都元帥及西秦王爺。

㈡新美蓮歌劇團

蕭美蓮，本名蕭美枝，「新美蓮歌劇團」團主，民國二十七年生（農曆一月十二日），「美蓮」是她的藝名。在客家戲界，一般人只知道她的藝名，說起本名，知道的人反而很少。

蕭女士原來是閩南人，小時候就分給苗栗姓蕭人家當養女，曾念過兩年日本書，但是國小並沒有念畢業。平常放假就喜歡到戲班看人演戲、對戲，對演戲的興趣濃厚。她的養父母都是戲界中人：養父蕭運寶是一位戲先生，專門教人作戲；養母李秀英也在演戲，當時他們都在內臺採茶戲班搭別人的班演出，自己並沒有戲班。蕭女士自小就受養父母的影響，一到戲班便跟著學戲，學久了就開始粉墨登場；有時看見文、武場缺少人手，也會試著上場敲打、拉絃，每種角色都儘量嘗試、學習，以免日後出場被觀衆刁難。

蕭女士十幾歲開始作內臺戲，二十幾歲嫁給苗栗人黃通榮。黃通榮先生是負責文、武場的，現在已經去世了。蕭女士一共有四個孩子，都是男的，到目前爲止，早已升格爲祖母階級，有了十一個孫子。

內臺戲作了一陣子之後，蕭女士受邀到苗栗大中華廣播電臺作廣播劇——廣播客家大戲。作到三十幾歲時，起了整班的念頭，於是在四十歲左右，成立了「新美蓮歌劇團」，整班至今，已近二十年。其間蕭女士也有兼作「孝女」和康樂隊營生，但現在年紀大了，兒子不願意母親再從事這些工作，認爲作戲、「孝女」、康樂隊都太過辛苦，希望母親能夠退休。蕭女士表示，她已經不作「孝女」了，不過戲班還是要作下去；至於康樂隊，還是可以幫幫忙的，畢竟彈電子琴，也不算什麼辛苦的工作。

因爲沒有高中畢業，「新美蓮歌劇團」的牌照上，班主欄塡的是蕭美蓮女士的兒子黃國訓之名。班名取「新美蓮」，「美蓮」二字是藝名，「新」字，照蕭女士的說法，認爲班名三個字看起來字數較多，多一個「新」字，「比較好聽」、「吉利」（註六四）。

本班的演員來來去去，目前全班的人數，包括文、武場有十二、三人左右，成員名單大致如下：文場謝顯魁；武場鍾燕林、劉美妹；演員有團主本人、黃瑞秋、蕭春蓮、郭月娥、曾東成、徐玉梅、曾詹貴英、邱玉嬌等。其中蕭春蓮是班主的妹妹，蕭春蓮是她的本名；鍾燕林是鍾燕飛（「榮興」的武場）的弟弟；邱玉嬌是馮新旺（「龍鳳園」的文場）的妻子，年紀約四十出頭，最近添了個外孫，作了外婆；徐玉梅是最近這一年才入此班的。

此外，文場謝顯魁，苗栗人，民國三十二年二月二十六日生。對北管、佛教、道教音樂均有涉獵，待過各地的採茶戲班，十六歲師事陳慶松先生（鄭榮興的祖父），學習客家八音，爲著名薪傳獎團體「陳家八音團」的成員之一，在「榮興」演出時經常去幫忙。

班主平時擔任導演，演戲演的是粗角；曾東成爲老生；曾詹貴英爲小生；郭月娥是三花；邱玉嬌則多演小旦。團員也會在空閒時替別班演出，演員有的也有其它工作，不全依靠戲班維生。

「新美蓮」通常在桃、竹、苗演出，一棚戲約有兩萬三千元的戲金。演員一天的收入是：主角兩千元，配角差不多是一千七、八百元；文武場約一千七百元。臺北的戲很少，印象中曾去松山機場附近演過；美濃、竹頭角一年倒是要下去好幾次；高雄、花蓮的人請戲，是打電話來請的。到南部演出的戲金，一棚至少要四萬五千元，否則一次花一萬多元的車費下南部，實在是太划不來。目前戲班的經營，可說是愈來愈加困難，各地的戲都常被搶走，尤其是在苗栗地區。現在「新美蓮」總共一年只剩七、八十棚戲可以作，還好有些廟是固定請本班演的：例如新竹中崙的三元宮和湖口市場附近的土地公廟，就連續作了七、八年。

「新美蓮歌劇團」平常什麼都唱，但多數唱的是採茶。歌仔也唱，京劇、北管就少一點。常演戲齣有：《採花薄情報》、《雙姻緣》、《正德君》、《郭子儀征西》、《三星官》、《英交下山》、《錯配姻緣》等。

「新美蓮」所拜戲神也是田都元帥。

二、苗栗縣

㈠新永安歌劇團

「新永安歌劇團」團主劉阿對，今年六十一歲，整團十數年，整團緣由乃是出自於石油公司上班之先生鼓勵，因而買下經營不善的原「新永安歌劇團」，不過由於買得匆促，劉女士早已忘記原「新永安」的老闆是誰，也不知道原「新永安」的歷史。買下團之後，自己因未達高中學歷，執照上只好登記小叔曾文章的名字。

劉阿對女士從十幾歲開始演戲，曾搭過「小美園」、「新永光」等班；自整

「新永安」以來，便專心戲班的經營。初期戲路較好，現在一年只剩六、七十棚的戲可以作。演戲範圍以頭份爲主，其它地區如中壢、大甲、新竹、龍潭、關西也有戲；再遠甚有花蓮、金門、澎湖的戲主請戲。每棚戲的收入約有三萬元。

雖然戲班仍在經營，營運卻日益困難，「新永安」乃於去年和中壢的「連月歌劇團」合作，兩班相互支援，互調人手，以期每次的演出都能保持十三、四人之數目，而能保持演出的基本水準；本班的固定演員有：曾清瑞、黃秋琴、詹金龍等。常演劇目爲：《薛丁山》、《薛平貴》及《楊家將》等。戲班無戲之時，若有人調劉女士到別班，她也會去幫忙。

「新永安歌劇團」曾於民國七十五年以《梁紅玉》這齣戲得到「臺灣省地方戲劇比賽」「歌仔戲」組甲等。武旦表現優異，當時唱腔還摻北管、平劇、採茶調等，並沒有特別加以排練。

本班所拜爲田都元帥文身。

註釋

註一：另有《臺灣風俗誌》第三集第五章〈臺灣的戲劇〉所提採茶戲：

演出形式是由一對俊男美女在臺上邊唱情歌邊說情話，同時舞動一個栓有長繩的籃子投向觀衆，被投中的觀衆要在籃中放進一樣物品再送回去。演員就根據籃中的禮物唱出極為淫靡的情歌，觀衆就會興高采烈的和演員打成一片。演這種戲完全用北管音樂伴奏。

（東京青史社，片岡巖）

所提應為內臺演出的情況，雖有可能用北管音樂伴奏，但「完全使用」則不大可能。

註二：「新榮鳳」、「華勝鳳」、「金興社」原本是四平班，由於四平漸漸無法生存，才轉趨為客家班；在外臺時代，已經可以算作客家班了。

註三：根據筆者所調查，客家戲在形成大戲後，各班多有合併各種劇種演唱的情形；也有只唱採茶的情況，但非常少，因為觀眾可能會要求唱其它的各種調子。合併情況最常見的是京劇與採茶戲或歌仔戲與採茶戲，也有更多種合在一起的；戲班多用「園」、「社」或「劇團」命名，「歌劇團」一詞是後來才用的；並沒有發現用「ㄨㄨ『採茶』劇團」命名的。唯一的例外是現今的「榮興客家採茶劇團」，團主說其戲班前身名為「慶美園採茶劇團」，為其祖母鄭美妹女士所創。

據《表演藝術》第四十八期（〈郎奏樂來，妹作戲——陳（八音）鄭（採茶戲）之家藝事多（下）〉，胡惠禎，一九九六年十一月）頁五十六所載：鄭女士三十九歲時，已抱孫兒鄭榮興先生在懷；此記載如正確，則鄭女士如果今還在人世，應為八十四歲左右。

然而據筆者的調查，在文獻上尚未見有關此團的記載；也未有前輩藝人聽過或對此團有所了解；認得鄭女士的藝人，也不記得其是否有成立過劇團事；也許是因年代久遠，老人記憶有限，難以考究；也或許是因為筆者所作田調不夠全面而普及。因此本文在未找到相關證據證明其為純粹的客家劇團前，暫時闕疑，希望日後能再詳加考查。

註四：「打戲路」為劇團的說法，「打」字約為開闢之意。

註五：平均戲金最高的團應為「榮興」；戲金較低的有「新美蓮」、「金興社」等。

註六：「龍鳳園」班主目前在考慮月薪制的可能性；因為班上借錢的演員只有四、五位，如果行月薪制，遇有數個劇團都調演員演戲之狀況，自己的團員不會先被其它團調走。

註七：「連月」、「淑裕」、「勝拱樂」、「德泰」、「新永安」、「新美蓮」等各團的班主都有參與自己劇團的演出，是演員；「金興社」、「新月娥」、「金龍」等的老闆則為文、武場；「龍鳳園」的老闆李永乾因同時擁有「黃秀滿歌劇團」，有空時會到兩團幫忙文場；「金輝社」、「雙美人」的老闆會幫忙武場，但隨團出去通常以處理團務為多；「新永光」一、二團的老闆則是隨團監督，並不參與演出事宜；以上這些班主都是在演出當天發錢的。

客家戲班唯一例外的是「榮興客家採茶劇團」，因老闆忙碌，有其它的工作，不能每次都到演出現場，戲班的戲密集，好幾棚的薪水合在一起發是常有的事；戲多，演員的生計也不那麼困難，不需像好一陣子才有戲的戲班演員一樣，急等著某天演出的薪水；因此此種發放方式，其班上的演員都能接受。

註八：扮仙戲因所能演的類別少，定戲合約書中多只列《三仙》、《壽仙》、《酒仙》、《八仙》幾樣。

今所知能演《蟠桃會》的劇團有「新永光歌劇團」二團，因為要把此齣戲的靈魂人物——孫悟空演好並不容易，而此團的張有財能任此務；「榮興客家採茶劇團」於民國八十三年九月三十日於臺北社教館的演出，也演過此戲。不過，對客家戲班來講，若真要演出此戲碼，每一團都還是要調人幫忙的。

註九：也有固定為某幾個團服務的，但此種共生關係必須建立在班長和這些班交情好、有多次合作經驗或戲班的水準能獲得認同，而班長在引介時不產生困難者。

註十：所謂「紅頭」道士，可引說明如下：

臺灣的道教以中國南方天師道「正乙派」（分為「烏頭道士」與「紅頭道士」）與「閭山派」（法教）的「紅頭法師」為主流。但「紅頭法師」的流派甚多，有「三祁派」、「法主公派」、姜太公派」、「徐甲真人派」、「王禪老祖派」等等。

（《探討臺灣民間信仰》，頁一〇八，一九九六年三月，董芳苑，常民文化）

又：

臺灣的道教應是正乙教宗，正乙派以江西龍虎山嗣漢為領袖，聽說必須到龍虎山檢驗，由天師發給「籙」的合格證才可做道長。……臺灣通常的道士是在正乙派具有弟子地位的司公，司公只能做小法，作大法一定要由道長主持。

臺灣的正乙宗又分兩種，一種是從泉州來的道士，另一種是從漳州來的，法事稍有不同。有人說泉州的幽法比較純正完全，而漳州的請法比較好看，這主要是因為漳州的科範受到福建地方派的影響。

福建的地方派有以閭山許真人和臨水陳三奶夫人為宗祖的兩派，閭山派的法師（道士）是隨意可以擔任的，不若正乙派授職的要求，所以閭山派法師差不多臺灣每一個村鎮都有好多個。閭山派的道士頭戴紅布條，俗稱紅頭，上身隨便、下身著圍巾，光腳、口嚼檳榔。正乙派道士頭戴黑網巾，有一定的服裝，俗稱烏頭。……

有的人家請來烏頭司公，有的人家請來紅頭司公，有的是同一人只是換換衣服罷了。烏頭的做得比較斯文，紅頭唱做俱佳，也比較走樣。

（《臺灣宗教藝術》，頁七三，民國八十四年八月，劉文三，雄獅圖書公司）

註十一：演員、文、武場一天演戲的酬勞由一千七百到兩千二百元不等；劇團一棚戲的戲金約有兩萬五到三萬五。身為班長，可領戲金十分之一的酬傭，比一天所賺的薪水還高。

註十二：「最後」通常指夜戲演出結束後，但也不一定。有時會遇到特別的請戲時間，如「榮興客家採茶劇團」於民國八十五年十月三日至新竹二重埔的種福堂演出，廟方就只請早戲和午戲，以那天而言，午戲即是「最後」的戲，劇團的廣告，也在午戲結束後展開宣傳。一般來講，扮仙戲結束後，會提醒觀眾來看日戲；日戲演完後，則是請觀眾來欣賞夜戲；在某地所有的戲結束後，便是宣傳劇團的時機。

不過這是大概的模式，還得視劇團調整，並不是絕對的。

註十三：如「榮興客家採茶劇團」團主於其團在國家戲劇院演出採茶大戲《婆媳風雲》後，在接受第四臺節目訪問時順作戲班廣告。以下為筆者自電視所錄下之內容：

問：所以「榮興」採茶戲和「陳家八音團」的行程分配得很勻、很多，在外國、本國都有表演的場所，有生存的位所（空間）？

答：基本上是按（這）樣，有，但是還不係（是）很多，因為係少數民族。基本上來講，偲裡（我們）這幾年也漸漸有去民間作廟會的戲，無論恁般（怎樣），還係要歸於偲裡的鄉土。假使講各地方廟寺，假使對本團有不相棄嫌，有廟會節目的時候，亦（也）可以請倠（我）的劇團。

（中原電視臺）

註十四：據筆者訪問，有些班主對此點感到煩惱，以「新美蓮」團主所言為例：

有時廟兩棚作五萬五，佢（他）會講，要添香油，要如何；有時整廟又要拿一萬給佢。像苗栗的某廟，拿佢五萬，講什麼要整廟，就分（給）佢一萬；又講要祭孤魂，又分佢六百，就賠錢了。不分香油錢，佢會硬討，領佢戲也會較難領，香公會硬討，非常現實。

（民國八十五年十一月二十九日蕭美枝，蕭宅）

註十五：通常請兩個小姐來唱歌、脫衣服，一個人約要六千元（一晚），此筆經費廟方要另外支付；若請主要人數多些，在戲金以外，有時甚至要多花三到五萬元。

從前康樂隊歸康樂隊，劇團歸劇團，要劇團兼辦歌舞秀，是這幾年來才有的現象；在客家庄演出歌舞秀時，小姐穿三點式的，大致便能滿足請主的要求，閩南庄比較常要小姐們脫光，所給的價碼也比較高。

註十六：每日雜費支出有演員勾臉的顏彩費用、煙、垃圾袋等。

註十七：「質樸戲劇」的觀點為波蘭導演耶日．格羅托夫司基所倡。他認為戲劇「只是發生在觀眾和演員之間的事」，布景、燈光、音樂等都是「補充品」，真正的戲劇是演員出色的表現和觀眾的積極參與。「質樸戲劇」又譯作「貧困戲劇」或「窮平戲劇」。（《邁向質樸的戲劇》，耶日．格羅托夫司基，頁九，中國戲劇出版社）

註十八：如「金輝社」老闆彭盛文先生說，新竹富崗的土地公廟是固定的請主，因此扮仙雖在早上十點，他早上五點就從竹東上坪出發，趕去打理一切。（民國八十六年二月二日，富崗）

註十九：客家戲界稱前場和後場有兩種不同的意義。一種說法所稱之前、後場，指稱臺前演出與臺後管理之人員：臺前演出包括演員、文場、武場都屬前場的範圍；後場指檢場、劇務管理人員等不在臺上表演者。

另一項說法所稱前場則為演員，後場為文、武場之樂師；客家戲界所提前、後場，通常為第二種說法。也由於第二者說法為習慣性用語，本文所稱前、後場皆指此意。

註二十：如「連月歌劇團」老闆是林素月和其夫邱日助二人，但以林素月管理班務較多，其團員一般說班主時，指的是林女士。班主夫妻二人現在還都待劇團的有「金興社」、「龍鳳園」、「勝拱樂」、「雙美人」等班，但班主指的是先生，他們的妻子為老闆娘，團務都由先生管理；「德泰」原老闆李正雄先生與其妻本也為夫妻二人同待戲班者，然李先生已不幸於八十六年年三月去世。

註二一：如「玉美園」便是一例，詳見內文所介紹的「新永光歌劇團」一團。

註二二：劇團老闆為男性的有「勝拱樂」、「德泰」、「金興社」、「新月娥」、「金龍」、「龍鳳園」、「黃秀滿」（原為黃秀滿，後賣給「龍鳳園」團主李永乾）、「金輝社」「雙美人」、「榮興」等；以女性為班主者有：「連月」（參見註二）、「新興」、「淑裕」、「新永光一、二團」、「新永安」、「新美蓮」等。其中「新永光一團」之班主未婚；「新美蓮」班主之夫已去世；「淑裕」、「新永安」團主之夫則非戲界人士。

註二三：只有「榮興客家採茶劇團」稱其班主作「團長」。

註二四：兼康樂隊、康樂晚會的戲班很多，如：「黃秀滿」、「龍鳳園」、「金龍」、「金興社」、「德泰」、「淑裕」等；兼營陣頭的則有「德泰歌劇團」。

此外，還有其它相關性的職業如道士或「孝女」。各團的老闆具有道士身份者有：「榮興」、「連月」（邱日助）和「金輝社」；參與「孝女」、「孝子」演出的班主有：「德泰」（原班主）、「淑裕」、「新美蓮」等。

註二五：如苗栗「榮興客家採茶劇團」及竹東「金輝社歌劇團」的老闆皆持此說法。

註二六：「龍鳳園」及「黃秀滿」二團的班主李永乾先生以前也作過演員，但平常上場，以充文場為主。

註二七：「德泰」班主所指為新接任的李正光。

註二八：「榮興客家採茶劇團」班主鄭榮興先生，同時也是苗栗「陳家八音團」的團主，目前為國立復興劇藝學校校長，和其它劇團班主純以戲班維生的情形稍有不同；此外，「新興歌劇團」的班主彭玉招女士，因為戲班的戲很少，平時多在賣藥，和其它班主相較，也是一個特例。

註二九：依照民國五十九年「演藝人員演藝事業輔導管理辦法」規定，劇團團員必須國中畢業，班主要達高中學歷；經過「臺灣省地方戲劇協進會」第十五居理事會的建議，省教育廳於民國七十九同意前項條文不用拘泥，但後項仍維持原議；然客家戲界除「榮興」劇團的老闆擁有高學歷外，其它的班主的學歷都很低：高中畢業的沒有，連國中畢業的都不多見，此種規定對他們來說，無異是種刁難。正因為如此，戲班老闆向他人購買舊團，常有因襲原團執照而不改班主姓名的；也有的只好用「借人頭」的方式來應付政府的要求。

「借人頭」的對象通常為親人，以直系血親最為理想。然而客家戲界老闆的子女，有高中學歷的非常少：只有「金龍」老闆的兒子有大學畢業；「德泰」（此指原老闆李國雄先生）、「新美蓮」的兒子、「金輝社」的女兒有高中學歷而已；其它劇團不是借親戚的，就是用乾兒子的名字做為登記證上的班主名，對於此點，各班班主都表示強烈的不滿。

班主們對此點不滿原因有：

㈠認為政府不明實際狀況：客家戲界班主除「榮興」外，其它的班主都達五十歲以上、甚有七十幾歲的；在那個年代裡，能受高等教育的人本來就較少，加以戲班班主入戲界早，根本沒有受教育的機會；而今教育雖然普及，戲班老闆的兒女仍然會為了生活，很早便下場演戲；而那些對演戲沒興趣的子女，由於家庭環境的關係，班主們沒有特意地培養，對學業也沒有要求，學歷要高很難。所以，並不是班主沒有高中學歷，其子女就一定都會有。

㈡有高中學歷的子女對戲界也沒興趣，掛上他們的名字沒有任何意義；就算他們對戲界有興趣，也暫時沒有能力擔任班主一職。

㈢如果掛上其它親友的名姓，有時會麻煩到他們，就算不會，班主自己辛苦一生的事業，掛的卻都是別人的名字，實在令人遺憾、生氣。

㈣如果高中畢業都能當團主，現今的年輕人，只要有錢、高中畢業，就都可以開班了。政府此項規定看不出用意在那裡。

班主們（幾乎筆者所訪問過的所有班主）說，這項規定是十幾年前才有的，當中他們向政府反應過很多次，說明此規定的不合宜之處，但都沒有用。

註三十：依平常行情，大件服飾最便宜者，約在三、四千元上下，貴者達七、八千或上萬，青衣所著服飾最便宜，買大陸貨的話，兩千出頭便可以購得。在服裝方面，有些劇團為因應「胡撇仔戲」的要求，會購買現代的禮服、日本的和服；道具上會加上武士刀等，以備不時之需。

註三一：有些班在草創初期或值大型表演，資金不足，行頭、布景是用租的。

註三二：如「榮興」、「金輝社」、「龍鳳園」的班主都曾到過大陸添置行頭；「龍鳳園」的老闆認為大陸服裝繡工太過簡陋。

註三三：如「龍鳳園」有一布幕畫的是一對鴛鴦；而「榮興」有一幕繪的是南天門。

註三四：如「新美蓮」的老闆蕭美枝女士，於創團初期借了三百多萬出去，現在還有一百餘萬未收回。

註三五：目前所知，「榮興」也有自己的舞臺、戲棚，共分三種尺寸（二十四尺、三十六尺），還可以承租給別人，如三十六尺租出的價碼是十萬元。「龍鳳園」的老闆以前也幫別人搭建戲棚，後因成立「臺灣省客家採茶戲劇發展協進會」，致力於會務，便保留了幾種戲棚，其它的都賣掉了。最常用的戲棚型制（二十四尺）至少會保留兩副，以應付分班所用；在戲班接戲頻繁，一地戲臺來不及拆而另一地又需要時，也能發揮立即的功用；至少老闆接下此項業務，要求戲班工作人員前去搭設，或多或少都有進帳。

註三六：如「榮興」、「新美蓮」等都有另租房舍擺放戲籠；「龍鳳園」的老闆自身了一座「東方錄影棚」，裡頭擺放「龍鳳園」、「黃秀滿」、「臺灣省客家採茶戲劇發展協進會」的物品，多的空間也讓別團借放。

註三七：客家人對他人或是老師的尊稱。

註三八：見潘光旦著《中國伶人血緣之研究》，頁二三四—二三六，商務印書館，人人書庫。

註三九：有鑒於演員形象問題，某些班主對演員有特別的要求：如「黃秀滿歌劇團」不希望演員上戲粧後四處走動，演員如果要買東西或到後臺以外閒晃，要先卸下戲粧，因為戲中角色是一回事，下場後不必再突出自己的演員身份；又如「金輝社」的老闆叮嚀員工不要隨地大、小便或亂吐檳榔汁，會破壞整個劇團的形象。

註四十：同註三八，頁五—頁七。

註四一：演員在初期以男性為多，慢慢地才有女性的加入。商業劇場風光之時，男、女演員的數量都有不少；近來因客家戲劇沒落，男性演員有的已轉行或不願出來演戲；女演員能反串小生、武生、丑角……，戲班除了淨角和武行較需男性，其它女性多能擔綱演出，所以女演員增加不是沒有原因的。不過，男、女演員在人數上並沒有非常明顯的差別。

註四二：如什麼外、末、紗帽生、貼旦、閨門旦、副淨、方巾丑、茶衣丑……等說法，客家戲班是沒有的。

客家劇團的文、武場多由男性擔任；女性通常是因戲班人手不足，臨時下場擔綱的。也就是說，即使客家戲角色演出性質已合於文丑、茶衣丑、娃娃生……等各類角色的要求，在稱呼上，還是沒有如此細微的說法。

註四三：有的戲班在戲神誕辰日時，由全團出錢，以三牲祭拜戲神；團裡有人家裡供有戲神者，則到其家祭神，稱為「坐迓」。

註四四：「封箱」、「開箱」意義如下：

封箱：戲曲班社術語。指舊時戲班年終的休息。戲曲演員成年辛勞，僅農曆歲末停演數日，稍事休息。休息前必將衣箱和其它演出用具摒擋就緒，加貼「封箱大吉」的封條。春節開演時再鄭重啟封開箱，換貼「新春大發」、「開鑼大吉」等吉慶語。封箱時間三、五日不等，大都在農曆十二月二十三日「送灶」以後。

（《中國戲曲曲藝辭典》，頁五六，一九八五年二月，上海辭書）

此段說明中，前段為「封箱」意，中段所提為「開箱」；某些劇種在此二日會盛大祭拜祖師爺，並且加演吉慶戲，然客家劇團似無此俗。

註四五：「新興歌劇團」，位於平鎮市，班主彭玉招；此班戲極少，目前似乎不再活動，班主沒事時以賣藥品維生。

註四六：「新鳳歌劇團」，班主梁金武，民國二十六年生。於民國七十七年向「德泰歌劇團」買下行頭，但演出的機會非常少，布景長期放在「臺灣省客家採茶戲劇發展協會」中，可算是客家班；但近因未演客家戲，也有人視為歌仔班，去年一月初買下新竹「秀美樂歌劇團」的執照。

註四七：有幾位老藝人（如「勝拱樂」的林金龍、「龍鳳園」的鄭明堂及林雲錦等）都提到這「新鳳歌劇團」團主為「臺灣省客家採茶戲劇發展協進會」成員。件事，但沒有人記得此團名稱。

註四八：「新永安」的班主劉阿對，是「連月」班主林素月的嫂嫂。

註四九：「新明藝聲」原名「明藝聲歌劇團」，班主林文生，民國十二年生。此班整於民國四十七年，為一歌仔戲班，執照登記為林振賢之名。

註五十：「正新興歌劇團」，班主賴阿富；前班主為鄭長庚（詳見後文平鎮市的「金龍歌劇團」）。

賴阿富，民國六年生，中壢水尾人，是苗栗「榮興」劇團團主鄭榮興的姑丈。賴先生從小愛看戲，年三十入「蓮鳳歌劇團」（今「日月光歌劇團」前身，班主林火圳，歌仔戲班）學武場；學成後也搭其它班演出；後擔任班長，來回各班，因起整班之念。初借「新天賽樂歌劇團」（班主蘇水湧，歌仔戲班，班名取「新天賽樂」，可能是受到當初來臺之福州京班「新賽樂」、「舊賽樂」、「三賽樂」之影響）牌照演出；後又向鄭長庚租牌照，民國六十一年，正式購下此班；牌照名稱尚未更改，班主姓名登記仍為鄭長庚，此班戲路不多，為歌仔戲班；一年只有幾場戲約，戲班已解散，變成有人請戲時才調演員演出。

註五一：陳日春，內壢崁仔腳人，陳昇虎之女；陳昇虎，歌仔戲名演員陳昇琳的二哥。陳日春，雲林麥寮「拱樂社」出身，於「榮興」創班初期，出力甚多，日前已離開「榮興」。

註五二：「新拱樂」，民國五十二年由范姜新熹及官漢樓合資所整。范姜新熹，民國二十二年生，為今「新月娥」班主范姜新堯的四哥。范姜新熹自小與父親范姜新賢學習八音，於民國七十五年成立「北區八音連誼會」，在中壢義民廟從事教學活動，授徒多達二百餘人；平常亦主事喪場及道場。官漢樓，官寶月及官寶珠之父。官寶月，「新月娥歌劇團」演員；官寶珠於「龍鳳園歌劇團」，曾在「新榮鳳」作了很久。戲界一般認為官寶珠於戲劇方面很「巧」，是位能全方位發展的人才。

註五三：「建龍歌劇團」，為「東龍歌劇團」（宜蘭市，莊伯光所整，曾於民國七十三年參加「臺灣省地方戲劇比賽」得「歌仔戲」類第三名）及「長龍歌劇團」之合併。於民國七十三年股東重組，更名為「建龍歌劇團」。「建龍歌劇團」股東有呂阿城、李木輝、莊進財（莊後來組「漢陽歌劇團」，於民國七十七年「臺灣省地方戲劇比賽」得「最佳導演獎」，劇目為「忠孝節義傳——李廣救國母」）、莊進旺、何旺全（此三人北管出身）等人，執照登記為呂阿城長子呂茂根之名。「建龍」其後參加「臺灣省地方戲劇比賽」，於民國七十五年得到優等獎，並且囊括了最佳女主角、最佳團隊、最佳導演等幾項大獎（演出劇目是《穆桂英》）；民國七十七年參加「宜蘭縣地方戲劇比賽」以《精忠報國》一戲得到亞軍；又於七十九年獲「臺灣省地方戲劇比賽」甲等。其後演員流失，只得與「勝拱樂歌劇團」合併，今活動範圍多在宜蘭，戲路穩定。所拜戲神為西秦王爺及田都元帥。

註五四：「拱樂社」，雲林麥寮陳澄三先生所創之歌仔班。巔峰時期，曾達七班；因知名度高，於民國五十五年成立「拱樂社短期戲劇補習班」，客家戲班當時有一些人也進去學習戲劇課程。

註五五：「秀美樂」，成立於民國六十九年，原名「秀美歌劇團」，為呂寶秀與范綱海合股所組的歌仔戲班；呂寶秀後來因病去世，范綱海在三年前將戲班賣給李永乾，仿黃秀滿模式，范先生仍負責劇團導演的工作，成為客家班。最近因牌照賣給觀音之「新鳳歌劇團」（本無執照），團員皆編入「臺灣省客家採茶戲劇發展協進會」中。

註五六：「阿生丑」，本名不詳，是三腳採茶時期有名的小丑。

註五七：謝新霖，苗栗人，人稱「阿森林」，曾於苗栗、新竹、竹南、花蓮、屏東等地之廣播電臺擔任編劇工作，其作品有《乞米養狀元》、《打虎將軍》、《不知哪棵禾苗可作種》（又稱《孝子不記恨》）、《花子收徒弟》等。

註五八：「新榮鳳」原為中壢廖阿才所整，後租與關西人；其後又由中壢陳招妹所購，當時王雲蘭在此演出。

註五九：魏乾任，「龍鳳園」演員魏炇燈之父，師事「阿浪旦」；「阿浪旦」為乾旦。

註六十：新竹的歌仔戲團。

註六一：許秀榮，竹東人，今錄製了許多「笑科劇」（「山歌劇」）於電視臺播放；曾赴日本演唱山歌。

註六二：民國八十五年九月三十日下午於曾宅訪問曾先生所得。

註六三：客家劇團中尚未見有能自創劇本的人才，大部份是以演義或別的劇種的劇本改編而來；然客家劇團中會「改編」劇本的，並不是只有曾先枝先生而已；如「龍鳳園」的李永乾、官寶珠；黃秀滿女士；「新永光二團」的張有財；德泰的李正光等。但在俚語方言的使用上，很少能像曾先生一樣用得自然巧妙；在內容上，較懂增刪；適用於國家戲劇院等大場合演出。

註六四：據「龍鳳園」老闆李永乾先生的說法，劇團的名字取五個字是不吉利的，象徵生、老、病、苦、死之「死」字，取六個字，則為生、老、病、苦、死、生，又輪迴到「生」字；「新美蓮」取名以六字，不知是否與此觀念相關。

第四章　臺灣客家戲的危機與展望

臺灣的客家戲自形成大戲以來，歷經落地掃、內臺時期、廣播時期，今多朝向外臺發展；外臺戲因偏向酬神，使得迎神廟會幾乎成爲戲班唯一的收入來源。近年因社會風俗改變，康樂隊、歌舞秀進駐廟前戲臺，正式成爲戲班的強敵，戲班營運也由此一落千丈。戲班營運的不良、觀衆口味的變易、演員的老化，在在陷劇團於困境，而劇團但思維持原貌，不想也不能提昇水準；連硬體設備的添購也竭盡所能地節省，舞臺上呈現的老舊場景、服裝，更難吸引觀衆的到來。如此之惡性循環，使得某些戲班老闆對此行抱著被消極淘汰的心態，客家戲的前途更是堪憂。

然而客家戲也並非毫無希望，有心掙脫此困境的老闆亦朝精緻化的道路努力，結合政侍移攤關的力量，務使客家戲劇再有一線生機。

客家戲面對各種危機，也同時面對著有心人士的大力推廣，二者未來競爭的結果，可能是良性的互動，促進劇團的團結和平衡發展；也可能會是惡性的競爭，讓劇團爲資源的分配而不擇手段；客家戲的未來如何，的確還有待進一步的觀察與檢討。

第一節 現今客家戲的危機

客家戲現今的危機主要表現在兩方面：一在藝人，一於觀眾。藝人的專業素養、藝人所屬的劇團與其從業的心態，正是客家戲劇日後能否起死回生的重大契機，若能於此得到足夠的進展，或許能再度挽回流失的觀眾群，使此劇種不致滅絕。

現今客家戲所面臨的危機有：

壹、各團競價影響演出水準

客家戲劇最常呈現在人們眼前的，是野臺的演出；人們多藉此認識客家戲劇的內容。然而，客家戲界的不景氣，使得劇團各自發展出不同的營運模式與競價花招：有打軟包節省經費的；有公演與廟會安排於同一場，藉以平衡預算的；有的戲班主接下脫衣秀；有的減少演出人數；也有以家族的優勢殺價的。不論哪一種方式，對客家戲劇皆造成了傷害，但在各戲班未制定一套戲金標準之前，此亂象似乎無法獲得改善，觀眾群也難以有所擴充。

為了生活，團主的作法是值得同情的；各團團主創立戲班並全靠戲班維生，其手段即便對客家戲劇造成負面效應，也非其所能意識或感覺的：普遍來講，每班戲班主都認爲自己的戲很好，他們認爲競價的手段不會影響演出水準、認爲自己是內行人、認爲別的戲班水準低……；唯因認爲自己夠好，便不思改進；長久待在客家戲界的結果，識見過小，也不知改進的意義在哪兒。

對他們而言，經營戲班是爲了生活；捨不得買新行頭、製新布景，也是爲了生活。戲班看來破爛雖可能會影響生意，但有的班主年紀老了，戲多接、少接也不那麼重要，戲班成員能生活就好了；他們經營戲班至今，對演出流程很滿意，也不以爲野臺演出模式有什麼不對、劇情有什麼鬆散；何況另外請演員排戲、背臺詞，要照付一場排練的費用，誰來支付這筆金錢？排練的意義又在哪裡呢？

戲班主的顧慮多半來自於金錢，其削價競爭來自於生活的困難，說其短視也好，教育程度低也罷，他們是無暇顧及所謂的演出水準的。年輕一輩的團主對此現象常大加韃伐，認爲其不知上進，誤導了人們對客家戲劇的看法，殊不知由過去經營模式走來的班主們的有心無力，以及想變更現況卻不知從何下手的徬徨：想申請公演，不會寫企劃案；想擴充人手，找不到新演員；想買新行頭，沒有錢；想收班，演員沒有生計；不如維持現狀，靜等退休之日。

客家戲班還有的另一問題是無法團結。平日競價的場面使戲班主很難建立合作關係是一因；安於現狀的團長們不以爲有必要改變現況也是一因；較年輕的團主們也個個不服其它的班：若要合併演出或成立訓練班，覺得自己的戲班統攬便綽綽有餘，不用和他人聯手。再說，不管誰掛名總團長，都不會有人服氣。演員之間也有某人絕不和某人同臺演出的聲明，班主若想合作，也不免有所顧忌。

貳、演員年齡偏高

我在調查，全省歌仔戲、客家戲的演員，超過六十（歲）的佔百分之六十；五十左右的百分之三十；四十以下的百分之十；平常他們演戲，遠遠就聽到他唱「十八姑娘一朵花」，走前一看，都是阿媽。五、六十歲的演小旦，裝成十七、八，臺下的人當然不想看。這和傳統戲劇的沒落很有關係。

（八十五年度桃園縣傳統戲曲藝人第二次座談會，桃園縣立文化中心三樓會議室，李永乾（代表「黃秀滿歌劇團」），民國八十五年八月三十一日）

客家戲班演員年齡層過高是不爭的事實，目前除了家族性的劇團有年輕的演員外，其它劇團團員多在四十歲以上，幾乎看不到年輕的面孔；年紀大的演員固然較有經驗，在提昇戲劇的藝術性時亦形成阻礙；某些劇團因此有更換演員之念，只是客家劇團目前沒有年輕人加入，戲班老闆不能貿然行事而已。

演員年紀太大對有心提昇客家戲劇之老闆，其最大困擾在於演員不能合作。年紀大的演員子女成群，有人奉養，演藝生涯一不順遂，就動回家養老之念；戲班主若要求其使用無線麥克風，即抱怨不習慣；要求年紀大的演員背臺詞，似乎又是強人所難，因爲他們都說背不起來；以現代的演藝觀念教授之，則固執不願接受；要排戲，則信誓旦旦說演活戲沒有問題，沒有排戲的必要；找人糾正其錯誤，則認爲年輕人無權批評老人演戲之好壞，「薑是老的辣」……；他們安於現狀，可演可不演，班主縱然有意求好，老演員卻不一定願意配合；於是在公演中，背不起臺詞的老演員雖演藝經驗豐富，卻只能被安排演出旗軍、龍套，無法擔當重要角色。

演員年紀太大不但扮相不好，動作也不靈活；他們習慣「活戲」模式，且一直以此爲傲，要他們學「死戲」，令他們感到十分懷疑，不願接受；有的演員雖然願意背劇本，但因不識字，劇本寫好了，班主還得找人一句一句教會他們，耗時費神。排戲時，班主若願意另行花錢請他們，才會表示樂意；且許多不好的野臺演出習慣，如：不重上、下場門，隨便進出、演出不認眞、胡亂搭配武打場面、不跟文、武場之節奏等，還有賴班主的耐心糾正。

客家戲班演員年紀太大，遲遲不能汰舊換新，最主要因素是沒有新血輪的加入。由於時代的變遷，演戲的出路變得相當渺茫；戲班四處演戲、居無定所；伶人本身技藝再好，客家戲也還沒獲得普遍的重視，社會地位低落的現象在短期內是不可能改善的；而演藝生涯又十分辛苦，收入也差，已不願有人將子女送入戲班學戲。演員本身也有此想法，不願子女吃這一行飯，現今的演員一旦從小踏入這圈子，教育程度太低，將來轉行便很困難：

我們做戲的人很悲哀，沒人栽培，一輩子作戲，書讀不多，因作戲從小開始學。像我們家學歷最高是我大姐。我哥有讀到高中，但沒畢業；我大姐國中畢業；最小姐姐國小畢業；我只有國中肄業。我們不能出去外面工作，現在外面工作要高中畢業，所以現在社會，怎麼說……，像劇校供你讀書、供你學手藝，不像我們客家戲班怎麼辦？沒人管我們，客家人抱怨會滿多的。

（「金興社歌劇團」，班主的小女兒，富崗市場土地廟，民國八十六年二月二十二日）

轉行困難，爲了生活，年輕演員便只好在類似的職業圈中打轉，有本錢的，跳起脫衣舞、清涼秀或參加康樂隊；從事喪場，當起「孝女」的也有；不管爲何，總覺得抬不起頭來；前車之鑑，使想進入此行的年輕人愈發遲疑起來。

客家戲班缺乏新的生力軍，老演員又陸續退休，使客家戲班皆有演員不足的問題；演員調來調去本就難以培養默契，對一群年邁的演員，也很難談論什麼戲劇改造；專業人才的缺乏，更是客家戲劇難以精緻化的阻因。

戲劇是一項綜合的藝術，範圍廣泛，再摻入現今的劇場觀念，所涵蓋的層面又更複雜。現今客家戲劇也許可以使用京劇的人才來教身段（註一）、找老演員教唱腔、找燈光師來安排燈光、找音樂家來編曲；但好的劇本才是其所迫切需要的。客家戲目前的劇本全爲改編而來，沒有自己的創作作品；改編作品也好，若能將劇情改好，演出好戲，倒也不失其效果；可惜客家戲班罕見此類人才；客家戲班演員書念得少，識字已爲不易，要創作劇本是難上加難。平日野臺演出時，戲先生只要說戲，沒有劇本；就算有，也只是註明大意的總綱，沒有完整的內容。

客家戲班沒有好的導演，也是無法提昇藝術品質的原因。戲班現今所稱「導演」者，通常指的是說戲先生：他一邊講解劇情，一邊分派角色，是劇團演出前最吃重的角色；然此並沒有達到導演眞正的職能，據《中國戲曲曲藝辭典》記載，導演爲：

> 戲劇、電影等藝術創造工作中的一種職務。職責是根據劇本進行藝術構思，擬定藝術處理方案和導演計劃，組織和指導排練或拍攝，經過演員和有關藝術人員的創作實踐，把劇本的內容體現為具體的舞臺或銀幕形象，達到預定的演出目的（註二）。

欲將演出場合由鄉野、廟會推向藝術殿堂，客家劇團亦須能掌控全局、處理場面的導演；不過今客家戲班並未有眞正的導演出現：戲劇比賽的導演一般仍是戲先生在擔任，所謂的導演獎形同虛設；公演演出的也常只是掛名導演，眞正掌控場面的不是舞臺監督就是戲班主本人。

參、觀賞人口的流失

客家戲班爲了留住觀衆，演出總不忘穿插詼諧語；夜戲也有演唱流行歌、唱小調的情形；有些還常演胡撇仔戲兼歌舞秀；但舞臺演出全是些「老」面孔，且劇情鬆散，舞臺表現不嚴謹……，只知一味以粗糙的擴音設備加強聲勢，以貼滿亮片、羽毛、螢光色的花俏服飾和鮮豔的道具、布景製造假象；老一輩的觀衆雖然捧場，客家戲卻無吸引年輕人的本事；除了社會風氣改變外，客家戲劇演出的粗俗、演員的不認眞（註三）、劇情的不中不西、沒有歷史感，也難吸引知識份子的參與；一個沒有知識份子參與的劇種，很難向學術界和社會推銷、介紹自己，也不知如何利用媒體達到宣傳的效果，全然以「土法煉鋼」的方式埋頭苦幹；更不知如何申請公演，改善營運狀況，只好繞著原地打轉。

觀賞人口流失的最大原因，還出在語言上；現今客家的年輕人已有很多不會說客語（註四），更遑論去看客家戲；客家野臺演出沒有劇本、字幕，年輕人有些已看不懂。

對此，「新永光」演員張有財所說便相當悲觀：

客家戲不會有發展，政府錢丟出去也沒用，文建會要推廣，使各族群母語不要失傳，要教客語，要教小孩；最好的方式要使客家話傳下。客家戲不會有發展、會沒落。

（「新永光二團」，夜戲：《仙女下凡》，張有財，民國八十六年二月十日）

語言的問題還反映在年輕演員身上，現在年輕演員的口白亦較差。

肆、缺少自己的特色

野臺客家戲於日戲要演「正戲」；夜戲演出的採茶戲雜入歌仔調、國、臺語流行歌、日本演歌等；武打場面、身段、服裝又有太多京劇的影子，沒能表現出客家戲劇本身傳統小戲與唱腔之特色。

某些客家戲班覺得臺上會翻筋斗的武行，是戲班有實力的象徵，對調武行的戲班瞧不起，認為武行要自己班上訓練出來的，才值得驕傲；能訓練出武行的班很有限，首要條件在於有年輕人的劇團：就客家戲班目今之狀況，此非家族性劇團不可；而野臺戲劇的說白太多、唱詞太少，爲了鋪陳故事，沒把客家的九腔十八調好好唱上幾首；描述故事時也隨意說說，沒能運用客家饒富特色的俚言、雜唸；武行太過之喧賓奪主等，在在都使客家戲喪失特色。

然換個角度思考，客家野臺的演出沒有特色，實非戲班之過。野臺演出本是爲酬神一事服務，日戲時「神」要聽「正戲」，戲班焉能只唱採茶調呢？夜戲雖然比較自由，戲班爲了吸引觀衆，總認爲要有武行、電子樂、閃爍的燈光才能招來人群，全唱採茶單調了些，總不能置戲路於不顧吧？這樣說來，只有比賽和公演是突顯客家戲劇特色的最好時機了。只可惜比賽一年只有一次，能公演的戲班又少，弄得大家以爲只有少數幾個班能演眞正的採茶大戲，令許多班主感到冤枉。

伍、其它

有些戲班老闆認爲第四臺演出的客家戲劇節目是一種惡質宣傳，讓人誤以爲客家戲劇本質眞如此不堪，是讓客家戲陷入危機的原因之一，此話不無道理，但客家戲班的野臺演出好像並不比電視上的高明，觀衆也並非不了解此點。會購買此類錄影帶的人，原是客家戲劇愛好者；覺得其粗鄙不堪的，恐怕也不會認同戲班野臺的演出；此原因當非罪魁禍首。

電子花車、活動電影和康樂隊，是戲班生意上的勁敵，每當遇上和電子花車在同一處演出時，戲班總是要吃上悶虧，眼睜睜看著觀衆被拉走；然而還是會有例外的，筆者於民國八十五年八月二十四日曾欣賞「勝拱樂」的演出（富崗集義祠，日戲：《關公困土山》）：演出之初，觀衆僅數人，後來漸漸多起來，達上百人之衆；演出中忽有電子花車，停於其對面，大跳豔舞；觀衆本被其吸引，數分鐘後，仍回到原處觀看戲劇，且有人數愈多之趨勢。

當日戲班布景簡陋、打軟包，但演出認眞，沒有冷場；由此證明只要戲演得好，還是能得到觀衆的認同。

第二節　客家戲未來的因應之道

傳統藝術的式微，在現代來講，已經不是一個稀奇的話題；工、商業的發達、資訊的一日千里，使得步調緩慢的傳統藝術，在人類追尋新鮮事物、刺激的聲光享受的同時，被遺棄在當代文明的邊陲地帶，等待一個起死回生的契機；身處臺灣的民俗藝術，都同樣面臨著被時代淘汰的危險，不能不調整步伐，改變演出生態，與大環境相互配合、前進，以期保有最後一點的存在價値；這或許是傳統藝術的悲衰，換個角度去想，卻也未嘗不是其蛻變至更完美境界的大好時機；藝術本該對時代、社會有某種程度的反映，一個「活著」的藝術與時推進是正常的現象，而如何在跟進時代腳步的過程中，盡力表現其特色，不致迷失了方向，並保存其文化中珍貴的部份，才是藝術從業者所應深思的問題。

客家戲劇的歷史並不很長，發展至今，卻很快地受到時代、環境的嚴峻挑戰，幸有賴近年本土意識的高漲，業者於汲汲營營之中，才有了靜思未來方向的機會，學界也才正視到此一劇種的藝術有保存、延續的必要；未來客家戲劇的推行，正應朝著研究、保存、推廣與傳承的方向努力，從各方位訂立妥善的發展計畫。

壹、研究

客家戲劇受學界冷落已久，若能有學術研究者的加入，作系統的歸納與研究，以主題式的探討，整理出客家戲劇的輪廓，可幫助學術界瞭解客家戲的內涵；在推廣、保存與傳承之前，客家戲劇的調查工作當先落實，如對整個表演體系和歷史有充份的掌握度，可免浪費人力、物力做太多重複的事項；而客家劇團倘能結合學術資源，將可就其未來因應之道，作一規劃討論。

貳、保存

客家劇團一向不大注重戲劇的保存工作，在筆者的訪問過程中，發現藝人並沒有留存演出紀錄的習慣，團主們對自己劇團的演出也沒有完整的記載，劇團日復一日雷同的演出，劇團團員們以爲保存的意義並不大；今唯有文建會委託苗栗「榮興客家採茶劇團」之企畫案中有三腳採茶戲之保存傳習計畫。

此計畫的緣起爲（註五）：

> 依據行政院十二項建設第三項「充實省（市）、縣（市）、鄉鎮及社區軟硬體設施」暨一九九〇年核定之文化建設方案，文建會擬定於一九九五年七月至一九九八年六月規劃實施「民間藝術保存傳習計劃」，計劃中「傳統戲曲」部份包含了客家傳統戲曲三腳採茶戲的保存與傳習。同時，本計劃階段性完成任務將成果移轉給籌備中之「國立傳統藝術中心」，而「國立傳統藝術中心」組織條例草案也已於一九九四年十二月二十一日於行政院院會中通過其母法來源。

其保存計畫包括「文字記錄」與「影、音記錄」；計畫所及，僅止三腳採茶小戲之賣茶郎故事部份，大戲方面尚待未來。

「文字記錄」含「藝師生命史」、「劇本、樂譜」、「客家表演美學」三部份：「藝師生命史」以「榮興」團員曾先枝先生爲主，旁及其它劇團和藝人；「劇本、樂譜」部份含有劇本的整理和樂譜的謄譯，第一年的進度爲《上山採茶》、《送郎出門》、《送郎十里亭》、《綁傘尾》及《糶酒》，第二年的進度爲《送茶郎回家》、《勸郎怪姐》、《賣茶郎回家》、《盤賭》、《十送金釵》等，第三年爲《問卜》與《桃花過渡》；「客家表演美學」方面則擬第一年出版「視覺藝術」篇、第二年出版「音樂」篇、第三年出版「舞蹈」篇。

「影、音記錄」包含「精緻錄影」、「藝人及相關人物之採訪記錄」。錄影以曾先枝先生爲主，配合演出十齣三腳採茶戲；藝人採訪部份以錄影、錄音，記錄演出、教學及生活狀況。

就三腳採茶戲的保存部份來說，此計畫可說面面俱到，對三腳採茶戲的保存有很大的幫助，美中不足的則是：此計畫由一團承擔，頗有演員兼裁判的意味，此點由計畫的保存藝師以團員曾先枝先生爲主，錄影、音部份幾乎全由「榮興」劇團包辦可以看得出來；客家三腳採茶雖已不大完整，能演出三腳採茶，且資歷、技藝和曾先生不相上下的人不是沒有，把重心全擺在其身上，似有捧出「明星」之嫌；而錄影、音的對象幾乎全是「榮興」的團員，不免失之客觀；此與劇團老闆兼學者身份很有關係，和其它的保存計畫略有不同，或許，在客家戲界缺乏研究者的情形下，此仍爲最好的選擇吧！

除文建會上述之計畫外，目前所知，尚有一私人單位──「臺灣省客家採茶戲劇發展協進會」在進行客家戲劇的保存工作。

「臺灣省客家採茶戲劇發展協進會」，會址原於新竹市明湖路六〇四巷一弄一號，今遷至新竹市柴橋里三鄰青草湖一二七──二二號之「東方錄影棚」樓上，爲李永乾先生於民國八十四年十一月所創之私人團體，李先生並爲此協會票選之理事長，此會之會員來源爲（註六）：

> 凡贊同本會宗旨，年滿二十歲，並從事客家民謠、國樂、歌唱、八音、戲劇之人員填具入會申請書，經理事會通過，並繳納會費後，為本會會員。

據李先生表示，爲客家戲劇之保存，其協會收集不少文獻、資料，今也買了錄影器材，隨團錄影；私人團體能思及保存客家戲劇固然有心，可惜所保存之影、音資料無法全面，所保存的仍是其劇團之相關資料。

桃園縣立文化中心於民國八十三年進行之《桃園縣本土戲曲、音樂團體調查計畫》、民國八十五年之《桃園縣傳統戲曲與音樂錄影保存及調查研究計畫》中，對桃園境內的戲曲、音樂團體，展開了調查與錄影之保存工作，因桃園境內多客家劇團，雖非有意，卻間接地幫助了客家戲劇的保存──尤爲今之野臺演出現狀，也有它的功勞。

今客家劇團演員老化、戲界不景氣、班主想收班等因素讓客家戲劇逐漸式微；而客家野臺演出以其粗鄙，向不受有關單位之重視；現今客家戲劇的保存重點有：

一、文字資料

如劇本、樂譜、劇團的演出紀錄等。

客家戲班目前演出爲活劇，演員沒有劇本，但戲先生可能有記載大綱的「總綱」；即便沒有劇本，演員演出的活戲，也可將其整理出劇本，只要分析演員所用曲調、演員自創詞句的重複性、或其「活戲中死戲」的來源，整理出來的劇本亦可爲再創作的參考。內臺、廣播時期，在某些演出有劇本的情況下，也應還有手抄本的存在。

樂譜方面以收集工尺譜爲要，將其譯作五線譜或簡譜，便利後人學習。

劇團的演出紀錄包括藝師生命史的整理、劇團歷史的追溯、演出地區、常演戲碼的記載、劇團重大活動的盛況、歷年演出的情形、戲單、契約書、企畫書、海報、宣傳單等，藉著歸納這些資料，拼湊出客家劇團的發展歷程以及客家戲劇的歷史。

二、影、音資料

影、音資料重新記載的爲田野調查所攝錄之相片、錄音帶、錄影帶等，必要時採精緻錄影。舊資料則爲戲班或演員出版過的有聲資料、演出的舊相片等。

三、其它

其它可保存的很多，如：特殊式樣的舊戲服、有特色的道具、樂器等。

客家戲劇迄今未能有自己的博物館或客家戲劇館作保存的工作，「國立傳統藝術中心」（註七）能將其納入體系中，是一項福音。

參、推廣

單以爭取演出機會，並不能對戲劇的推廣有太大的幫助，客家戲劇的推廣，還須從內部改革起，對當前的弊病，作適度的修正和調整，對推廣工作的進行，方有確實的效果：

一、客家戲劇的精緻化

曾師永義曾提出過「精緻歌仔戲」的口號，意爲：

> 我所謂的「精緻歌仔戲」是彰顯歌仔戲成熟以後所有的傳統和鄉土的美質，自然的融入當前的藝術思想理念和技法，並切實的調適於現代化劇場，與之相得益彰，能愉悅煥發臺灣人民心靈的地方戲曲，這種臺灣的

「地方戲曲」，也將是臺灣的代表劇種，可以作「文化輸出」，可以並立於世界劇壇而毫無愧色（註八）。

並提出「精緻歌仔戲」的六大訴求：

1. 講究深刻不俗的主題思想。

2. 情節安排緊湊明快。

3. 排場醒目可觀。

4. 語言肖似口吻機趣橫生。

5. 音樂曲調的多元豐富性。

6. 演員技藝的精湛與學養的修為。（註九）

這些訴求應用在同樣為臺灣土生土長的劇種——客家戲劇上，也是恰好相襯的。客家戲劇若能跳脫野臺模式，保留住傳統的特質，又能適當融合現代劇場之觀念，更為現代社會所接受，對客家戲劇未來的推廣，應有相當之助益。

要達以上之境界，專業人才的協助是不可或缺的。

在劇本方面，劇情的緊湊和合理性、高潮的安排以及方言、俚語的保存等，客家戲界顯然缺乏此類人才；故事也多停留在忠孝節義之事，從小說改編而來，不夠豐富多樣；編劇者所寫多為改編，沒有新的創作；不過，在沒有新的人才出現以前，改編不失爲權宜之計，只要能將客家語言應用在戲劇裡，並能傳神地表現這些語彙的藝術與意義，還是該給予正面的鼓勵。

劇本編寫已畢，爲了推廣客家戲劇，讓不同族群以及對客家語言不熟悉的客家年輕人都能欣賞，戲劇演出要打上字幕，拉進人們對此劇種的疏離感。

音樂方面，編曲對曲調的選揀和劇情的發展要調合；在演奏上也要注重敲擊樂器與弦樂器音聲的和諧，使有合宜的分配；並要摒除野臺說白過多的陋習，將客家曲調的豐富多樣表現出來；演員更要明白節奏與臺步、身段的關係，不當再任意表演。

硬體上的應用也是客家戲劇精緻化的著力點之一：舞臺設計、燈光、音響、服裝、道具所呈現的是直接的視覺美感，不能同野臺一般使用手持麥克風、穿上貼滿亮片的衣服、時裝與現代粧扮……同處一臺。

舞臺設計、燈光、音響的安排固然重要，導演的職責更是不能輕忽，若沒有適當的導演，要走入現代劇場實不容易，客家戲班在此方面都有不足。

今演出走向精緻化並得較具體成效的，客家戲班中唯有「榮興客家採茶劇團」，此團雖然成立時間不長，對精緻化的實現最是徹底，除了從前的劇本外，近來更參考大陸高甲戲的劇情，改編了一齣「姻緣冇錯配」於國家劇院演出，獲得相當的迴響（註十），之前於臺北市立社教館所演出的《說說唱唱——客家棚頭》（註十一）中之《豆腐夫妻》，更運用了大陸的客家小調，爲客家戲劇的演出，嘗試了另一種新的方向。

二、演員的再教育

客家戲劇的推廣成效，在極大的比重上，有賴於演員的表現；演員演慣「活戲」，一旦要走入「死戲」的模式，技術與心態上都要有所突破。爲此，演員的再教育也朝這兩方面進行。

客家戲劇導演的缺乏，在演出「死戲」時，演員若能通力合作，腦力激盪，也可有不錯的點子，整團演戲經驗都很豐富的演員，善加運用此點，也許會有意想不到的收穫。

演員演出態度、素質、學養的改造，對吸引觀衆、推廣客家戲劇是最有力的方法，尤其是年輕一輩的演員，好好充實學養，方可深入詮釋、感受劇情；而團主如何整合演員，增加全團的凝聚力，可說是先前的準備，也是必須的步驟。

三、公演場次的增加

公演場次增加提高了劇團「露臉」的機會，團主若有心，善加運用公演的經費，增加戲劇演出的藝術性及美感，對劇團的知名度也有幫助；政府單位在申請的手續上，亦當有所簡化，便利劇團申請，並考核其公演的成效，作爲給予演出場次的參考，而不會將錢投入「無底洞」中，卻得不到相對的成果。

四、行銷策略的規劃

今客家劇團的老闆，帶團已有一段時日，對客家戲劇也沒有企圖，只希望有戲可演；爲了劇團的推廣而花費金錢，戲班老闆多不願爲；老的戲班主有公演則演，若無，也不會刻意申請。

現今劇團在推廣上下功夫的有「榮興客家採茶劇團」和李永乾先生手下的團；此二位老闆對客家戲劇的推廣皆有其想法，推廣由本團之行銷下手，對行銷策略有一定的規劃。

劇團老闆可利用媒體的力量爲自己作宣傳，媒體的種類有很多：報章、雜誌、電臺、電視臺、電腦網路等都是；客家戲班懂得利用媒體的劇團不多，所用的管道偏向傳統，電腦網路的園地尚有待開發；劇團若能善用網路，則宣傳效果無遠弗屆；若公家機關、文化機構能將客族戲劇的相關資訊引上網路，對客家戲劇的推廣，當有事半功倍之效果。

五、與民間生活的相結合

因民間祭典而生存的客家戲劇，與民衆的生活是脫節的，要使客家戲劇生活化，應與民間作息相結合，廟宇可於此盡一份心力；各廟宇若能摒除請歌舞團跳脫衣舞之歪風，對客家戲劇的演出場合稍作規劃，對客家劇團多一些要求，客家戲班對唯一請主的看法應會留意傾聽。

廟宇在有祭典活動時，可與社區結合，對客家戲班的演出行程進行宣傳，或和其它民俗慶典活動共同舉辦，建立一個主題，與社區共享，在宗教的意義上，達到其娛樂效果。

各社區如有康樂活動，亦可考慮請客家戲班表演，戲班也能與學校結合，舉辦研習營、社團或說明會等活動；事前對戲班的演出品質嚴格把關，事後對客家戲班的演出展開意見交流與批評，讓社區、學校共同加入欣賞的行列，也讓戲班有刺激其前進的動力和改進的機會。

六、傳習

傳習和傳承的不同，在於傳習類於推廣性質，傳承則與劇種的承續有關。

請講師進行客家戲劇傳習的單位有臺北市立社教館、竹北市博愛國小等，所請皆爲「榮興」劇團；臺北市立社教館所請爲三個月一期，始於民國七十九年，教授內容爲三腳採茶戲、對戲、訓練基本唱腔、身段等，而竹北市博愛國小則已停辦。

傳習活動的辦理對客家戲的推廣未嘗不是良方，將客家戲的學習納入國小的課外活動中，更能從小培養起學童欣賞客家戲的能力和興趣；而戲班到外地的傳習，同時也可能發掘明日之星。

研究、保存、推廣以外，客家劇團未來最重要的，是傳承工作。

七、交流

交流亦能促進推廣。

客家戲劇與其它劇種或地區的交流爲學習他人長處之良機：就臺灣區而言，可學習成功劇團的行銷模式或藝術經驗；就海峽兩岸來講，可了解大陸地區之客家劇種與臺灣劇團的差異，並觀察其培養藝生之系統與環境；若放眼國際，可供借鏡的音樂、舞蹈、戲劇團體比比皆是；交流可拓寬藝人之眼界，不再以現有之演出品質沾沾自喜，而能跨出自己設下的的狹小封界，並能向外界介紹客家戲劇，對客家戲劇的推廣有實質的助益。

肆、傳承

從前客家戲的傳承是師徒相授，有戲班請戲先生、也有演員自己四處拜師學藝的，戲劇的教授方法是口傳心授，不用文字的媒介；今客家戲劇盛況不再，學戲的人難得，傳統的教法不盡適用於現代，傳承上要有所革新；而戲班出路既不好，傳承上所需政府的幫忙就更多；客家戲劇今在傳承上可行的途徑有：

一、傳承計畫

劇團的傳承計畫多有政府資助，才能使劇團在教授之餘，能不用擔心經費、生計的問題。

今所知客家戲班的傳承計畫有：「客家戲曲人才培訓計畫」和「新竹市政府辦理傳統藝術教育活動歌仔戲薪傳研習班」。

「客家戲曲人才培訓計劃」爲期三年，爲文建會委託「榮興客家採茶劇團」辦理之計畫，擬培養新的客家戲劇演員與文、武場，解決客家戲劇後繼無人的困難，計畫擬招收二十位學徒，以週末及星期日進行訓練，文建會補助總經費約一千五百萬元。

爲了貫徹計畫，團主鄭榮興先生在苗栗後龍興建了一座三百坪大的「客家戲曲學苑」（註十二），學苑土地爲「陳家八音團」弟子陳忠雄所提供，鄭先生並斥資五百萬，興造地上建築，內有道具間、排練場、化妝室、廚房、小劇場和學園用宿舍等，學苑於民國八十五年七月二十、二十一日舉辦招生考試，初試所招名額共三十五名：演員十五名中，大專生有七位、高中生兩位、國中生四位、國小學童兩名；文、武場二十名中，大專生四位、國中生一位、其它皆爲國立復興劇藝學校劇樂科學生。初試錄取學生排練後於國家戲劇院演出《相親節——姻緣冇錯配》一劇，頗獲好評。

「客家戲曲人才培訓計畫」招有演員及文、武場，教學進程為基本功→小戲→大戲，為免演員懈怠，定期舉行複試，淘汰表現較差的學生；學生並且「隨團見習」，以增加其演出經驗。

此計畫十分周詳，所招藝生本身已有演戲或樂器基礎，不用從頭教起，浪費時日，成果很快就能展現在大衆面前；嚴格的考核制度，也使得藝生不敢鬆懈，勤於練習；美中不足的是，演員的客語基礎不好，腔調需再加強，然此為客家族群共有的危機，非此計畫的單一現象。

新竹市政府辦理「傳統藝術教育活動歌仔戲薪傳研習班」則為李永乾先生以「臺灣省客家採茶戲劇發展協進會」之名義所辦，一年一期，每期經費十五萬：第一期由民國八十四年度七月至八十五年七月，第二期時間為民國八十五年度七月至八十六年七月；此計畫以「歌仔戲」的名目申請，據李先生表示，因為政府單位較重視歌仔戲，用此名稱較容易通過。

在此計畫中，學員所學為客家野臺戲，所以學得較雜，有歌仔戲，也有客家採茶戲，從唱腔、基本功學起，教授唱腔身段的老師為黃秀滿、吳龍泉教武術，林雲錦教文、武場，學員並採隨團見習之方式練習出場。

此計畫學員本有二十二人，有家庭主婦、專科學生、小學生等，目前僅剩六人；因李先生反對招收學員要考試之方式，認爲有興趣的人就可以來學，沒有強制性的結果，是被迫面臨學員一一離去的危機。

爲了推廣、傳承客家戲劇，李先生於新竹市柴橋里建了一座「東方錄影棚」，棚內有化粧室、文、武場練習室、演員休息室、排練場、道具室、還有一座錄影棚，專供傳播公司錄影和演員排戲所用，二樓設有「臺灣省客家採茶戲劇發展協進會」辦公室，佔地約兩百坪。

由新竹市政府所辦理的「傳統藝術教育活動歌仔戲薪傳研習班」於「東方錄影棚」開課教學，每星期六下午授課，李先生估計：依此進度，學員要學成，至少要花五年以上的功夫；李先生並表示，在師資方面，他認爲平劇之身段、唱腔不是客家戲劇原有的，他不想找平劇底的老師來教導，而是有意延請大陸之客家戲班教授戲劇，在口白上才不會有問題。

經費的短絀，使李先生有成立基金會的念頭，他希望政府能體諒民間團體的處境，甚至有專款補助客家戲團。在申請公演、傳承計畫時，至少在補助方面不能使劇團賠錢，才能有辦法眞正提昇演藝水準。

傳承計畫要民間團體自己去申請，公家單位對劇團一般都沒有偏見，如「國立傳統藝術中心」籌備處主任莊芳榮先生表示：

除推動去年七月起開始執行的文建會「民間藝術保存傳習計畫」外，我們也歡迎民間藝人、團體，多提出傳習計畫。藝界常抱怨爭取不到政府的經費補助，其實藝界只要有意願，提出完整計畫，我們都會盡力幫忙申請（註十三）。

此應能代表政府單位對民間申請計畫之看法，民間團體應試著朝此發展，爲自己，也爲客家劇團注入新的生命與朝氣。

二、團隊扶植

扶植團隊有兩種模式：單一團隊與聯合團隊的扶植。

單一團隊即某一劇團的扶植，如民國八十五年七月二十一日中國時報的一篇報導：

客家戲曲學苑廿日開始進行招生工作，文建會專門委員利明勳指出，為了讓學員有努力的目標並發表學習成果，文建會將於明年十二月安排至美國紐約演出，將客家戲曲展現國際舞臺，由於文建會只扶助學苑三年的時間，他希望地方政府能夠重視，仿效宜蘭蘭陽劇團，納為縣立劇團為苗栗及客家戲曲闖出名號。

大體說來，政府將一傳承計畫委任給某一劇團時，雖未說明扶植此劇團之意，在實際的運作上，無異於對此劇團的扶植；從過程來看，不論哪一個劇團教導出成果，在「隨團見習」中，學員所見習的團，永遠是承接計畫的團隊，而沒有到其它團去學習不同情境的機會，此種情形可能會造成學員在學成後，留在本團的機率大增，無疑是另一種團隊的扶植。

此種現象有好有壞。好處是對某劇團的提昇，如有可能，亦刺激其它劇團的改革；壞處是資源的不均，劇團的差距增大，某些劇團必面臨被淘汰的命運；而一直待在某團見習的團員，也失去了到別團磨練的機會。

傳承計畫不計，對單一團隊的扶植所需耗費的金錢、物力，以政府單位較有可能承擔；民間機構、財團若有意願挺身而出，支援某團隊，打響其名號，對客家戲劇的未來幫助是很大的；在此以前，劇團要努力獲得認同，才有資格爭取外來力量的扶持，也才能說服人心。

聯合團隊的成立，也是客家戲劇立即可見成效的未來可行方向。所謂聯合團隊，意為仿今「河洛歌劇團」模式（註十四），召集每一團優秀的團員，成立一個聯合的劇團；劇團內部演員雖都上了年紀，但此方式立即可行，不用急於培訓新生，等待多年後的成果；劇團的老演員可先作改造，新生代則於當中慢慢培養。

聯合劇團的好處為邀集各路菁英演出，水準不會太差，訓練起來也較容易；在推行上的困難則有：某些團員互有心結，不願同臺；有的演員又自恃過高，非當主角不可，不肯團結；團主間在無戲時，讓出演員來排戲沒有問題，但誰掛此隊領隊之名，則會有爭執。故此團隊應由有客觀立場、地位之人來擔任，居中協調、勸解，演員可能較願接受。

今對聯合團隊有興趣的爲桃園縣立文化中心，其所採的態度是被動協助，各團隊間若能達成共識，組成一個團隊，文化中心可提供協助（註十五），但似乎劇團並不熱衷；其外，「臺灣省客家採茶戲劇發展協進會」最近向教育廳申請的「客家戲劇班」屬聯合團隊性質，今已開過籌備會議，未來是否能成立還要看討論的結果。

三、戲曲學校

客家戲劇學校的設立，是每個客家劇團所引頸期盼的，戲界的青黃不接、演員的不足，是劇團最大的隱憂，而戲劇學校的出現，可適時化解此危機；今客家劇團所有的一、二十歲的年輕演員，都是家族性劇團的成員，從小輟學學戲，不但社會地位低落，又無受教育的機會，今倘成立戲劇學校，當以戲劇世家之成員作優先考量，在出路上也無後顧之憂。

教育部於民國八十四年九月二十九日曾行文國立復興劇藝實驗學校，指示成立研究小組，評估就現有學制，設立客家戲劇科的可行性；客家戲科要成立，所要考慮的因素很多，簡略言之有：

1.客家戲劇的前途與發展性：未來有沒有欣賞的觀衆？客家戲劇的演出舞臺在哪？有沒有往國際發展的潛力？

2.納入正規教育體系的必要性與急迫性：客家戲劇的內涵是否足以成立科系？納入正規教育體系的必要性如何？如要納入教育體系，如何規劃整個銜接的體系？若不，有何因應之道？

3.學生的來源：招收何種年齡之學生（註十六）？學生未來就業與升學之問題、學生優先考量的問題（如藝人子女優先錄用，較無出路之困擾）、學生語言的問題（如各族群的學生都應招收）等。

4.教材與師資：如何編寫教材？教法如何？延聘師資時不能只聘一、兩團的演員，要有客觀的選擇，是否應先和客家戲界溝通、討論？

復興劇校因有設歌仔戲科的基礎，承辦此事，就其資源、經驗等觀之皆相當合適，然去年此案準備不足，再度遭到擱置，擬明年再行辦理，客家戲科可望正式成立。

從小戲到大戲，客家戲劇走過了不少的歲月，也流失了傳統文化中的某些精華，鑑於今之瓶頸，假使不再積極爭取未來的發展空間，客家戲劇不但擺脫不了

「客家歌仔戲」的界定，恐怕還要帶著這個定義，成爲一個歷史名詞了。

客家戲劇未來的出路，不能全然仰賴著政府，所有的因應之道都還要靠民間藝人的能力，從自己著手，將藝術感染到四周，相信，客家戲劇的未來還是有希望的，值得所有人的盼望與期許。

註釋

註一：客家戲劇在形成大戲時，向京劇學習了服裝、道具、身段等，因此現今有的戲班主培養演員，也採用了許多京劇的身段，延請科班出身的老師來教戲；不過客家戲並不是京劇，還是有自己傳統的特色，不能全以京劇技巧教之；而若是在現代劇場演出，更要將武打場面柔化，才不會太過死板。

註二：上海辭書出版社，頁一六五。

註三：戲班因戲「演給神」看、觀眾少，演員演戲不大認真：野臺演出時，有些演出人員站在臺上，一面當旗軍，一面和文、武場聊天；有的配角還沒輪到其發言時，會東張西望、抓頭拉衣的；全班都認真演戲的戲班不是太多。

演員不認真演戲使觀眾減少；觀眾的稀少又使演員更不專心演戲。

註四：如徐正光先生說：

根據最近學者的研究，客家人的小孩子，一代與一代之間語言消失的速度非常快。差不多一代就有百分之二十的小孩不會講他的母語了，到了第二代就有百分之四十，到了第三代就有百分之六十，所以差不多一百年後，臺灣客家人的語言會完全消失掉。

（《客家文化論叢‧「臺灣客家文化的現況與發展」座談會紀錄》，中華文化復興運動總會，頁七，民國八十三年十月，地球出版社）

又如羅肇錦先生說：

由於國語教育的獨佔，以及大衆傳播的壟斷，加上閩南人口的優勢，使得在臺灣的客家子弟，三十歲到四十歲的人，已無法用客語演講；二十歲到三十歲的人，所說的已經是國語化的客家話，……更糟的是二十歲以下的子弟，在學校說國語，外出說閩南語，連回到家裡也都不說自己母語。

（《講客話‧客家話的危機》，頁六九—七十，民國七十九年，自立晚報文化出版社）

註五：此內容來自鄭榮興先生所提供之《民間藝術保存與傳習計畫——客家三腳採茶戲》的執行企畫案中。

註六：資料來源：李先生所提供之「臺灣省客家採茶戲劇發展協進會」第一屆第一次成立大會之大會手冊。

今加入此會的會員來自各劇團，計有：「龍鳳園」、「秀美樂」（今已併入「臺灣省客家採茶戲劇發展協進會」中）、「連月」、「新永安」、「淑裕」、「新美蓮」、

「黃秀滿」、「德泰」、「新月娥」、「新鳳」等；其入會費為一千元，常年會費亦是。此會所制定的任務有：

一、編輯中國歷史故事忠孝節義之劇本。

二、團結會員力量發揮互助精神。

三、協助社會舉辦公益事業，協助政府推行政令。

四、倡導推行中華文化改善民俗。

五、急難貧困會員之救助。

有的戲班並不願加入這個組織，因為他們認為一年交一千元，以後又不會退回；而且李先生自己有戲班，他怎麼可能會幫別人申請公演呢？就算有公演，經費也不一定夠，何必那麼麻煩？他們認為李先生只是想當理事長罷了。

因為對這組織的不了解，不知道理事長非但沒有薪水，而且常要自掏腰包；加不加入，視演員自己的判斷。但加入此組織的會員，對其多有正面之評價。

註

七：文建會所計畫設立的附屬文化機構有五個，分別為：宜蘭的「傳統藝術中心」、中和的「傳統音樂中心」、南投草屯的「藝術村」、臺南市的「文化資產保存中心」以及高雄左營的「南部民俗技藝園」。

「國立傳統藝術中心」籌備處，於民國八十六年一月三十一日成立，設於宜蘭縣五結鄉季新村新水段冬山河下游風景區內，面積約二十四公頃，預計於民國八十九年完工；中心除進行傳統藝術之維護、研究與發展工作外，將以展演、傳習、推廣傳統藝術為主要活動內容，以產業景觀休閒、民俗信仰活動為輔。

註　八：文見《民俗及有關文物保存維護論述專輯‧臺灣歌仔戲之近況及其因應之道》，頁二五〇，內政部編印。

註　九：同上註，頁二五四。

註　十：《相親節——姻緣冇錯配》，於民國八十五年八月十七、十八日於國家戲劇院演出，此戲改編自大陸高甲戲之《相親節》。

此戲以客家採茶調唱出；視覺藝術上也強調「重新裁製茶山風情的空間特色」；人員的安排上，除老演員外，多為戲曲傳承計畫之成員——大多為復興劇校學生。但「相親節」一事，所表現的應非客家人之習俗；其所繪製的布景，除田野風光外，房舍、廳堂也不符客家人的建築特色；演出有新面孔，惜女主角演出還過生澀；而舞臺空間處理也有不足。

由上分析，此戲表現雖非客家之習俗，也有不足之處，但演出成果仍非其它客家劇團所及，「榮興」能將別劇種之內容改作具有客家特色的戲劇，並保持一定的水準，此點，仍是值得鼓勵的。

註十一：《說說唱唱——客家棚頭》為民國八十五年月四月一日臺北市傳統藝術季由「榮興客家採茶劇團」於臺北市社教館所演出的戲碼，內容有棚頭說唱：《送金釵》學堂段、對口說唱：《豆腐夫妻》、傳統說唱：勸世文、詼諧小戲：《李阿三嫁阿姆》等。

註十二：民國八十五年四月二十五日聯合報於〈客家戲曲薪傳中心，六月成立〉一文中還提及「客家戲曲學苑」的成立目的：

鄭榮興指出，該中心成立的主要目的，除在地方上培養人才，協助縣內小學推廣該戲外，也為明年即將成立的客家戲劇科做事前準備，所以該中心成立的首要之務即是招募團員、樂隊、助理教師等人員，一方面培養該科學生來源，一方面也為該科培訓助教，以因應明年即時所需。

註十三：見民國八十五年七月二十一日自由時報〈十年薪傳——傳統藝術，誰來接棒？〉一文。

註十四：如洪惟助教授說：

各團整合不是不能，像「河洛」自己也沒團，也是整合幾團：像唐美雲自己也有一團，小咪、陳昇琳自己也有團，劉鐘元自己也有，自己有戲就去接，有時間來排練；這幾年來進步也很大，他創「河洛」在這五、六年間進步很大。……我們以他為鑑，可能兩、三年就比他好了，不是不可能，現在文化中心主動要來幫忙，會作更好。

（民國八十五年度桃園縣傳統戲曲藝人第二次座談會，民國八十五年八月三十一日，桃園縣立文化中心會議室）

註十五：如桃園縣立文化中心薛榮昌組長言：

我比較贊成一種劇種，數團打破界限、共同努力，這樣能獲益的，絕對不是少數一團，等於縣內的相關業者都有益，採茶戲也一樣，我比較傾向於這樣。……我不贊成一個團來，……我們不反對扶植，扶植得大，我們替你高興，……文化中心補助不是個別的團，是重新組合的團較妥當，要大家組合才可以，不是文化中心組。

（民國八十五年度桃園縣傳統戲曲藝人第二次座談會，民國八十五年八月三十一日，桃園縣立文化中心會議室）

註十六：如賴碧霞女士說：

戲曲學習年齡是個需考慮的問題，年紀太小，童音重，唱腔不準；年齡太大又有升學就業壓力；同時需注意到唱民謠與唱戲不同，唱戲者著重交代整齣戲劇情，不論音調高低皆唱，對嗓音傷害極大，唱民謠者，依各人特色唱不同音調，講究對詩。

（《籌備「客家戲劇科」設科研究評估報告書》，頁五二，民國八十五年六月，國立復興劇藝實驗學校）

而張有財先生表示：

學這最好的方式，是十歲起到十六歲，十八歲就太大了。十到十六歲就有可能學，但這些小孩都在念書，功課都作不完了，不可能學；十八歲以上只會談戀愛，學了也沒用。

最好在國民小學到初中年紀學，有興趣的人、不想讀書的，就來學，就可以、就有希望。

（民國八十六年二月十日，張有財，苗栗南庄永昌宮）

結語

本書以臺灣的客家戲爲題，重點在於今田野調查的結果，對客族戲劇的歷史、目前的演出情形、劇團概況、困境與危機分章鋪陳，其中對現存劇團和野臺演出著墨較多，是由於此二項議題爲今客家劇團演出的基礎模式；但隨著時間的消逝，數年或數十年後，文中所介紹的劇團還能剩下多少、營運方向是否改變、以及劇團的水準能否有所提昇等，都還在未定之數。可想而知的，那時，又是另外一種面貌了！

至於歷史、變遷方面，因爲推論較爲困難，再加以陳雨璋先生的論文書之甚詳，本書原不擬討論，但客家戲劇並不廣爲人知，向外介紹之時，若不稍對歷史做一番說明，直接闡明現況恐令人困惑，因而本文在第一章便稍作討論。赧顏的是：筆者在田調過程中雖對過去歷史作過些許調查，但對客家戲劇的來源——大陸之客家戲劇卻一無所知，過程中涉及此點的，只能就文獻加以推論，或許謬誤甚多也說不定，還望日後能就正方家；其次，目前的文獻資料對客家戲劇的發展歷史，不是概略的說明，就是文章、論點的抄襲，眞正對客家戲的變遷、發展作過完備調查的並不多（註一）。而客家戲劇過去風光一時，劇團甚多，筆者對此調查不足，掌握有限，在敘述上只有點到爲止；不過，最近傳承、保存、調查計畫的出現和本土意識的高漲，對此似有一番研究。

在進行田野調查的同時，筆者亦爲幾項問題困擾，深知其它劇種也有這些現象，但以其仍存於客家戲劇中，依舊提出，作爲補述：

壹、藝人誇大、邀功

客家戲劇藝人由於近年鄉土文化的受到重視，被採訪的機會增加，有些藝人兼演過文化場，與藝文界接觸頻繁，知道部份藝文界關懷的焦點和認知，於言談間將客家戲劇的發展功勞全部延到自家人身上。祖輩演過戲的，就說自己爲演藝世家，祖輩爲第一代採茶名伶、名角，許多劇齣爲其家傳系統等；父母演過戲的，也說自己自小與父母學戲，根柢深厚；自己演戲、創團的，就說誰和自己學過戲、自己曾經有多紅、所創的團有多傑出等；諸如此類，若不親眼看其演出、對其所言多方查證、詢問詳細、找出其矛盾點，還眞是五花八門，每個人都是箇中高手、能自創門派了！

藝人由過去的被社會輕視轉而爲焦點所在，言談間誇大、攬功值得同情與體諒，但不可否認的，與藝文界接觸愈頻繁、愈出名、見過大場面及稍有教育程度者，其說法通常都較能自成一套系統，此類藝人也比較知道要向媒體、採訪者說些什麼；這種現象並沒有是非對錯，但可能會有愈來愈嚴重的趨勢。

換個角度想想，文化界與藝人之間的互動，正可看出藝人、劇團順應時代所作的努力與改變，企圖把自己包裝完美，以爭取地位與認同，只是，學術研究者面對此現象，無奈中只有多方求證，並判斷其合理性了。

貳、抱怨與詆毀

今客家戲界有資源分配不均的問題存在，相形之下，未分到資源的劇團，當然會對資源豐沛的劇團大加撻伐、詆毀和抱怨，而這些劇團反過來當然也會說其它劇團的不是，數落其水準差、班主無心等；人身攻擊不免，舊賬亦有不少；在訪問過程中，有時也對田調者的身份有所懷疑，怕為它團所派來「間諜」；同行相忌，於此一覽無遺。

除了劇團之間的互相批評外，對政府的期望和抱怨亦多，但不外資源分配、出路、補助、戲劇學校、戲劇比賽等問題，希望政府幫忙的成份大些；有些劇團因苦無管道，甚至會希望訪問者替其轉達，以「上達天聽」；對他們來說，和政府的距離很遠，很多藝人教育程度又低，不知如何為自己爭取權益，更不知自己有那些權益。為了生路和營運，劇團的怨言和嫉妒之語很多，但多半只是一種情緒的反應，和訪問者無關，然由其態度中可知藝人對哪些事物不滿？原因為何？而這些不滿因個人觀點不同，都有其合理性，其中滋味，當非外人所能深刻體會。

參、刻意之表現

若未事先知會戲班主而於演出地點調查，戲班班主常會親自解釋戲班的不完備處，例如：「今天打軟包，舞臺不好看，下次再拍照會比較好」、「今天人很少，都被調走了，平常我們的戲很好看的」、「今天舞臺型制不合，漂亮的布景都掛不上去，其實我載了很多布景過來」……；有些老闆求好心切，遇有人採訪，也會有不同的表現：如叫演員打扮漂亮一點、武打的熱鬧場面增加、特別賣力演出等……；雖然不知採訪者的需求，戲班總希望自己在採訪者的心裡是門面光鮮、演出精采的傑出團體，這種心態是人之常情，未可苛求，但刻意的表現並非常態，此點則須認清。

當然，也有許多劇團的老闆、藝人的態度和以上所提的不同；以上所提的情況雖使田野調查工作顯得迂迴，卻充份表現出劇團對於文化界的期望：期望有人替其發言、為其爭取權利、助其宣傳，縱使他們對訪問者的來歷並不清晰，但卻或多或少有如斯之盼望，這些盼望或轉化爲對田調者之請求，請求田調者爲其向政府反應；或轉化爲疑問與抱怨，對採訪者大吐苦水。如此企圖透過第三者爲其傳達意見的現象，雖顯現了藝人對爭取權益管道之錯誤認知，卻更加地突顯出地方演藝團體長久以來與政府文化單位的隔閡與疏離，以及認爲政府不睬理知識程度較低者之刻板印象。

另外，學術界對某些名詞的解釋和說法，與田調結果不一，也是一個有趣的問題。

在某些文章中，發現有些名詞和劇團的慣用語，其實是不同的，譬如第一章所提到的「抛採茶」，雖確有此事，但藝人對此動作似乎並無特定名稱；又如「棚頭」，這名詞雖有少數藝人知道，多數藝人卻另有所指，對學術界所討論的「棚頭」，反而並不用此名詞稱呼……。田調的結果當然不能作爲唯一事實的依據，也不必然全是對的，但這裡所討論的並無關對錯，而是學術界在介紹某一名詞時，最好還是要尊重民間藝人的慣用語。如果此語在學術界早已約定成俗，也該交代一下民間藝人的常用語是什麼；自己想當然耳而直接命名，也該說明如此命名的原因，否則，只有徒增日後田調者的困擾：如拿「抛採茶」此語去訪問老藝人，他們總是丈二金剛摸不著頭腦，問其「丟籃子」、「丟茶籃」，他們反而很快就知道田調者所欲訪問之事了。

而藝人所受之教育有限，識字不多，對劇團名稱、人名，多只知其名，不知如何書寫，對抄本亦多不加愛惜，以致湮沒失傳，在資料蒐集上，更顯得困難重重。

本論文的研究對客家戲曲作了初步的調查；客家戲曲外，客家舞劇、傀儡戲只有順帶提及，前者爲最近發展而成，後者則早已未見，一般人提起客家戲劇時，並沒有將此二者列爲一份子，此二項藝術能否再獲發展，還待時間之考驗。

客家戲曲由大陸傳到臺灣，已發展出自己嶄新的面貌，並於近來受到重視與培植，調查與保存的工作亦逐步進行，雖然面臨許多困境，未來或有壯大的希望。而劇團之覺醒與改造，正關係著客家戲界日後的生態。劇團如果能見賢思齊，加強內涵，兼顧現代藝術和保存傳統美感，則同被視爲臺灣土生土長的兩大劇種之一，客家戲也才能算是名副其實。

註釋

註　一：今所見對客家戲劇部份作過較清楚調查的應是陳雨璋先生所著的《臺灣客家三腳採茶戲——賣茶郎之研究》，民國七十四年六月，師範大學音樂研究所。另外，桃園縣立文化中心先後委託徐亞湘的《桃園縣本土戲曲、音樂團體調查計畫》（民國八十四年四月）及中央大學戲曲研究室的《桃園縣傳統戲曲與音樂錄影保存及調查研究計畫》（民國八十五年七月），對桃園區的劇團亦有比較全面的調查。

參考文獻

徐進堯《客家三腳採茶戲的研究》，民國七十三年二月，育英出版社。

陳雨璋《臺灣客家三腳採茶戲——賣茶郎的研究》，民國七十四年，師大音樂研究所碩士論文。

楊佈光《客家民謠的研究》，民國七十二年八月，樂韻出版社。

賴碧霞《臺灣客家山歌——一個民間藝人的自述》，民國七十二年一月，百科文化事業股份有限公司。

《客家民謠薪傳》，民國七十六年四月，樂韻出版社。

楊兆禎《客家民謠——九腔十八調的研究》，民國六十三年，育英出版社。

《臺灣客家系民歌》，民國七十一年，百科文化事業股份有限公司。

胡泉雄《客家民謠與唱好山歌的要訣》，民國六十九年，育英出版社。

《客家山歌的意境》，民國七十年，育英出版社。

古旻陞《臺灣北部客家民謠之民族音樂學研究》，民國八十一年六月，文化大學藝術研究所碩士論文。

苗栗縣立文化中心《八十三年度全國文藝季苗栗縣活動成果專輯》，民國八十三年。

徐正光主編《徘徊於族群與現實之間——客家社會與文化》，民國八十年十一月，正中書局。

陳運棟《客家人》，民國六十七年，聯亞出版社。

《臺灣的客家禮俗》，民國八十年，臺原出版社。

楊國鑫《臺灣客家》，民國八十二年三月三十日，唐山出版社。
雨　青《客家人尋「根」》，民國八十五年五月，武陵出版社。
羅肇錦《講客話》，民國七十九年八月，自立晚報文化出版社。
《臺灣的客家話》，民國八十二年七月，臺原出版社。
中華文化復興運動總會《客家文化論叢・「臺灣客家文化的現況與發展」座談會紀錄》，民國八十三年十月，地球出版社。
國立復興劇藝實驗學校《籌備「客家戲劇科」設科研究評估報告書》，民國八十五年六月。
鄭榮興〈淺談臺灣客家採茶戲之「棚頭」〉，民國八十六年，國立傳統藝術中心籌備處傳統藝術研討會。
榮興客家採茶劇團《民間藝術保存與傳習計畫——客家三腳採茶戲》企劃案，民國八十五年。
臺灣省客家採茶戲劇發展協進會《臺灣省客家採茶戲劇發展協進會第一屆第一次成立大會手冊》，民國八十四年。
張典婉〈第一位製作客家舞劇的女子〉，《婦女雜誌》，民國八十二年九月。
邱春美《臺灣客家說唱文學「傳仔」的研究》，逢甲大學中文研究所碩士論文，民國八十二年十二月。
水晶有聲出版社《臺灣的聲音——臺灣有聲資料庫》，民國八十四年第二卷第二期。
胡惠禎〈郎奏樂來，妹作戲——陳（八音）鄭（採茶戲）之家藝事多（上）〉，《表演藝術》，第四十六期，民國八十五年九月。
〈郎奏樂來，妹作戲——陳（八音）鄭（採茶戲）之家藝事多（下）〉，《表演藝術》，第四十八期，民國八十五年十一月。
桃園縣立文化中心《桃園縣本土戲曲、音樂團體調查計劃》，民國八十四年四月。
《桃園縣傳統戲曲與音樂錄影保存及調查研究計劃》，民國八十五年七月。
呂訴上《臺灣電影戲劇史》，民國八十年九月，銀華出版社。
王振義《臺灣的北管》，民國七十一年年，百科文化事業股份有限公司。
呂錘寬《泉州絃管研究》，民國七十一年七月，學藝出版社。
許常惠《多采多姿的民俗音樂》，民國七十三年六月，行政院文建會。
《中國民族音樂學導論》，民國七十四年二月，百科文化事業股份有限公司。
邱坤良《中國傳統戲曲音樂》，民國七十年十一月，遠流。
〈中國劇場「天官賜福」之研究〉，《國立編譯館館刊》，一一卷二期，民國七十一年十二月。
《現代社會的民俗曲藝》，民國七十二年四月，遠流。
《舊劇與新劇——日治時期臺灣戲劇之研究》，民國八十三年七月，自立晚報社文化出版部。
〈中國劇場之儀式劇目研究初稿〉，《民俗曲藝》，第三十九期。
曾永義《說戲曲》，民國六十五年九月，聯經。
《詩歌與戲曲》，民國七十七年四月，聯經出版社。
《中國古典戲劇的認識與欣賞》，民國八十年十一月，正中書局。
《臺灣歌仔戲的發展與變遷》，民國八十二年二月，聯經出版社。

《論說戲曲・論說「戲曲劇種」》，民國八十六年三月，聯經出版社。
《說俗文學》，民國七十三年，聯經。
張炫文《臺灣歌仔戲音樂》，民國七十一年九月，百科文化事業股份有限公司。
徐麗紗《臺灣歌仔戲唱曲來源的分類研究》，民國八十年六月，學藝出版社。
黃文博《當鑼鼓響起◎臺灣藝陣傳奇》，民國八十三年十一月，臺原出版社。
江武昌《懸絲牽動萬般情◎臺灣的傀儡戲》，民國七十九年八月，臺原出版社。
劉秀庭〈胡撇仔戲與胡撇仔母子〉，《表演藝術》，第五十二期，民國八十六年三月。
宜蘭縣立文化中心《蘭陽民族藝術薪傳錄》（上），民國八十三年五月。
《蘭陽民族藝術薪傳錄》（下），民國八十三年十月。
臺灣省文獻委員會《安平縣雜記》。
連雅堂《臺灣通史》，臺灣省文獻委員會。
吳瀛濤《臺灣民俗》，民國七十三年一月，眾文圖書公司。
內政部編印《民俗及有關文物保存維護論述專輯》。
片岡巖著、陳金田譯《臺灣風俗誌》，一九八六年，大立。
戴炎輝《清代臺灣之鄉治》，民國七十三年三月，聯經出版社。
董芳苑《探討臺灣民間信仰》，一九九六年三月，常民文化。
呂明穎《寫給青少年的——臺灣祭典風俗》，一九九五年十二月，常民文化。
劉文三《臺灣宗教藝術》，民國八十四年八月，雄獅圖書公司。
劉還月《臺灣民間信仰小百科〔節慶卷〕》，民八十三年，臺原出版社。

行政院文化建設委員會《寺廟與民間文化研討會論文集》（上）、（下），民國八十四年三月。
周育德《中國戲曲與中國宗教》，一九九〇年，中國戲劇出版社。
廖漢臣《臺灣的年節》，民國六十二年四月，臺灣省文獻委員會。
譚達先《中國民間戲劇研究》，民國七十七年八月，臺灣商務印書館。
中國戲曲志編輯委員會《中國戲曲志・吉林卷》。
中國大百科全書總編輯委員會《中國大百科全書・戲曲曲藝卷》。
上海辭書出版社《中國戲曲劇種大辭典》、《中國戲曲曲藝辭典》，民國七十四年二月。
李漢飛編《中國戲曲劇種手冊》，中國戲劇出版社。
耶日・格羅托夫司基《邁向質樸的戲劇》，中國戲劇出版社。
潘光旦《中國伶人血緣之研究》，商務印書館・人人書庫。
鄭傳寅《傳統文化與古典戲曲》，民國八十四年，百科文化事業股份有限公司。
王秋桂《表演、藝術與工藝》，民國八十五年七月，稻鄉出版社。

國家圖書館出版品預行編目資料

臺灣的客家戲／黃心穎著. --初版. -- 臺北市；臺灣書店，民87
面；　公分
參考書目：面
ISBN 957-567-199-6（平裝）

1. 地方劇－臺灣　2. 客家

982.57　　87013881

臺灣的客家戲

著作者／黃心穎
責任編輯／葉美玲
美術編輯／江素慧
發行人／蕭錦利
發行所／臺灣書店
地址／臺北市中正區一〇〇徐州路四八－一號
電話／（〇二）二三九二二八六〇（代表號）
傳眞／（〇二）二三四一〇九四七
門市／臺北市中正區一〇〇重慶南路一段一八號
電話／（〇二）二三八二〇二二二・二三八二〇二三二
郵撥帳號／〇〇〇七八二一五
出版登記／行政院新聞局局版北市業字第八一八號
印刷所／翔銘彩色印刷有限公司
中華民國八十七年十一月初版
定價／新臺幣　陸佰元整